传
记
文
库

特立，不独行

曲未终人已远

梅兰芳 家族

李仲明 谭秀英 著

新星出版社 NEW STAR PRESS

梅兰芳

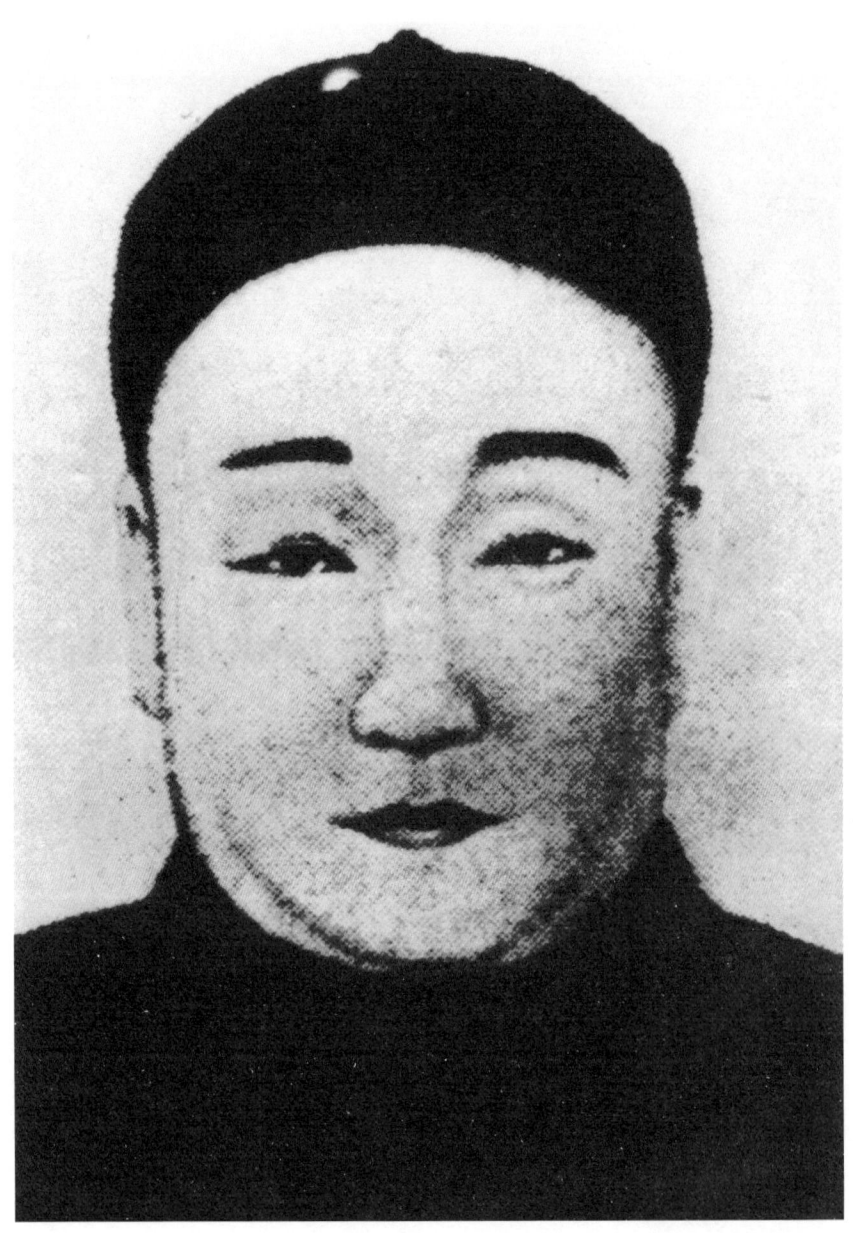

梅兰芳祖父梅巧玲（1842—1882）。

梅兰芳父亲梅竹芬(1874—1897)。

梅兰芳母亲杨长玉(1876—1908)。

梅兰芳伯父梅雨田（1865-1912）。

梅兰芳与祖母陈太夫人(1841–1924)。

12岁的梅兰芳。

梅兰芳 20 岁。

抗战时期梅兰芳蓄须明志,拒绝为敌寇登台演出。

梅兰芳夫人王明华于20世纪20年代摄于北京。

1941年夏梅兰芳居港时,夫人福芝芳携子女由沪赴港探望,全家团聚。孩子们分别是:左起前排:葆玥、葆玖;后排:绍武、葆琛。

梅兰芳与夫人福芝芳在北京合影(1959年)。

梅兰芳教子葆琛操琴（1941年）。

梅兰芳在上海寓所指点葆玖吊嗓,操琴者为王少卿。

梅兰芳与葆玥阅览戏剧著作。

梅兰芳与友人在一起。右起：齐如山、许伯明、梅兰芳、李释戡、姚玉芙、姜妙香、舒石父等。

梅兰芳与齐白石(1955年)。

梅兰芳与日本歌舞伎演员中村歌右卫门五世（左）及其子（1919年）。

梅兰芳与电影大师卓别林。

梅兰芳与弟子杜近芳（1949年）。

梅兰芳与弟子李世芳(左)、毛世来(1936年)。

毛泽东主席接见梅兰芳（右二）、老舍（右一）、田汉（右三）。

文代会上梅兰芳与盖叫天（左）、周信芳（右）在交谈。

四大名旦合影：梅兰芳（右二）、尚小云（左二）、程砚秋（左一）、荀慧生（右一）。

梅兰芳（左）与程砚秋（中）、尚小云（右）演《西厢记》。

梅兰芳与萧长华在《女起解》中分饰苏三(右)、崇公道(1935年)。

梅兰芳在《贵妃醉酒》中饰杨玉环。

梅兰芳演《洛神》剧照（1923年）。

梅兰芳在《太真外传》中饰杨玉环（1926年）。

在上海演出《断桥》,梅兰芳饰白蛇(中)、葆玖饰青蛇(左),俞振飞饰许仙。

晚年的梅兰芳在北京护国寺寓所院内练习舞剑。

前言

北京城这个地方，因为京剧的盛行（徽班进京已超过二百年），京剧世家颇多。

在前门丰泰楼摄影馆拍摄第一部中国无声黑白影片《定军山》的京剧老生谭鑫培（其父谭志道，工老旦），其后代谭小培、谭富英、谭元寿皆为京剧名家，直到谭孝增、谭正岩六代，皆为谭派京剧老生，从谭志道算起，已是七代京剧演员。五代梨园的有徐承瀚（工小生）、徐宝芳（工老生）、徐兰沅（梅兰芳的琴师）、徐元珊（工武生）、徐佩玲（工青衣）。四代同工"武生"的茹莱卿、茹锡九、茹富兰、茹元俊。此外，尚有萧家（萧长华的父亲与子孙）、叶家（叶盛章、叶盛兰的祖父、父亲与后代）等。

梅家从梅巧玲到梅雨田、梅竹芬，到梅兰芳，再到梅葆玖，除梅雨田为琴师外，亦是四代"旦角"。

梅兰芳的祖父梅巧玲少年学艺时充满艰辛，他在主持四喜班后，善待班社里的演员，侠肝义胆，扶危济困，在同治皇帝、皇后驾崩"国丧"期间，只有四喜班照开全薪。梅巧玲在把艺术传给后人的同时，也把艺德——梅家的淳朴家风传之后人。

年幼的梅兰芳在祖母、伯父、母亲的扶持、教育下，刻苦学艺，敬重并仿习祖父、父亲的为人处事，从艺术和家风上均继承了梅家的祖风。随着清廷覆亡，在中西文化交融、新文化新艺术思想的影响下，梅兰芳身边有幸聚集了一批有文化、有创新思想又热爱京剧的文化人，他们对梅兰芳本人及梅氏家族的影响是深远而且长久的。梅兰芳因此创排了大量的时装新戏和古装新戏，成为中国现代京剧史上改革创新的先锋。同时，梅兰芳把京剧艺术介绍到日本、美国和苏联，促进了中外戏剧文化艺术的交流。

和梅巧玲一样，梅兰芳不但把自己的表演艺术传给诸多弟子和儿子梅葆玖，同时也把梅家谦虚谨慎、俭朴随和、乐善助人的纯朴家风传给了子孙后代。

梅兰芳逝世后，梅家子女为传承梅派艺术不懈努力，梅葆琛、梅绍武编有多种梅兰芳艺术研究的著作和文集；梅葆玥、梅葆玖多年合演梅派剧目。梅葆玥逝世后，梅葆玖为传承梅派艺术，除坚持上演梅兰芳的传统剧目外，还创排了《梅韵》和《大唐贵妃》，培养了李胜素、董圆圆、魏海敏等五十余位女弟子和男弟子胡文阁。他奔走海内外，宣传中国京剧和梅派艺术。梅葆玖和哥姐的后代秉承了梅家淳朴、热心、助人为乐的家风。虽然梅葆玖于 2016 年 4 月逝世，但梅派艺术的影响深远，后继有人，在当代中国京剧演艺史上仍然有着重要的地位，并不断推陈出新，再创辉煌。

李仲明　谭秀英
2016 年 8 月

目　录

前言	1
一 梨园世家	1
生不逢辰	1
胡琴圣手	5
"闻鸡起舞"	9
"蕙仙举火"	14
"剪掉辫子"	18
二 岁寒三友	21
广采博师	21
亦师亦友	25
武生宗师	28
戏剧奇才	34
三 青衣翘楚	38
成名沪上	38
耳目一新	42
创排新戏	46

  艺冠京华 …………………………………………… 72

四 淳朴家风 ………………………………………… 93
  热心公益 …………………………………………… 93
  洁身自好 …………………………………………… 101
  相敬如宾 …………………………………………… 105
  伉俪情深 …………………………………………… 108

五 国难岁月 ………………………………………… 112
  "巾帼精魂" ………………………………………… 112
  避居香港 …………………………………………… 119
  蓄须明志 …………………………………………… 125
  返沪拒敌 …………………………………………… 132
  "迎春消息" ………………………………………… 135

六 德艺双馨 ………………………………………… 140
  重登舞台 …………………………………………… 140
  艺传弟子 …………………………………………… 143
  养身之道 …………………………………………… 152
  博采众长 …………………………………………… 157

七 姹紫嫣红 ………………………………………… 169
  人民演员 …………………………………………… 169
  简朴随和 …………………………………………… 178
  "杨门女将" ………………………………………… 183
  故乡之行 …………………………………………… 189

八 蜚声海外 …………………………………… 194
　　艺满天涯 …………………………………… 194
　　三渡扶桑 …………………………………… 194
　　赴美演出 …………………………………… 208
　　四访苏联 …………………………………… 216
　　再度"梅郎" ………………………………… 224

九 梅韵长存 …………………………………… 231
　　梅家子女 …………………………………… 231
　　梅派传人 …………………………………… 259
　　爱戏如命 …………………………………… 269
　　两代挚友 …………………………………… 276
　　梅家后代 …………………………………… 280
　　梅魂永驻 …………………………………… 282

十 梅派传承 …………………………………… 286
　　家风传承 …………………………………… 286
　　艺术传承 …………………………………… 290

附录一　梅兰芳家族世系简表 ……………… 298
附录二　梅兰芳年表 ………………………… 299
附录三　主要参考书目 ……………………… 302

一　梨园世家

生不逢辰

本书所展现在大家面前的，就是京剧表演艺术家梅兰芳家族的百年沧桑史。

当写下"梨园世家"这一题目时，笔者忽然想起美国诗人朗费罗的诗句："一个伟大的人离开人世，经过悠久莫测的时光，他身后留下的光芒依旧照耀在人们行进的路上。"梅氏家族的京剧艺术肇始于"同光十三绝"之一的梅巧玲，经梅竹芬的继承发展，到梅兰芳这一代发扬光大、自创梅派、堪称梨园宗师，梅葆玖秉承梅派艺术真谛，梅派艺术风格逾越百年，历久不衰。

从梅氏家族几代人对京剧艺术孜孜不倦的追求和奋斗可以看出，艺术并非凭空产生，没有一个艺术家不依赖于他的前辈，不依赖于艺术表演程式。

京剧艺术孕育形成于1790～1880年左右，成熟于1880～1917年左右。到了梅兰芳出生的年代，京剧进入逐步成熟的阶段，专业演员从

19世纪上半叶的"前三杰"（余三胜、程长庚、张二奎），发展到19世纪下半叶的"后三杰"（孙菊仙、谭鑫培、汪桂芬）。无论演员的表演、剧目的丰富、"集体制"向"名角挑班制"的过渡，还是角色行当的完备、表演艺术的精雅细致、京剧音乐和舞台美术的发展，无论观众群的扩大、演出场所的发展、票房票友的增加、科班的产生，还是清代宫廷戏剧在京剧形成与成熟中的作用，南派（上海、江浙）京剧的形成与发展和京剧改良运动的产生与发展，都为京剧流派的形成与发展做出了贡献。

但同时，这又是一个国家多难的年代。从第一次、第二次鸦片战争到中日甲午战争，帝国主义仰仗着船坚炮利，用侵略战争威慑腐朽、没落的清朝政府，迫使其割地赔款，把侵略战火强加在中国人民头上。真是国家危难，外患频仍，清廷腐败。慈禧太后用海军的军费扩建、装饰颐和园，北洋水师焉有不败之理？

1894年10月22日（清光绪二十年九月二十四日），梅兰芳诞生于北京李铁拐斜街梅宅。他诞生的这天，正是北洋水师覆灭十日后济远舰管带方伯谦被斩首示众、李鸿章被褫去三眼花翎与黄马褂的日子。

梅兰芳名澜，字畹华，乳名群子，学艺后取艺名兰芳。梅兰芳的父辈只有兄弟二人，其伯父伯母所生皆为女孩儿，因此梅兰芳的出世，给这个生活拮据、每况愈下的梨园世家带来了欢乐。

梅兰芳的父亲梅竹芬，为人忠厚老实，幼年时初学老生，再学小生，后来跟父亲梅巧玲学青衣、花旦。他学戏十分认真，一招一式从不懈怠，凡是梅巧玲的戏，他都会唱。京城老观众认为梅竹芬相貌、表演酷似梅巧玲，说他是梅巧玲再生。梅竹芬每演梅巧玲唱红的《德政坊》《雁门关》《富贵全》等戏，都极受观众欢迎。梅竹芬搭的"福寿班"营业戏和外串堂会戏演出频繁，遇到班里有人闹脾气，告假不唱，班主便请梅竹芬代唱，加上常演梅巧玲的唱工本戏，紧张的演出和过度的劳累，使梅竹芬患了大头瘟，正值25岁的青春年华便匆匆离开了人世。

对早出晚归去演戏的父亲，幼小的梅兰芳没有留下什么深刻的印象，但是，母亲长时间的沉默、悲戚，却使他毕生难忘。

梅兰芳的母亲杨长玉敦厚、善良，简朴持家。梅竹芬英年早逝，她哀伤过度，身染沉疴，于1908年病逝，时年31岁。杨长玉是著名京剧武生演员杨隆寿之女，杨隆寿当时素有"活武松""活石秀"之称，与俞菊笙、姚增录齐名，长期在四喜班演唱，晚年转入三庆班，他创办的小荣椿科班，培养了杨小楼、程继仙等许多著名演员。

对许多人来说，童年常常充满着色彩斑斓的幻想，而梅兰芳的童年却甚为苦涩。他3岁丧父、14岁丧母，由伯父梅雨田抚养。虽然梅氏两家只有梅兰芳一个男孩，但他还是受尽了冷淡和漠视。梅兰芳年幼时，除了母亲，他得不到更多的温暖，有一段时间，他几乎成了没人管的孩子。

新年是每个孩童最美好的期盼。和别的孩子一样，梅兰芳在他的童年时代，也盼望着过年、穿新衣、换新鞋、吃杂拌和糖果，和小伙伴一起放鞭炮，那几天真是梅兰芳一年中最快乐的日子。

梅兰芳6岁那年，梅家因生活所迫，将李铁拐斜街的老屋出售，搬到百顺胡同。这一年，俄、德、英、法、意、美、日、奥八国联军攻占北京。杨典浩的《庚子大事记》曾记载八国联军的野蛮罪行：

> 洋兵挨户查看，亦有不计次数而来者，此乃私出攫取物件也。入门便问，有银圆和表否？
> …………
> 皇城之内，杀戮更惨，逢人即发枪毙之，常有十数人一户者拉出，以连环枪杀之，以致尸横满地，弃物塞途，人皆踏尸而行。

当时的北京，街市萧条，戏院、茶园多被焚毁。京城一时不能演戏，艺人们生活无着，只得改行。京剧名丑萧长华当时在街头摆摊卖烤白薯，名净李寿山沿街叫卖萝卜和鸡蛋糕。梅兰芳的伯父梅雨田于"庚子事变"前曾与一家修表铺的赵师傅是朋友,彼此传授胡琴、修表技艺,因而梅雨田学得一手修表的好手艺,乃迫不得已开了个修表铺,依靠修理钟表维持生计。侵略军发现梅家有钟表,便经常闯进梅家勒索。

有一天,门又被嘭嘭嘭地敲响。梅兰芳打开门,见是一个面孔黧黑的洋兵,便毫不畏惧地质问:"你怎么又来了?我认识你,你来过四趟了!"

梅兰芳边说边用力往门外推洋兵,那家伙火了,一把将梅兰芳蛮横地推倒在地,强行闯进家中,嘴里还叽里咕噜地操着洋腔:"不用你管,叫你们家大人出来!"

洋兵们抢走了存放在家里的钟表,梅兰芳从地上站起来,愤怒地盯着他们。此后梅家的生活更困难了。

梅兰芳的姑母秦老太太曾回忆那个时期的生活状况:

> 要讲到洋兵进城骚扰的情形,那真叫人一辈子都忘记不了。不管谁家,只要他们高兴就往里闯。翻箱倒箧,一个走了一个来,没有完的时候。我跟畹华的母亲年纪又轻,更是害怕,每天都得化妆,把黑煤抹在脸上,躲着不敢见人。后来觉着我们住的百顺胡同,房子较浅,外国兵容易进来,太不妥当,全家又避到他外祖父杨隆寿家里去住。也是活受罪,整天躲在杨家的一间摆砌末(舞台道具)的屋里。
>
> 有一次洋兵要进这屋来看看,杨老先生不答应,话又不懂,双方就起了冲突。洋兵还掏出手枪来吓唬他,他也不理他们。那次杨老先生受的刺激很大,不久就病死了。当时北京住的女眷们,都想法深深地躲藏起来,有的是整天躲在屋顶上,茶饭都由别人给她们送上去吃,像凤二爷(王凤卿)家里,就是这个办法。[①]

---

① 梅兰芳:《舞台生活四十年》合集,中国戏剧出版社1987年版,第10页。

国家多难，民族危亡。戏曲艺人的家庭与其他市民家庭一样，历经劫难，饱受精神上、生活上的痛苦煎熬。所有这些，都给幼小的梅兰芳留下难以忘怀的记忆。

到了读书的年龄，梅兰芳就到百顺胡同附近的一家私塾读书，跟私塾先生学习《三字经》《百家姓》等书。私塾后来搬到万佛寺湾，梅兰芳也跟过去学习。在私塾里，他不愿意死记硬背，有时难免要被打手板，为了逃避挨打，他就开始逃学。有一次，他在上学的路上正想把书包藏起来，恰巧被京剧武生宗师杨小楼看见，杨小楼一把抓起他，直奔院中的井台，边说："不好好念书，竟敢逃学，看你还逃不逃了！"梅兰芳吓得直央告："我不逃了，我好好念书，大叔您饶了我吧！"打这以后，杨小楼每天早上练功，只要碰到梅兰芳，就抱着他，或让他骑在肩上，一路讲民间故事，有时还买串糖葫芦让他吃，送他到私塾门前。

胡琴圣手

梅兰芳的伯父梅雨田自幼喜爱音乐，且天资聪颖，勤奋好学。梅巧玲本有意让雨田学戏，但在四喜班中，有时"场面"（京剧乐队合奏的统称）跟演员闹脾气，梅巧玲也受过"场面"的气，于是下定决心让雨田学"场面"。

梅雨田起初师从姨兄贾祥瑞学吹笛子，能吹昆曲三百余套，后昆曲日渐衰落，便拜李春泉为琴师，改习胡琴，时间不长，"场面"上的乐器，他样样都能拿得起来。

经过不断努力，梅雨田力创光绪年间京剧琴师两大流派之一，并成为京剧琴师"四大名家"之一，人称"胡琴梅"。梅雨田曾为京剧大师谭鑫培操琴，加上鼓师李奎林（人称李五），三人唱、拉、打，配合默契，珠联璧合，时人称为"三绝"。据传谭鑫培《骂曹》中以曲牌[夜深沉]

伴击鼓，即始自梅雨田。

著名京剧音乐家陈彦衡曾在《旧剧丛谈》中评论梅雨田的胡琴："刚健而未尝失之粗豪，绵密而不流于纤巧，音节谐适，格局谨严，有时偶用花点，不必矜奇立异，自然大雅不辟；其随腔垫字，与唱者嗓音气口，针芥相投，妙在游行自如，浑含一气，如天孙云锦无迹可寻，洵可称胡琴圣手。"陈彦衡还评论谭鑫培、梅雨田、李奎林三人合作的情况，认为：

> 谭的腔调是综合程长庚、余三胜、王九龄等各家优点，再加以体会融化，便成为独具风格的声腔艺术。同时，操胡琴的梅雨田和击鼓的李五，都是当时的杰出人才。
>
> 他们三个人都具有独特的艺术、高傲的性格。在表面上彼此不肯互相请教，可是到了台上，唱的、拉的、打的，如胶似漆，黏合无缝，从来不会"碰"，这是一个奇迹。而且老谭每出戏里的唱法，是常常变换不定的。那是一种有规则的变动。他事先并不通知梅、李二位，今天要唱哪一个腔。但是，不论怎么唱，梅的胡琴总能很稳定地衬托着谭的运腔换气；李的鼓也是指挥若定，操纵着整个舞台上的工作者。

梅雨田不仅胡琴技艺高超，吹笛、打鼓样样在行，而且具有广博的音乐知识和丰富的演奏经验。一些喜欢钻研昆曲曲牌、京剧音乐的京城新贵，如红豆馆主侗五爷、皇族近亲溥西园等，常常登门求教。有时，梅雨田与王凤卿、王瑶卿聊天，聊到高兴处，他也会唱上两段，像《卖马》《洪羊洞》等。

有一次，梅雨田和陈彦衡在饭馆吃饭，请的客人还没有到齐，两人闲聊着，梅雨田便随手拿过几个空的茶杯来，每只杯里多少不等倒了些茶，然后拿起桌上的筷子开始击打，竟然打出一段曲牌来，这使陈彦衡深为佩服，认为梅雨田在辨别音阶高低上具有特殊的天赋。陈后来对梅兰芳说："你伯父的胡琴不单是技巧上奥妙无穷，他拉得格局高，气韵厚，这是别人所学不了的。"

关于梅雨田纯熟、高超的胡琴技巧，徐珂《清稗类钞》曾有如下评论：

> 胡琴本无奇声，自梅弄之，凡喉所能至，弦亦能至。柔之令细则如绳，放之令洪则如虎，连之令密则如雨，断之令散则如风。呼吸通神，清脆高响。他琴师皆板板数调，取足和音而止。梅自开板（俗谓之过门），即出新声，至唱处，更丝丝入扣。大抵人之喉音，能密能久，丝则一响即杀。梅鼓之，尺寸加密，凡一隙，均加一音，节节填满，不令有丝毫空漏。手指上下，急如风轮，密如蛇足。而某音应深按使切，某音应浅抚令泛，虽繁不胜记之中，而以耳会，以神通，无不入妙入微，曲尽其趣。其二黄开板，迥不犹人，不独倜傥舒和，而煞尾处撮六七音于一轮指之中，如联琳并流，如轻环急转。紧处加密，而余处仍故放令疏，戛止徐来，界限清楚。其取经皆大方家数，又非叛以繁弦急管见长。唱调无穷，弦复亦无穷；每换句调，则易其法；每弄过门，则更其声，五花八门，层出不已。他人虽拾得一二，莫能窥其涯涘也。

梅巧玲逝世后，留下十几间小房子，维持一般生活本无问题，但经历了庚子之变八国联军的侵略骚扰，各戏班都长时间停演，梅家生活也举步维艰。虽然靠着梅雨田拉胡琴，尚能勉强维持全家生计，但梅雨田是个专心搞艺术的人，对家庭的开支没有计划，也不会理财。

1906年（光绪三十二年）秋，梅雨田因著名琴师柏如意逝世补缺，与沈福顺等人一起选入升平署，任"场面"琴师兼做教习，他曾回忆说：

在升平署当差,以场面而言,如果会的不多是应付不了的,除了外边戏码,里面的大本戏,还有承应戏,往少里说,也得会几百出。当时场面上姓沈、姓方的最多,他们老家都是南方,在京里居住已好几代了。他们之中打鼓的、吹笛子的,一个个是横竖乐器、吹的弹的拉的,谁肚子里都有几百出戏。我给谭金培(即谭鑫培)拉一出西二黄的戏,那是我的歇工活儿。累活儿还是吹笛,尤其是那些节令承应大戏,灯彩砌末摆吉祥字,各式各样的排场,除了群曲,常常一整出戏里吹打牌子一直不停,这种活儿没功夫真顶不住。①

梅雨田夫人是京剧名旦胡喜禄之女。梅雨田弟子甚多,以张富贵、陈桐仙、陈寿昌、茹莱卿、董凤年等较为有名。梅雨田晚年仍随谭鑫培搭班演出。

1911年夏,梅雨田帮助梅兰芳创演京剧新腔,两人多次研究、琢磨《玉堂春》的唱腔。《玉堂春》一戏,由王瑶卿创演唱红(其中《女起解》一折,经过王瑶卿的声腔设计和改编,成为单独的一出戏)。王瑶卿演唱时,梅雨田为他伴奏,因此十分熟悉他的唱腔。梅雨田觉得王瑶卿此剧的唱法很有特点,梅兰芳可以王的唱法为基础,同时吸取一位对青衣唱腔颇有研究的福建人林季鸿的《玉堂春》新腔设计,把王瑶卿的唱法和林季鸿的唱腔设计揉在一起,使该戏集散板、慢板、原板、快板等多种唱法,唱腔优美动人。

同年秋,双庆班在北京文明茶园贴演《玉堂春》,梅兰芳主演苏三,梅雨田操琴。梅兰芳采用新设计的唱腔演唱,博得观众热烈的掌声和喝彩声。梅雨田演奏时也非常兴奋,后来梅兰芳回忆说:

---

① 许姬传:《许姬传艺坛漫录》,中华书局1994年版,第64页。

我伯父那一天因为戏是他亲自教的，我又是第一次唱，当然非常兴奋。我记得头里"二位大人到"的时候，他是拉的乙字调的"工尺上"牌子。请医的时候，他有两种拉法。一种牌名叫[寄生草]，是梆子腔里的牌子，他吸收过来加以融化的；一种是[柳青娘]转[海青歌]。那天他拉的是[寄生草]，又新鲜，又好听。台下的观众本来就爱好他的艺术，对他的手音、指法、韵调十分熟悉。今天瞧他高兴，拉出一个新鲜的牌子，来回不同地变着拉，观众听得实在痛快，压不住自己的嗓子，脱口而出地在那里叫好了。这跟普通捧场叫好的性质完全不同。①

梅雨田还教过梅兰芳《武家坡》和《大登殿》两出戏，并曾为梅兰芳演出的《女起解》伴奏。可以说，在梅兰芳艺术成长的道路上，梅雨田付出了很多心血。可惜的是，梅雨田于1912年秋天便患病逝世，没能帮助梅兰芳创演更多的剧目。

"闻鸡起舞"

演戏是世界上最富有魅力的行业之一，同时也是最为苛求与最难立足的行业之一，然而演员是戏剧界里最不可少的一员……他不仅要具有极大的天赋，还必须具备不屈不挠的毅力和奉献终生精力的决心。②

清朝末年，梨园行的后代多数只能学戏，一是子承父业，近水楼台；二是为生活所迫，学戏成名后养家湖口。梅竹芬、梅雨田两家，只有梅兰芳这一根独苗，毫无例外要学戏，可梅兰芳学戏的道路并不平坦。

---

① 梅兰芳：《舞台生活四十年》合集，中国戏剧出版社1987年版，第93页。
② [美]布罗凯特：《世界戏剧艺术欣赏》，胡耀恒译，中国戏剧出版社1987年版。

梅兰芳7岁时，家里请来名小生朱素云的哥哥，教梅兰芳唱青衣戏，只《二进宫》四句老腔，教了好长时间，他还是不能上口。朱先生见他进步太慢，又看他小圆脸上的两只眼睛呆滞无神，眼皮老是下垂，认为这孩子学艺没有希望，不由叹了口气，很武断地对梅兰芳说："祖师爷没给你饭吃！"一赌气，再未登梅家的门。

这件事对梅兰芳震动很大。虽然生在梨园世家，但他只是7岁的孩子，并不了解学戏的艰辛和演戏的乐趣。他看到忠厚善良、体弱多病的母亲，想到梅门只有自己一个男孩，难道真的不能继承祖父、父亲的艺术吗？朱先生走了，他有些沮丧，同时又暗下决心，非要吃祖师爷给的"这碗饭"。从此，梅兰芳走上了艰辛的学戏之路，勤奋是他成功的关键所在。

一年后，8岁的梅兰芳和表兄王蕙芳、朱幼芬在姐夫朱小芬（朱幼芬之兄，名丑朱斌仙之父）家学戏，开蒙老师是吴菱仙（本名吴永明），学的第一出戏是《战蒲关》。

吴菱仙师从时小福，与梅巧玲同在四喜班时，梅对其有知遇之恩，二人感情很好。他虽然也认为梅兰芳寡言少语，貌不出众，但为了报答梅巧玲，同时看到梅兰芳幼年丧父，家境困难，无力聘请教师，只能到朱家附学，因而十分同情，格外用心教梅兰芳，把大部分精力都投到梅兰芳身上。

每天早上，天蒙蒙亮，吴先生就带着这三个学生到中山公园等空旷的地方，喊嗓子遛弯儿。清晨来这里遛弯儿的人经常听到三个"伊""啊"的稚嫩声音。吴先生要求喊两个闭口音和开口音，由低到高，要喊20遍左右，然后再提起嗓子念一段道白，觉得哪种音不够圆满就反复练习。

午饭后，另请的一位吊嗓子的老师来到吴家，先吊嗓子再练身段，学习新的唱腔唱段；晚上念本子，熟悉剧情和剧中角色。吴菱仙为鼓励孩子们刻苦练功，还时常给他们讲春秋越王勾践"卧薪尝胆"、东晋祖逖"闻鸡起舞"及古人为读书"头悬梁、锥刺股"的故事,让孩子们意识到学戏必须苦练基本功的道理。

吴先生教戏的步骤是先把唱词背熟再教唱腔。每次教戏,吴先生坐在椅子上,学生站在桌旁,桌上放着一摞刻有"康熙通宝"四字的白铜大制钱。他规定学生一段唱腔要学20或30遍,每唱完一遍,吴先生便拿起一枚制钱放到一只漆盒内,唱到第十遍,再把钱放回原处,再翻头。有时候,梅兰芳唱过六七遍后,觉得已经会了,有点走神,可是吴先生还是继续教这段,梅兰芳嘴里哼着,眼睛却不知不觉地睁不开了。此时,吴先生并没有用手中的长方形"戒方"打梅兰芳,而只是轻轻一推,他立刻醒来,振作精神,再接着唱。

梅兰芳晚年回忆这段学戏经历时,仍然对吴菱仙充满了感激之情,他说:

> 吴先生对我的教授法,是特别认真而严格的。跟别的学生不同,他把大部分精力都集中在我身上。好像他对我有一种特别的希望,要把我教育成名,完成他的心愿。
>
> 我后学戏而先出台,蕙芳、幼芬先学戏而后出台,这原因是我的环境不如他们。家庭方面,已经没力量替我延聘专任教师,只能附属到朱家学习。吴先生同情我的身世,知道我家道中落,每况愈下,要靠拿戏份来维持生活。他很负责地教导我,所以我的进步比他们快一点,我的出台也比他们早一点。[①]

冬去春来,梅兰芳跟着吴菱仙学唱腔,学青衣的脚步、手势、指法、哭头、叫头、抖袖、开关门、跑圆场等基本动作。吴先生倾其所知,教会

---

① 梅兰芳:《舞台生活四十年》合集,中国戏剧出版社1987年版,第25~26页。

梅兰芳《二进宫》《桑园会》《三娘教子》《彩楼配》《三击掌》《探窑》《二度梅》《别宫》《祭江》《祭塔》《孝义节》《宇宙锋》《打金枝》等青衣正工戏；《桑园寄子》《浣纱记》《朱砂痣》《岳家庄》《九更天》《搜孤救孤》等青衣配角戏，共约三十几出。

在学习青衣、花旦戏的基础上，梅兰芳开始学习武功。起初是姑父秦稚芬教他一些拳术、跷功。他很崇拜姑父武艺超群，特别是姑父能在飞驰的马车上舞动钢叉的技艺。每天天不亮，梅兰芳就让姑父背着或骑在脖子上，到城根踢腿、喊嗓、练习各种拳术。经过近一年的勤学苦练，梅兰芳也学会了在飞驰的马车上舞刀、枪、剑、戟。后来他又向茹莱卿学打把子（枪把子）和其他武打套路。

开始练功时，姑父搬来一张长板凳，上面立放着一块长方砖，叫梅兰芳练习踩跷功，并要求站够一炷香的时间。梅兰芳初练时，看着那块立起的砖，心里有点紧张，腿也发软，他战战兢兢地站在砖上，不一会儿，腿就疼得支持不住。有时练得头晕、恶心，只好跳下来；但他一想起吴菱仙老师的勉励，就咬咬牙，再站到砖上，日久天长，梅兰芳越站越稳，腰腿也能撑住了。冬天，梅兰芳在院子里的冰地上练踩跷、跑圆场，常常是滑倒了爬起来再练，练得脚上磨起了泡。有时他觉得学戏太苦，甚至暗自埋怨教师把这种严厉的课程加到一个十几岁的孩子身上，心中不免有些反感。但是几十年后，梅兰芳追思起来，却觉得尝到了甜头，认为自己"已经是将近六十岁的人，还能够演《贵妃醉酒》《穆柯寨》一类的刀马旦的戏，就不能不想到当年教师对我严格执行这种基本训练的好处。"[1]少年梅兰芳还练过"耗山膀""下腰""压腿"等锻炼胳膊、腰、腿、身段的基本功。

茹莱卿是梅兰芳外祖父杨隆寿的徒弟，以短打武生戏见长，中年时常与名武生俞菊笙配戏，后拜梅雨田为师学习胡琴，曾为梅兰芳操琴。他先

---

[1] 朱振华、吴迎、梅葆玖：《德艺双馨：艺术大师梅兰芳》，山东大学出版社1994年版，第69页。

教梅兰芳练枪把子的五种套路：灯笼炮、二龙头、九转枪、十六枪、甩枪，接着又教他练"快枪"和"对枪"，这些技艺在梅兰芳青年时代排演的《虹霓关》和《穆柯寨》等戏中都用上了。茹莱卿在与梅兰芳的合作过程中，还曾教授梅兰芳《樊江关》中的"对剑"，《木兰从军》中的"鞭卦子"，《霸王别姬》的舞剑等，并告诉梅兰芳三种配合脚步的枪把子：一是武旦行用的踩跷打把子，二是刀马旦行用的穿彩鞋或薄底靴打把子，三是武生等行用的穿着厚底靴打把子。梅兰芳穿惯了彩鞋，一换上厚底靴，手里的枪把子有点不听使唤，觉得挺别扭，他练了将近两个月才逐渐熟练。

梅兰芳青少年时代很喜欢养鸽子，起初他只是觉得好玩，当作业余游戏，渐渐的，他越来越喜欢鸽子，把养鸽子当成日常生活中重要的事情。他在鞭子巷三号院家里四合院房子的两边搭了个鸽子棚，每天早上天刚亮就打开鸽子窝，把里面打扫干净，给鸽子喂食、喂水，隔两三天给它们洗一次澡。只要是晴天，早上练功、吊嗓后，他就开始放飞鸽子，把鸽子按飞行力强弱分成几队，依次放飞。有时训练新鸽子时，他手里拿着竹竿指挥它们，把不愿飞的鸽子不断地往上抛，让它们锻炼飞翔。随着鸽子的远飞近抛，辨认寻找，梅兰芳的眼睛迎风也不流泪了，原来有些呆滞的眼神越练越有神。养了十年鸽子，梅兰芳不但对鸽子有了感情，尤其喜爱友人冯幼伟送的《双鸽图》（据说是清乾隆年间西洋画家郎世宁的手笔）。多年后，梅兰芳还津津有味地谈到养鸽子的收获："第一，先要起得早，能够呼吸新鲜空气，自然对肺部就有了益处。第二，鸽子飞得高，我在底下要用尽目力来辨别这鸽子是属于我的，还是别家的，你想这是多么难的事。所以眼睛老随着鸽子望，愈望愈远，仿佛要望到天的尽头、云层的上面去，而且不是一天，天天这样做，才把这对眼睛不知不觉地治过来的。第三，手上拿着很粗的竹竿来指挥鸽子，要靠两个膀子的劲头，这样经常不断地挥舞着，先就感到臂力增加，逐渐对于全身肌肉的发达，更得到了很大的帮助。"①

对于自己青少年时期学艺的经历，梅兰芳非常坦诚地总结道：

> 我是个笨拙的学艺者，没有充分的天才，全凭苦学。我的学艺历程与一般艺人并没有什么两样。我不知道取巧，我也不会抄近路。我不喜欢听一些颂扬的话。我这几十年来，一贯地倚靠着我那许多师友们，很不客气地指出我的缺点，使我能够及时纠正与改善，这是了解我的人都知道的。②

"蕙仙举火"

梅兰芳在少年时代很喜欢听祖母讲故事和讲祖父的往事。

祖母是昆生陈金爵的女儿，端庄慈祥，性情温和，十分疼爱梅兰芳。

一年除夕之夜，梅家老少照例要先祭祖先，再吃年夜饭。好奇的梅兰芳看见供桌当中供着梅家祖先的牌位，旁边又供了一个姓江的小牌位，禁不住问祖母："为什么姓梅的要祭姓江的？"祖母说："这是你爷爷在世就留下来的例子，依着我的意思是不该供他的。"

晚饭后，当梅兰芳最后到祖母屋里辞岁时，祖母一边祝愿他"聪明智慧，恭喜你又长了一岁"，一边微笑着拉他坐在身旁的方凳上，开始讲述祖父学艺的经历。

祖父梅巧玲，字蕙仙，号雪芬，原籍江苏泰州。梅巧玲以上梅氏族系是：梅兰芳的高高祖梅世贤，生于1712年（康熙五十一年），以务农为生，住泰县东郊薛家庄，因单靠种田难以为生，送儿子梅万春到泰州城里吴家雕塑铺学雕塑。高祖梅万春生于1750年（乾隆十五年），雕塑

---

① 梅兰芳：《舞台生活四十年》合集，中国戏剧出版社1987年版，第74页。
② 梅兰芳：《舞台生活四十年》合集，中国戏剧出版社1987年版，第3页。

手艺人，住泰县城内石人头巷，生四子天根、天桂、天材（天才）、天富，各自谋生。曾祖父梅天才，生于1788年（乾隆五十三年），靠雕塑木刻的佛像和人像为生，但雕塑产品并非民间生活必需品，丰年时凭这种手艺尚可糊口，荒年时则惨淡经营，少有人问津了。1830~1860年苏北发生水患，民不聊生，时梅天才已故世，其妻颜氏带领梅巧玲等三兄弟，逃荒至苏州一带谋生，孤儿寡母生活窘迫，颜氏无奈将长子巧玲卖给苏州江家为义子。

江家后来生了儿子，便开始虐待梅巧玲。有一次，梅巧玲不小心碰翻了风炉上的砂罐炖肉，义父竟三天三夜不给饭吃。后来，梅巧玲被人贩子辗转卖到福盛班，从杨三喜学昆旦，兼学皮黄，以后又随夏白眼学戏。杨、夏二人性情暴躁，动辄便打学徒。杨三喜把梅巧玲手掌上的纹路都打平了，夏白眼也常常毒打梅巧玲。这时，已从杨三喜学艺满师、参加四喜班演戏的罗巧福，看到梅巧玲这样受折磨，心中不忍，他用钱将梅巧玲赎出福盛班，收为弟子。他认为梅巧玲颇有天资，便另眼相待，悉心教戏。梅巧玲对罗巧福赎身授艺感恩戴德，深感苦尽甜来，更加刻苦学戏，除昆旦戏外，青衣、花旦戏皆有所成，一出台就很有人缘，不久就成了四喜班的名角，后来掌管四喜班多年。

梅巧玲成名后，惦念母亲和弟弟，曾托人到泰州寻找。但颜氏和两个儿子逃荒出走后，再未回到泰州。因此，梅巧玲与老家就断了联系。

当时的梨园行，青衣、花旦的界限很严格，青衣重唱工，花旦重做工及扮相。梅巧玲本工花旦，身材稍胖，但慈禧太后认为，胖能显示雍容华贵，乃赐以"胖巧玲"之美称，并常召他入宫演出。梅巧玲为了四喜班的生计，想方设法尽量避免入宫演戏。祖母曾与梅兰芳聊天时谈起她与梅巧玲成家后的艰辛：

　　咸丰十年正是皇帝三旬万寿，六月初九万寿节前三后五都有戏。

你爷爷上圆明园去了好几天，回来没有多少日子，在七月里，大沽就失守了。八月初九洋兵就到齐化门了。听说初八皇上就出京上热河。从八月二十几到九月初几，天天晚上西北红半个天，白天冒黑烟，那是圆明园三山被洋兵烧了。你爷爷哭了一场，整天唉声叹气，家里的日子、四喜班的日子，都得朝他说，想起来这段日子真不是人过的……①

帝国主义的侵略，野蛮地烧毁圆明园，不仅逼得清廷统治者东逃西躲，人民的生活也陷于水深火热之中，民族资本、民族文化被遏制和限制，甚至一个小小的京剧班社都到了难以维持、朝不保夕的地步。

在表演上，梅巧玲以其宽广的戏路和深厚的艺术造诣博得观众的赞誉，他主演花旦戏，兼工青衣和昆旦，其表演路数为王瑶卿、梅兰芳等融青衣、花旦于一炉的创新打下了基础。梅巧玲的拿手戏有《雁门关》《探母回令》《梅玉配》《闺房乐》《虹霓关》《盘丝洞》《得意缘》《浣花溪》《胭脂虎》《玉玲珑》等花旦戏；青衣戏《二进宫》《彩楼配》等；昆旦戏《思凡》《百花亭》《长生殿》等。他在表演中善于体会戏中人物的思想感情，细心钻研台词，念白清楚利落，唱做俱佳。如享誉北京舞台的《雁门关》中萧太后一角，他在表演上既运用了青衣的唱工技巧，雍容华贵的端庄风度，又吸收了一些花旦的念白和幽默、洒脱的动作，成功地塑造了这一舞台艺术形象，有"活萧太后"之称。画家沈容圃曾彩画梅巧玲（扮东方氏）、时小福（扮丫鬟）、陈楚卿（扮王伯党）合演的二本《虹霓关》戏像和梅巧玲《雁门关》（扮萧太后）的彩色油画像，后者是沈容圃所绘《同光朝名伶十三绝图像》之一，画像中十三人为：

---

① 许姬传：《许姬传艺坛漫录》，中华书局1994年版，第64页。

  郝兰田（《行路训子》康氏）、张胜奎（《一捧雪》莫成）、梅巧玲（《雁门关》萧太后）、刘赶三（《探亲家》乡下妈妈）、余紫云（《彩楼配》王宝钏）、程长庚（《群英会》鲁肃）、徐小香（《群英会》周瑜）、时小福（《桑园会》罗敷）、杨鸣玉（《思志诚》闵天亮）、卢胜奎（《战北原》一说《空城计》诸葛亮）、朱莲芬（《琴挑》陈妙常）、谭鑫培（《恶虎村》黄天霸）、杨月楼（《探母》杨延辉）。

  "同光十三绝"并未包括当时所有的名演员，特别是净行演员的缺失，更显遗憾。

  梅巧玲诚实好学，待人温和，生活朴素，言语文雅，空闲时常与人一起研究音韵、唱腔、书法等，善写八分书（隶书）。1962年8月，在北京故宫博物院武英殿举办的"梅兰芳艺术生活展览"中，曾展出梅巧玲写的八分书一幅："前身应是明月，诗酒共安乐。"笔法刚劲、稳健，可以看出他临摹汉碑的功底。

  梅巧玲掌管四喜班后，他特别爱护学徒，不准教师随便打骂他们。杨三喜的孙子杨元在四喜班教戏时，有一次打了学徒，梅巧玲知道后很生气，他严厉地告诉杨元："我这儿不是福盛班，我不能看着你糟蹋别人家的孩子。干脆给我请吧！"梅巧玲非常爱护和尊重同行，戏班里谁有了困难，他都尽力帮助。有一次，吴菱仙家里遇到意外的事，梅巧玲听说了，朝着吴远远地扔过一个小纸团，嘴里说："菱仙，给你个槟榔吃！"吴菱仙接到手，打开一看，却是一张银票。

  清代学者李莼客的《越缦堂日记》曾记载梅巧玲爱护同行的事情，在其"光绪八年十一月七日条内"有"孝贞国恤，班中百余人失业，皆待蕙仙（即梅巧玲）举火"。

  1874年(同治十三年)冬，不到百日，同治皇帝、皇太后相继驾崩，两次"国丧"连在一起，清廷规定一百天之内不许动用响器，一百天后只许便装登台"说白清唱"。在北京的戏班不能演出，经济上损失很大。有的小戏班被迫解散，大戏班也只能维持开一半"戏份"，只有梅巧玲主持的四喜班仍旧照开全薪。他一面用自己的积蓄来赔垫，一面向汇票庄借款，后来实在无法，便请名旦时小福接管，时小福卖掉自己的住房，帮助四喜班和梅巧玲渡过难关。梅巧玲和时小福舍己助人的正义行为，得到四喜班和梨园界同人的赞誉和尊敬。

梅巧玲有弟子余紫云、刘倩云、陈啸云、朱霭云等。1882年（光绪八年）梅巧玲逝世，梨园界人士非常悲恸，前往送葬者甚多。梅巧玲安葬在北京东郊某村，根据其遗嘱，"墓上植梅三百株"。

经过祖母多次讲述祖父的为人、艺德、爱好、家风，幼小的梅兰芳虽然没有见过祖父，但祖父的美德却铭记在心，并且继承了梅家质朴淳厚、乐于助人的家风。梅兰芳还曾经对大儿子葆琛说："你曾祖父喜好书法，并练得一手隶书，友人如能得到他的一份手稿，那真是如获至宝。可惜我们后辈未能留下一纸一墨。他平时好读书鉴，手不离卷，他还能鉴赏古玩、文物、字画，所以称得上是才博学广。由于梅氏门庭高雅，因此在家中的'景和堂'里宾朋满座、门庭若市。我好结交、善看书、爱绘画及收集文物的习性，也可说是祖传给我的天资。"①

"剪掉辫子"

这里所说的"辫子"，正是标志清王朝的长辫子。

1911年10月12日，梅兰芳正在煤市街南口的文明茶园演戏，忽见台下观众手里拿着报纸议论纷纷，许多观众也不像往日看戏那样专心。散场之后，京师译学馆的朋友言简斋来到后台说："武昌发生'兵变'，被革

---

① 梅葆琛：《怀念父亲梅兰芳》，中国社会出版社1994年版，第95～96页。

命党'占领'了。"梅兰芳和几位朋友来到致美斋吃饭,有位朋友拿出当天政治官报的单片给大家看,原来是八月二十一日(阴历)清廷关于镇压武昌起义的"上谕",原文是:

> 据湖广总督瑞澄电奏,革匪创乱,十九日猛攻楚望台,省城失陷,瑞澄退登楚豫兵舰,移往汉口……览奏殊深骇异。此次兵匪勾结,蓄谋已久,乃瑞澄毫无防范,竟至祸机猝发,省城失陷。湖广总督瑞澄着即行革职,戴罪立功……并着军谘府陆军部迅派陆军赴鄂剿办,海军部加派兵轮饬萨镇冰督率前往,陆军大臣荫昌着督兵迅速前往。

大家知道此事非同小可,互约留意,静观其变。

梅兰芳的姨夫徐兰沅听到一件传闻:荫昌离京前请训完毕,大理寺正卿岳柱臣、鸿胪寺正卿英杰臣等为他钱行,有人祝他出征顺利,马到成功。荫昌却双手一摊,念出《战太平》里华安的道白:"又道是,母子好比同林鸟,大难来时各自飞……"

清室贵族有的开始搬离京城。京师大学堂的学生们纷纷议论:"革命爆发,来势凶猛,大清朝恐怕保不住了。"

不久,传来上海梨园界名家夏月珊、夏月润、潘月憔等参加革命党攻打江南制造局的行动,梅兰芳听到这个消息,感到很振奋。

翌年年初,中华民国成立,孙中山就任临时大总统。但不久,政权即被北洋军阀袁世凯篡夺。民国政府令男子要剪掉长辫子。梅兰芳想,中华民国政府的成立宣布了封建王朝的结束,如果拖着这条长辫子,是与社会进步的现实不符合的。他毅然剪掉过膝的长辫,梳成偏分头,又特意到照相馆摄影留念,并在照片上写道:"梅畹华剪发初影,民国元年六月十五日。"

梅兰芳又动员伯父梅雨田剪辫子。梅雨田觉得辫子留惯了,一下子剪掉有点可惜，犹豫不决。梅兰芳便宣扬剪掉辫子既卫生、不脏衣服，又轻松、美观，并说："伯父，您如果剪了辫子，我要给您买一顶巴拿马草帽，戴上一定很漂亮。如果您不同意，等您睡熟了，我也要亲手剪掉您那条封建尾巴。"梅雨田终于同意剪掉了辫子，他没有戴成草帽，很快就去世了。梅兰芳的跟包大李和聋子，说什么也不愿意剪掉辫子，还认为梅雨田是因为剪了辫子才去世的。梅兰芳先是趁聋子熟睡时剪掉了他的辫子，然后又把酒后酣睡的大李的辫子剪掉。大李一觉醒来，发现辫子被剪了，顿时哭得捶胸顿足，找到梅兰芳的祖母告状："老太太，我的辫子也让大少爷给剪掉了，您看怎么办？"梅祖母说："辫子已经掉了，叫大爷也给你买顶草帽做纪念吧！"梅兰芳见大李还是直掉眼泪，便安慰他说："剪掉辫子对身体没有影响，伯父绝不是因为剪辫子才病故的，庙里的和尚，光着头不是也长寿吗？"梅兰芳剪辫子的事情，当时传为佳话，许多家照相馆都挂上梅兰芳剪掉辫子后的便装照片。

1912年秋，辛亥革命领袖黄兴来到北京，由田际云、余玉琴组织的正乐育化会全体成员在贵州馆举行欢迎大会，梅兰芳也参加了这次大会。

二　岁寒三友

广采博师

　　学之之博，未若知之之要；知之之要，未若行之之实。(朱熹：《朱子语类》卷十三)

　　辛亥革命前后，青年梅兰芳表演艺术日臻成熟，除了家学渊源、伯父梅雨田的指导和启蒙教师吴菱仙的悉心教诲外，还得益于他多方求教，博采众长，成名后广泛结交文化艺术界的朋友。

　　自师从吴菱仙学习青衣开始，梅兰芳曾向茹莱卿学武功，到他赴上海演出前后，又得到路三宝、陈德霖、李寿山、钱金福等名师的教授。

　　梅兰芳的刀马旦教师是路三宝。路三宝，字玉珊，山东历城人，初学老生，后改花旦、刀马旦，曾与谭鑫培、王瑶卿合作演出过《杀惜》《梅玉配》等戏。他在表演上善于创新，将界限分明的花旦、刀马旦融为一体，如《穆柯寨》中的穆桂英，就是路三宝最先创演的。他教了梅兰芳《贵妃醉酒》《破洪州》《天门阵》等戏。辛亥革命后，他曾为梅兰芳配演过《金山寺》《虹霓关》和时装新戏《孽海波澜》《邓霞姑》《宦海潮》《一缕麻》等戏。

1914年1月,梅兰芳与王蕙芳在庆风堂一同拜陈德霖为师。陈德霖,原名钧璋,北京人。他幼年学戏,后专攻青衣,师从时小福,演唱方面兼学时小福、余紫云,刚劲、委婉兼而有之,曾与杨月楼、谭鑫培、卢胜奎、黄润甫、刘赶三等名家同台演出,被人尊称为陈老夫子。他的演唱重视表现人物性格,行腔快慢有致,富于韵味,教授过梅兰芳《南天门》《四郎探母》等戏和昆曲《游园惊梦》《思凡》《断桥》等戏的唱腔、身段。梅兰芳回忆:"陈德霖所唱,孙老(佐臣)操琴的几张唱片,也是双绝,水乳交融、风格统一。《彩楼配》四面:[导板][慢板][二六][流水][散板],包括了青衣的西皮的许多腔调。'回府去'一句是青衣的'嘎调',不是一般的'边音',没有充沛底气的好嗓子是不敢这样唱的。"①

著名京剧架子花脸兼武花脸演员钱金福,一生创造了许多深受观众欢迎的舞台艺术形象,如张飞、周仓、马谡等,并与谭鑫培、余叔岩、杨小楼多年合作。他教给梅兰芳两出小生戏——《镇檀州》和《三江口》,这两出戏未在戏院公演,而是在梅兰芳一位友人家的堂会戏上演的。前者由杨小楼饰岳飞,梅兰芳饰杨再兴;后者由钱金福饰张飞,梅兰芳饰周瑜。

梅兰芳的另一位昆曲老师是李寿山,他与陈德霖、钱金福同为程长庚"三庆班"的学生,初学昆曲,后改架子花脸,曾教过梅兰芳昆曲《风筝误》《金山寺》《断桥》和《昭君出塞》。乔惠兰、谢昆泉、陈嘉梁三位老师也教过梅兰芳昆曲,陈嘉梁曾为梅兰芳演唱昆曲时吹笛。"九·一八"事变后,梅兰芳迁居上海,又同丁兰荪、俞振飞、许伯遒研究、切磋过昆曲表演的唱腔和身段。

梅兰芳表演艺术的进步,除得益于多方拜师求教、勤奋练功之外,还

---

① 梅兰芳:《漫谈运用戏曲资料与培养下一代》,《梅兰芳文集》,中国戏剧出版社1962年版,第163页。

得力于看戏。他随喜连成班演出时，每次总是不等开锣就早早来到剧场，当中除了自己上场表演，他总是如饥似渴地观摩前辈艺术家和同行的表演，一直看到散戏才走。

他坐在下场门场面中胡琴座的后边，睁大双眼，十分着迷地看人家表演，嘴里有时不出声地哼着腔，一边心里琢磨老演员的一招一式、一哭一笑何以表演得如此纯熟自如，毫无造作卖弄技艺之感。但此时他还不能完全领略老艺术家们的表演特点，如龚云甫演《太君辞朝》，梅兰芳觉得他的声音好听，动作受看；谭鑫培《捉放曹》中"宿店"一场的大段二黄，从高亢流畅的唱腔里表现了陈宫的愤怨悔恨，剧场里静极了，梅兰芳觉得真过瘾。他还喜欢看有"活曹操"称号的黄润甫和"铜锤"花脸金秀山的表演，黄润甫演曹操因嗓音低沉沙哑，不能以唱工取胜，但黄的道白极见功力，喷口犀利，吐字清晰。梅兰芳有时坐在台下较远的位置，黄的念白中的每一个字仍是清楚地送到耳边，他从中体会到这就是黄润甫的功力，以自己的长处博得观众的认可。梅兰芳看戏的习惯延续了很久，深感这种一面学戏、一面参加演出实践、一面观摩的方法获益匪浅。许姬传等认为：

> 纵观梅兰芳的学戏、演戏经过，是继承祖父传统戏路的。梅巧玲是先学昆曲，后学青衣，兼学花旦；梅兰芳是先学青衣，后学昆曲，兼学刀马旦。相同的是打破了青衣与花旦或与刀马旦不许兼演的褊狭规定，突破了行当的界限。梅巧玲、梅竹芬、梅兰芳三代都学过跷工，但都不踩跷演出。再者是梅巧玲因体格太胖，而不常演刀马旦的武工戏，梅兰芳是因为性格关系，而从不演哭、泼辣一类的花旦戏。

梅兰芳在这个阶段京剧表演艺术方面的进步，还得益于他在辛亥革命前后，有机会与前辈艺人谭鑫培、王凤卿、杨小楼、余叔岩等合作，受到老艺术家的提携。因此,他也非常尊重这些老艺术家。

1912年冬,正乐育化会举办募款义演,本是谭鑫培与陈德霖合演,陈德霖因事未来,谭鑫培点名与梅兰芳合演,这是梅兰芳第一次与谭鑫培同台演出。这以后,两人合演过《汾河湾》《四郎探母》等戏。

梅兰芳很早就留意过谭鑫培与王瑶卿合演的《汾河湾》,非常佩服谭鑫培的表演,认为谭鑫培的表演轻松、传神,很容易感染对方。后来谭鑫培与梅兰芳合演时,虽然有时现场开个玩笑,但于剧情发展无碍,还活跃了观众看戏的气氛。如有场戏的念白,原来有一段是这样,薛仁贵问:"口内饥渴,可有香茶?拿来我用。"柳迎春答:"寒窑之内,哪来的香茶,只有白滚水。"接着薛仁贵又问:"为丈夫的腹中饥饿,可有好菜好饭?"柳迎春答:"寒窑之内,哪里来的好菜好饭,只有鱼羹。"有一次梅兰芳念到"……只有白滚水"时,谭鑫培忽然加了一句:"什么叫白滚水?"梅兰芳反应很快:"白滚水就是白开水。"梅兰芳念到"……哪里来的好菜好饭"时,谭鑫培又加了一句:"你与我做一碗'抄手'来。"梅当即反问:"什么叫作'抄手'呀?"谭鑫培马上风趣地冲着台下的观众一指梅兰芳说:"真是乡下人,连'抄手'都不懂。'抄手'就是馄饨呀。"梅兰芳紧接着说:"无有,只有鱼羹。"[1]观众觉得这不同以往的对白很有意思,很多人被这风趣、幽默的对白逗笑了。

梅兰芳与谭鑫培合演《四郎探母》时,感受到谭鑫培对自己的尊重。梅兰芳觉得在公主大段唱工里,谭鑫培扮的四郎并不大做戏,"只是有时候用眼望望我,或者理理髯口,可是我感觉到他好像有一种精神打过来,和我的演唱联系在一起。"[2]此刻,梅兰芳的精神受到深深的感染,更加入戏,也更加集中精神。

有一次,梅兰芳、谭鑫培两人合演《四郎探母》,演出前谭鑫培偶感

---

[1] 梅兰芳:《舞台生活四十年》合集,中国戏剧出版社1987年版,第119页。
[2] 梅兰芳:《关于表演艺术的讲话》,《梅兰芳文集》,中国戏剧出版社1962年版,第54页。

风寒，嗓音不适，但为了观众又不便回戏，就强打精神上场了。当他唱到"未开言……"时，嗓子哑得唱不出来了，后面的快板也唱不出声来，只是唱到出关被擒时，他干净利落地翻了一个"吊毛"，才博得热烈掌声。到了后台，梅兰芳心里很难过，想安慰谭鑫培，又找不出合适的话。谭鑫培却拍拍梅兰芳的肩膀，充满信心地说："孩子，等我休息几天，咱们再来唱这出戏。"

隔了一个多月，谭鑫培决定在丹桂茶园再演《四郎探母》，叫人通知梅兰芳。梅兰芳到戏院扮上戏，见谭鑫培精神饱满，目光炯炯，知道他做了充分准备，估计今儿准错不了。果然，谭鑫培一上场，全场观众就叫了一个碰头好，特别是上次唱砸的"未开言……"那句倒板，"使出他全身家数，唱得转折锋芒，跟往常是大不相同。又大方，又好听，加上他那一条云遮月的嗓子，越唱越亮，好像月亮从云里钻出来了。'余音缭绕，三日不绝'这句形容词用在这里是再合适也没有的了。"

虽然梅兰芳曾与多位前辈艺术家同台演出，但对他艺术成长与发展起到关键作用的却只有三位：京剧表演艺术家王瑶卿、杨小楼和京剧戏剧家齐如山。

亦师亦友

如果单从知名度来讲，王瑶卿似乎不如他同代演员谭鑫培、杨小楼，也不如他的弟子梅兰芳、程砚秋、尚小云、荀慧生。特别是因嗓音原因，43岁以后他就很少登台了。但是，王瑶卿对京剧旦行艺术的贡献是卓越的。许姬传、刘松岩、董元申先生认为：

> 王瑶卿在我国京剧艺术史上是一位继往开来、有很大贡献的艺术大师。在艺术上，他打破了青衣、花旦、刀马旦不能兼演的陈规陋习，

把各行旦角的唱、念、做、打的特点融为一体，使一个旦角演员可以扮演各种角色，为京剧的旦角开辟了广阔的新道路，创造了"花衫"这一新的旦角行当，促使旦角得以与生角并驾齐驱地发展；在教育上，他打破了男旦不收女徒的积习，因材施教，培养了"四大名旦""四小名旦"以及王玉蓉、章遏云、杜近芳、解锐青、刘秀荣、刘长瑜等著名女演员，入室弟子数以百计，可以说"王派"旦角遍及全国。

梅兰芳学戏以前，京剧旦行的界限划分得十分严格，青衣、花旦、刀马旦都有自己固定的程式，不能兼演。花旦侧重于表情、身段，服饰较为绚丽、夸张，在剧目中多表现活泼、热情、泼辣的形象，唱腔、嗓音方面要求不是太高。青衣则专门注重唱工，不讲究表情、身段，面部表情呆板无神，出场时双手下垂，其中一手（袖）略置于腹前，站在台上呈抱肚子身段，在剧目中多代表庄重、严肃的形象。观众也只是听唱，并不看其表情、身段。所以那时上戏院遇到生旦对戏，特别是青衣唱工戏，北京戏迷称为听戏，有的观众耳里听着台上演员的大段唱腔，干脆闭上眼睛，头轻轻摇晃着，手里有节奏地数着板眼，嘴里还轻声哼着，听到高兴处，扯起嗓子喊个好，把旁边正专心看戏的观众吓了一跳。

青衣这样的表演形式保持得相当长久。一直到前清末年，才起了变化。首先突破这一藩篱的是王瑶卿先生，他注意到表情与动作，演技方面也有了新的发展。①

王瑶卿，原名瑞臻，字稚庭，祖籍江苏清江，久居北京。他早年学武旦、后学青衣、刀马旦，曾与余紫云、时小福、余玉琴、谭鑫培、陈德

---

① 梅兰芳：《舞台生活四十年》合集，中国戏剧出版社1987年版，第28页。

霖、路三宝等合作演出，能唱的戏极多。在中国京剧史旦角的行当方面，他是一位承前启后、贡献巨大的艺术大师。

梅兰芳成名前，经常观摩王瑶卿的演出，十分佩服王瑶卿文武昆乱不挡的表演才能，特别是看了王瑶卿主演的《虹霓关》后，非常喜欢并想学这出戏，经梅雨田介绍，拜王瑶卿为师。王瑶卿却很谦虚，他诚恳地说："论行辈我们是平辈。咱们不必拘于形式，还是弟兄相称，你叫我大哥，我叫你兰弟。"

王瑶卿给梅兰芳说了《虹霓关》前二本东方氏和丫鬟的扮相、服饰，这出戏王瑶卿的身段学自李紫珊（艺名万盏灯），唱腔由谢双寿教授。王瑶卿唱红后，在表演上并未对前辈师长亦步亦趋，在服饰上把二本《虹霓关》丫鬟身穿花褶子、长坎肩改为余紫云的穿袄子坎肩，下穿裙子，又弃掉踩跷。梅兰芳学会这出戏后，觉得自己不适合演二本的东方氏，乃演头本东方氏，二本丫鬟，还扮演过王伯当。

梅兰芳向王瑶卿学的另两出戏是《汾河湾》和《樊江关》。这是两出剧中人物表情、念白和做派较多的戏，与其说是学来的，不如说是看来的。梅兰芳多次观摩王瑶卿演出此剧，特别是王瑶卿和谭鑫培的演出。梅兰芳认为："谭老板和王大爷，都是唱做的'好老'（后台称名角为好老）。他们合演这出戏，当然精彩。我最初看了，就发生兴趣。后来他们每次演《汾河湾》，我是必定去看的，还看得非常认真，所以印象也最深。看完回家，就揣摩他们的动作、表情，再把我自己在台上的经验掺和进去，渐渐地才有了新的领会。"

同样，《樊江关》一戏，梅兰芳也是多次观摩王瑶卿、路三宝等前辈艺术家表演，越看越有兴趣而自然而然学会的，并揣摩自己演薛金莲更合适。后来，梅兰芳与王瑶卿同台演出过《樊江关》，王瑶卿饰樊梨花，梅兰芳饰薛金莲，颇得观众好评。王瑶卿曾回忆：他与王蕙芳合演该剧时，他饰薛金莲，王蕙芳饰樊梨花，及至和梅兰芳演出该剧时，观众"欢迎薛金莲的程度，又超过了樊梨花……其实蕙芳的扮相和技术，都够漂亮和纯熟，不过在描摹剧中人的方面，就不如畹华的细腻深入了。当时兰蕙齐芳，盛极一时"。

梅兰芳成名后，仍然非常尊重王瑶卿。在排演《西施》时，梅兰芳曾将剧本送到王瑶卿家里请教。王瑶卿认真看了三天，整个剧本、唱腔、场子的穿插，都做了精心的整理、改动和编排。1954年王瑶卿与世长辞，梅兰芳深情地悼念他说："我在四十多年以前就和王老先生相处在一起，共同过着舞台生活。在戏剧的钻研中得到他的启发和教育，使我的舞台艺术获得逐步提高和发展。我今天能有这一点成就，也是和王老先生对我的帮助分不开的。"

武生宗师

梅兰芳童年时，与杨小楼同住在百顺胡同的一个大院里。杨小楼每天早上去戏馆练功，就送梅兰芳到私塾去读书，天真、淘气的梅兰芳就让杨大叔背着、抱着，有时干脆骑在杨大叔脖子上，一路走，一路让杨大叔讲故事。有一天杨小楼病了，梅兰芳未去上学，在杨家为杨小楼端水送药。梨园界称他们是"忘年之交"。

十五年后，梅兰芳、杨小楼在"桐馨社"合作演出了《霸王别姬》，观众反响热烈，两人都很高兴。梅兰芳充满感激地对杨小楼说："杨大叔，我是您看着长大的，当年总让我骑在您的脖子上去上学，有一次我哭了，您还买糖葫芦哄我呢！一晃十五年了，居然能和您同台演出，真是我的福气。"

杨小楼是梅兰芳非常钦佩的京剧大师。梅兰芳喜爱杨小楼的《铁笼山》《挑滑车》《安天会》《青石山》《长坂坡》等戏。他对杨小楼有一段十分准确、精彩的评论：

杨老板的艺术，在我们戏剧界里的确可以算是一位出类拔萃、数一数二的典型人物。他在天赋上先就具有两种优美的条件：（一）他有一条好嗓子；（二）长得是个好个子。武生这一行，由于从小苦练武工的关系，他们的嗓子就大半受了影响。只有杨是例外，他的武工这么结实，还能够保持了一条又亮又脆的嗓子，而且有一种声如裂帛的炸音，是谁也学不了的。说句不客气的话，我到今天还没有听见第二个武生有这样脆而亮、外带炸音的嗓子呢。加上他嘴里有劲，咬字准确而清楚，遇到剧情紧张的时候，凭他念的几句道白，就能把剧中人的满腔悲愤尽量表达出来。观众说他扮谁像谁，这里面虽然还有别的条件，但是他那条传神的嗓子，却占着很重的分量。所以不但能抓得住观众，就是跟他同台表演的演员，也会受到他那种声音和神态的陶铸，不得不振作起来。我们俩同场的机会不算少，我就有这种感觉。要我举例的话，我们后来常常合演的《霸王别姬》，总该算是最恰当的例子了。①

杨小楼和梅兰芳的初次合作是1916年冬，两人都参加了朱幼芬组织的桐馨社。第一场合作是在第一舞台的夜戏：大轴是杨小楼的《落马湖》，压轴是梅兰芳和王凤卿的《汾河湾》。不久，杨小楼在梅兰芳主演的《春秋配》中演武进士张衍行，戏虽然不多，但杨小楼演得非常认真，为这出戏添色不少。这次合作时间较短。

1921年春，梅兰芳与杨小楼合作组织崇林社（梅杨二字都有木，故合为林）。崇林社由刘砚芳、姚玉芙分仟经理，王凤卿、李鸣玉、迟月亭、朱素云、姜妙香、龚云甫、朱桂芳、裘桂仙、钱金福、许德义、郭春山、王长林等许多名演员参加演出。梅兰芳与杨小楼合演了《回荆州》《金山寺》《六五花洞》《长坂坡》等戏。

杨小楼素有"活赵云"之称，《回荆州》戏中杨饰赵云，王凤卿饰

---

① 梅兰芳：《舞台生活四十年》合集，中国戏剧出版社1987年版，第378~379页。

刘备，梅兰芳饰孙尚香。梅兰芳回忆跑车一场戏时说：

> ……孙尚香开始唱快板，由赵云领着走"编辫子"（即舞台上三个人在前进中左右交换位置走 8 字形的名称），最后孙尚香快板唱到倒第二句留三个字底叫起"两击锣"切住"辫子"，由赵云领起跑一个圆场，在圆场中孙尚香唱末一字的长腔，刘备、孙尚香下，赵云留在台上。这时的满堂好是观众给我们三个"编辫子"包括我的快板叫的。
> 我们下场时赵云和我们是面向后台的，在"急急风"切住之后，赵云猛地一抖靠杆子，叫起"快纽丝"，面向前台上步接唱下句"要学关公过五关"，"学"字使一个嘎调，唱完"过五关"，在一个"四击头"中赵云的马鞭和枪耍了一个大刀花转身"蹦子"，面朝里横枪执鞭单腿亮相，在短短的一刹那间，嘎调一个满堂好，亮相一个满堂好，加上前面"编辫子"的好，形成了一个高潮。①

一般武生演员演这场戏只拿长枪不拿马鞭，而杨小楼拿着马鞭和枪，还有"编辫子"，做身段，动作舒展受看。

《金山寺》一戏，梅兰芳饰白蛇，姚玉芙饰青蛇，杨小楼饰伽蓝。梅兰芳向陈德霖学这出戏时，白蛇自始至终手持双剑，梅兰芳演出时，开打后换了双枪。后来再看到有演员始终用双剑时，又觉得这更符合白蛇的身份，但一直也没有改回去。杨小楼的伽蓝到台口把旋转的棍子扔向空中，然后接住亮相，还有与鳖精的开打抛权，都很出色。

梅兰芳、杨小楼合作演出最多的戏是《长坂坡》，杨小楼饰赵云，梅兰芳饰糜夫人。头一场刘备率军民撤退，在某地宿营，刘备与赵云对白，当刘说到"你看秋末冬初，寒风透骨，好凄凉人也"时，赵云的一句念

---

① 梅兰芳：《舞台生活四十年》合集，中国戏剧出版社 1987 年版，第 649 页。

白:"主公且免愁快保重要紧。"杨小楼每次演出念到这句都获得全场喝彩声,可见他念白的深厚功力和对剧中人物的深刻理解。照料刘备和二位夫人休息后,赵云转身巡视四周,先是右手拉山膀,向下场门一望两望;然后回过身来走到台口,双手后背再朝上场门一望两望,这时脚底下不平,赵云仍在向远处观望,脚下一个垫步踢开"石头",一条腿横着向左微颠了两下,把赵云观察敌情的姿态刻画得十分生动、传神,每演到这里,必定博得全场观众的喝彩。

《掩井》一场,是梅兰芳的重点场子,梅、杨二人配合默契,天衣无缝。当演到糜夫人被张郃射伤,几经挣扎,无法行走,只得抱着阿斗躲到一处颓垣里,恰巧赵云赶到,要保护糜夫人突围,糜夫人不肯,正在争执,远处曹兵杀来,糜夫人要赵云接过阿斗。这时台下静极了,只见杨小楼猛一吸气,随着"乱锤",两人同时做身段,赵云仍不接,坚决要保护糜夫人突围,糜夫人见情况紧急,忙把阿斗放在台口,转身解开黄帔纽带,就在赵云抱起阿斗再请夫人上马时,糜夫人假指曹兵杀到,趁赵云转身,走跛步到了椅旁(戏中为井)。梅兰芳回忆说:

> 赵云回过身来,右手抱着阿斗,左手伸出抓住黄帔的后领,我每次演到这里,在"乱锤"声中被抓住,向后略退两步,等到我感觉出杨先生的中指把我里面穿的褶子和外面套的帔两件的领口已经分开,我就向前上椅子,他趁势向下一扯,其实就等于他替我脱下一件帔,配合好了就是一刹那的好戏,如果让观众看出费劲,虽然也抓下来那就没戏了。这一表演能不能脆快,关键就在"乱锤"时候中指分开里外两件衣领口,然后用手抓着外面的帔而丝毫不牵动里面的褶子,等我上椅子后,他可以没顾虑地往下扯,自然显得脆快。①

---

① 梅兰芳:《舞台生活四十年》合集,中国戏剧出版社1987年版,第661~662页。

1921年11月29日，冯幼伟40岁生日，梅兰芳致贺，特与杨小楼合演《镇潭州》，杨小楼饰岳飞，梅兰芳反串杨再兴。

梅兰芳、杨小楼合作创演历史剧的高峰是《霸王别姬》。这出戏不仅成为梅兰芳优秀代表剧目之一，同时也成为杨小楼的"传世之作"。

1922年正月，《霸王别姬》在第一舞台正式公演，杨小楼饰项羽，梅兰芳饰虞姬，姜妙香饰虞子期，许德义饰项伯，李寿山饰周兰，迟月亭饰钟离昧，李鸣玉饰刘邦，王凤卿饰韩信，钱金福饰彭越，汪金林饰李左车，等等，演员阵容十分整齐，演出效果不错，观众可以在一个晚上欣赏到当时最优秀的武生和最优秀的青衣合作的历史新剧。

杨小楼不仅开创了以武生扮演霸王的先例，较为成功地塑造了项羽能征善战、有勇无谋、刚愎自用的艺术形象；他又接受吴震修的建议，在唱"力拔山兮气盖世"时，一改坐着唱的演法，增加身段表演。他左思右想，终于想出泼酒扔杯后开始运用身段。据梅兰芳回忆，两人在琢磨这场身段时多次演练，项羽开唱"力拔山兮……"后，"他在'大边'里首按剑举拳，我到'小边'台口亮相；'气盖世'，他上步到'大边'台口拉山膀亮相，我到'小边'里首亮高相；'时不利兮，骓不逝'，双边门，'骓不逝兮'，各在自己的一边勒马；'无奈何'，二人同时向外摊手；'虞兮虞兮'，他抓住我的手。"①

梅兰芳在戏中成功地塑造了一位厌恶战争、卓有远见、多年随夫征战的巾帼英雄。他在虞姬这一艺术形象的唱腔、舞蹈、服装等方面，下了很大的功夫。仅从场子安排上，梅兰芳和朋友们就从最初公演的不到20场减到十四五场，1936年再演是减到12场，新中国成立后减到8场。压缩场子的原因，一是删去不必要的过场、武打及虞姬的西皮慢板，使全剧目

---

① 梅兰芳：《舞台生活四十年》合集，中国戏剧出版社1987年版，第668～669页。

益精练；二是梅兰芳先后与杨小楼、金少山、周瑞安、刘连荣等合演过《霸王别姬》，除杨小楼与梅兰芳配合默契、"棋逢对手"外，其他几位在表演和名望上均逊于杨小楼。杨小楼与梅兰芳合作时，全剧本应在项羽奋战突围至乌江自刎时结束，而实际上每当演到虞姬自刎后，有些前排的观众就起堂了（指退场），杨小楼情绪很受影响，下一场的武打也不能淋漓尽致地发挥。杨小楼曾感慨而幽默地说："这哪儿像《霸王别姬》，倒像'姬别霸王'啦！"①到金少山以后几位饰演项羽的，不再偏重霸王的武打，演到虞姬自刎，项羽痛惜，准备突围即落幕，全剧在高潮中就结束了。

梅兰芳、杨小楼的《霸王别姬》唱到上海，仍是场场爆满，盛况空前。从上海回北京后，两人又各自组班演出，但遇到合作演出的机会，多数还是演《霸王别姬》。

1936年春天，冀东伪政权的头目殷汝耕过生日，派人从通县到北平约角，期望杨小楼去唱两场堂会戏，并给加倍的包银。杨小楼极为蔑视这个汉奸，借故拒绝赴通县演出。同年，梅兰芳曾到北平和杨小楼演过《霸王别姬》，两人谈起时局，梅兰芳说："您现在不上通州给汉奸唱戏还可以做到，将来北平也变了色怎么办？您不如趁早也往南挪一挪。"杨小楼说："很难说躲到哪儿去好，如果北京也怎么样的话，就不唱了，我这么大岁数，装病也能装个十年八年，还不就混到死了。"

这一年杨小楼和他人谈起《霸王别姬》这出戏和梅兰芳时，曾说："我们俩唱惯了，抽冷子跟别人一唱，敢情是卯不上劲，也怪事，我们俩一块唱，我也不知道哪儿来的一股子劲。"②1938年2月，在日本侵略军占领北平半年后，一代武生宗师——杨小楼因病逝世，享年61岁。

梅兰芳非常佩服杨小楼，他曾这样回答齐崧的问话：

---

① 梅绍武：《我的父亲梅兰芳》，天津百花文艺出版社1984年版，第221页。
② 许姬传、朱家溍编述：《梅兰芳舞台艺术》，中国戏剧出版社1960年版，第133页。

因为他对艺术太忠实了，对于观众也太忠实了，无论什么地点，什么场合，什么观众，他自己什么心情，什么环境，他在台上都是一样地卖力，从不泡汤（演戏偷懒的专用名词），从不阴人（在台上有意与合演者为难谓之阴人）。再说人家的玩意儿也真地道，手眼身法步讲究尺寸。比如就拿《霸王别姬》这出戏来说吧，我在台上与杨老板演这出戏的时候，从未担过任何心，手到眼到分毫不差，谁也不必管谁。但是和别人演的时候就不同了，我就要格外加着小心，随时注意到对方动作的尺寸，否则就不会严丝合缝。一提着心，面目上的表情就有时不能自然，而对全剧减色。就拿霸王慷慨悲歌的一场来说吧，杨老板唱"力拔山兮气盖世"那四句的时候，我和他的动作配合毫不费劲儿，当我们在台前亮相时，我的左手一伸出，他的右手立刻抓住我的左腕，再回过头来转向台里背影亮相时也是一样。尺寸上的配合再好也没有了。如此台下怎能不报以满堂彩呢？[①]

梅兰芳对杨小楼极为尊重，他认为谭鑫培、杨小楼这两位大师对他影响最大，谭、杨的艺术境界，正如张彦远《历代名画记》所说："顾恺之之迹，紧劲联绵，循环超忽，调格逸易，风趋电疾，意在笔先，画尽意在。"梅兰芳认为，谭鑫培、杨小楼的表演艺术使中国戏曲表演体系趋于完整，他们的名字就代表了中国戏曲艺术。

戏剧奇才

青年梅兰芳结交了一些朋友，如译学馆学生言简斋、沈羹梅、张庚楼、张孟嘉、郭民原、陶益生等，他们都是梅兰芳的热心观众，再有几

---

① 齐崧：《谈梅兰芳》，黄山书社2008年版，第8页。

位是曾留学日本的冯幼伟、许伯明、李释戡、舒石父、吴震修等,这些人对梅兰芳后来艺术上的进步、艺术眼界的开阔起过极大的作用,其中冯幼伟、吴震修、罗瘿公对梅兰芳的帮助较多。

还有一位对梅兰芳剧目的创新、表演艺术的深化以及1930年梅兰芳出访美国等方面起过重大作用的京剧创作理论家,他就是齐如山。

齐如山酷爱京剧艺术,曾利用到德国留学的机会,观赏、研究外国戏剧,并与中国京剧的起源、发展、表演特点进行比较,探究京剧发展的道路。辛亥革命后,梨园界自发成立了"正乐育化会",吸收新知识,推广发展京剧艺术。齐如山到会介绍了外国戏剧概况,发表了一些改进京剧表演方面的观点、意见。两人虽从未见过面,但齐如山的意见曾引起梅兰芳的注意。齐如山很爱看梅兰芳演戏,他认为梅兰芳的嗓音、身材、面貌均好,只要会唱、身段好、会表演,再加上努力,便可成为一位优秀的青衣演员。民国初年,齐如山开始看梅兰芳的戏,曾想同梅兰芳谈一谈,又觉得素不相识有点冒昧。有一次,齐如山看梅兰芳演《汾河湾》,看过之后,觉得心里的话不吐不快,于是写了一封三千字的长信。节录如下:

> 昨观《汾河湾》,演得很好,一切身段,都可以算是美观,尤以出入窑之身段最美,所以美丽原因,在水袖运用的合适,与该身段增色很多,以后仍应再多注意。此戏有美中不足之处,就是窑门一段,您是闭窑后,脸朝里一坐,就不理他了。这当然是先生教得不好,或者看过别人的戏都是如此,所以您也如此。这是极不应该的,不但美中不足,且甚不合道理。有一个人说他是自己分别十八年的丈夫回来,自己虽不信,当然看着也有点像,所以才命他述说身世,意思是那个人说来听着对便承认,倘说得不对是有罪的。在这个时候,那个人说了半天,自己无动于衷,且毫无关心注意,有是理乎?别的角虽然都这样唱法,您则万万不可,因为果如此唱法,京剧不够戏的原则了。

或者有人说，此处唱旦角的正好休息休息，这更不合国剧的规矩，国剧的规矩，是永不许有人在台上歇着，该人若无所事事，便可不用上去……而且这一段是全戏主要的一节，承认他与不承认他，全在这一套话，那么这套话可以不注意吗？再者，听到他说起当年夫妻分离的情形来，自己有个不动心不难过吗？所以，此处旦角必须有极切当的表情方算合格，将来才能成为好角。①

接着齐如山在信中又详尽分析了薛仁贵的唱词与柳迎春的表情。如薛仁贵头几句唱词"家住绛州龙门群，薛仁贵好命苦无亲无邻。幼年间父早亡母又丧命，撇下了仁贵受苦情"这几句，柳迎春应注意倾听，表情一般；当薛仁贵唱到"常言道千里姻缘一线定，柳家庄上招了亲"这两句，柳迎春不自觉地点点头，有些惊讶，因为他说得很对："你的父贪心太狠，将你我夫妻赶出了门庭。"这两句勾起柳迎春对往事的回忆，难过得拭泪；及至"夫妻们双双无投奔，破瓦寒窑暂存身"，柳迎春悲从心来，难过地大哭起来；最后两句"每日里窑中苦难尽，无奈何立志去投军"，齐如山认为此时的柳迎春仍在大哭，"屡屡用袖子拭泪，意思是他说这些话的时候，正是我哭的时候，他的话我完全没有听见，这与后边旦角所问的话方不冲突"。

齐如山发了信，心想不过写写看法，不会有什么效果。梅兰芳接到信，却认为齐如山很懂戏，分析得合情合理。虽然听说过齐如山的名字，但从未谋面，难得他秉笔直书，指出自己演出中的弱点和不足，不由得不钦佩。当梅兰芳试着按齐如山的意思把这场戏默走一遍，试想试做着柳迎春的表情时，感觉到这样的表演效果肯定会大大超过柳迎春背向观众那样干坐着的效果。

果然，梅兰芳与谭鑫培再次合演《汾河湾》时，观众为梅兰芳细腻真

---

① 齐如山：《齐如山回忆录》，宝文堂书店1989年版，第106页。

切的表情所感染,掌声不断。散场以后,谭鑫培对朋友说:"窑门一段,我说我唱的有几句,并非得好的地方啊,怎么有人叫好呢?留神一看,敢情是兰芳在那儿做身段呢!"①

自此梅兰芳在北京一演戏,齐如山必到场,看完戏必写一封信,梅兰芳接到信认真阅读,只要是齐如山说得合理,他就琢磨着在下一次演出中改动。从1912年到1914年,齐如山共写了百十来封信。但齐如山从未去过梅家,只在戏院里碰见说几句话,因为齐如山顾虑和梅兰芳这样年轻漂亮的旦角演员来往,会遭人非议。后来他见梅兰芳品行端正,又十分诚恳地向他请教,才于1914年春天第一次到梅宅访问。

自此,齐如山成为梅兰芳的朋友和主要编剧人,加上冯幼伟、吴震修等朋友的帮助,梅兰芳对京剧青衣的表演创新更有了信心,在齐如山等朋友的指导、帮助下,梅兰芳对青衣表演的身段、动作、表情等,都做了许多突破和革新。梅兰芳排演的《牢狱鸳鸯》《一缕麻》等新戏,大多采取集体讨论,齐如山打提纲、起草剧本,最后具体编排的做法,并在"缀玉轩"内利用六张方桌搭成小舞台,梅兰芳登台彩排,大家对服饰、表情及灯光、情节穿插等多次讨论,现场修改,效果颇佳,梅兰芳排演的诸多时装新戏和古装新戏,均得益于这种集体的创编方法,他曾深有感触地回忆:

> 从前教戏的,只教唱、念、做、打,从来没有听说过解释词意的一回事。学戏的也只是老师怎么教的,我就怎么唱,好比猪八戒吃人参果,吃下去也不晓得吃的是什么滋味。我看出这一个重要的关键,是先要懂得曲文的意思。但是凭我在文字上这一点浅薄的基础,是不够了解它的。这个地方我又要感谢我的几位老朋友了。我一生在艺术方面的进展,得到外界朋友的这种帮助的地方实在多得数不清。②

---

① 齐如山:《齐如山回忆录》,宝文堂书店1989年版,第109页。
② 梅兰芳:《舞台生活四十年》合集,中国戏剧出版社1987年版,第175页。

三　青衣翘楚

成名沪上

1913年冬天的第一次上海之行，是梅兰芳一生艺术道路的重要转折。

那时的京剧演员，在北京能够唱红固然很好，但如果能在观众比较挑剔的天津和中国最大的商业城市上海唱红，也同样十分光彩，而且在外地唱红了再回到北京，颇有点"衣锦还乡"的味道。

对梅兰芳来讲，这样的机会终于来了。1913年10月末，上海丹桂第一台戏院经理许少卿到北京约角。许少卿不了解梅兰芳的艺术水平，所以约王凤卿、梅兰芳时，给两人的包银差得很远，王凤卿的包银是3200元，许原想只给梅兰芳1400元，王凤卿觉得太少，向许提出加到1800元。见许犹豫不决，便说："你如果舍不得出到这个价，那就在我的包银里面匀给他400元。"许少卿见王凤卿很坚决，也怕伤了和气，便答应下来。

19岁的梅兰芳第一次离开北京城，但因为跟着凤二爷（王凤卿），所以心里并不紧张。到上海后刚在许少卿家住下，金融界的杨荫荪便来找王凤卿，要王凤卿与梅兰芳为他唱一出堂会戏。许少卿听说后赶来阻止，他认为新角打炮戏尚未开演，万一唱砸了，戏院将会受到损失。经王凤卿一再说不能失信于人，杨家表示可以包场，不使戏院亏本，许少卿才答应。梅兰芳由此感到许少卿不太信任自己，当晚辗转反侧，第二天一早对王凤卿说："今儿晚上是我们跟上海观众第一次相见，应该聚精会神地把这出戏唱好了，让一般公正的听众来评价，也可以让藐视我们的戏馆老板，知道我们的玩艺儿。"王凤卿见梅兰芳多少有点儿紧张，便微笑着安慰："没错儿，老弟，不用害怕，也不要矜持，一定可以成功的。"果不如然，两个人的《武家坡》唱得十分圆满，梅兰芳的西皮慢板，王凤卿的大段西皮及两人的对口快板，都博得观众的喝彩声。

作为头牌、二牌，王凤卿、梅兰芳前三天的打炮戏目是，第一天：《彩楼配》《朱砂痣》；第二天：《玉堂春》《取成都》；第三天：《武家坡》。与王、梅同台演出的丹桂第一台的演员有盖叫天、杨瑞亭、张德俊、小杨月楼、双阔亭、刘寿峰、朱素云等。

第一场打炮戏是11月4日，梅兰芳的《彩楼配》是倒第二出，梅兰芳虽然演过了一次堂会戏，但这毕竟是在戏院里正式演出，感到有点紧张，又一转念，这出戏自己很熟，不会出错的，便稳住神等着上场了。梅兰芳后来回忆说：

> 一会儿场上打着小锣，检场的替我掀开了我在上海第一场出场的台帘，只觉得眼前一亮，你猜怎么回事？原来，当时戏馆老板也跟现在一样，想尽方法，引起观众注意这新到的角色。在台前装了一排电灯，等我出场，就全部开亮了。这在我们今天看了，不算什么；要搁在三十七年前，就连上海也刚用电灯没有几年的时候，这一小排电灯亮了，在吸引观众注意的方面，是多少可以起到一点作用的。
>
> 我初次踏上这陌生的戏馆的台毯，看到这种半圆形的新式舞台，跟那种照例有两根柱子挡住观众视线的旧式四方形的戏台一比，新的

是光明舒敞，好的条件太多了，旧的又哪能跟它相提并论呢？这使我在精神上得到了无限的愉快和兴奋。①

三天的打炮戏受到上海观众的欢迎，很多人认为，这次从北京来的新角，扮相俊美，嗓音柔润宽亮，能唱能做。许少卿高兴地向梅兰芳举杯祝贺。梅兰芳认为：

  其实，那时我的技术哪里够得上说是成熟？全靠着年富力强、有扮相、有嗓子、有底气、不躲懒，这几点都是我早期在舞台上奋斗的资本。做工方面，也不过指指戳戳，随手比势，没有什么特点。倒是表情部分，我从小就比较能够领会一点。不论哪一出戏，我唱到就喜欢追究剧中人的性格和身份，尽量想法把它表演出来，这是我个性上对这一方面的偏好。②

演出之余，梅兰芳随王凤卿拜访了上海新闻文化艺术界的名人，如当时主持《时报》的狄平子、《申报》的史量才、《新闻报》的汪汉溪，结识了吴昌硕、俞粟庐、徐凌云等，还拜访了上海"久记"和"雅歌集"两家老戏曲票房。

王凤卿、梅兰芳的演出受到好评，许少卿很高兴，王凤卿趁着许有兴致，把话题一转："许老板，上海滩上的角儿，都讲究'压台'。我们初到上海的，你何妨让我这位老弟，也有一个机会来压一次台？"许少卿很痛快地答应了。许少卿走后，王凤卿来到梅兰芳的住房，真诚地拉住梅兰芳的手说："老弟，我们约定以后永远合作下去。"梅兰芳感动得连连点头。

上海的压台戏，相当于北京的大轴戏。梅兰芳很重视这次难得的机会，

---

① 梅兰芳：《舞台生活四十年》合集，中国戏剧出版社1987年版，第132页。
② 同上。

恰巧冯幼伟、李释勘、舒石父、许伯明都在上海，大家凑在一起，七嘴八舌，认为若以唱工压台，效果肯定不如唱做兼重的刀马旦戏那样生动受看。于是请来教过梅兰芳武功的茹莱卿，教梅兰芳排练《穆柯寨》，茹莱卿带着梅兰芳排了几天，并告诉梅兰芳演这类刀马旦的戏，要格外注意使用眼神，剧中角色才更有神气。

11月6日是梅兰芳值得纪念的一天，他第一次在上海唱大轴戏，演出了《穆柯寨》。

梅兰芳演穆桂英，朱素云演杨宗保，刘寿峰演孟良，郎德山演焦赞。上海观众很喜欢这出唱做兼重、有身段有表情的剧目和活泼可爱、英姿飒爽的穆桂英，不时报以热烈的掌声和喝彩声。

散场后，朋友们鼓励梅兰芳，同时指出梅在台上有时低头，减弱了穆桂英的风度。梅兰芳自己也感觉到了这一点，他想或许是从未扎过靠旗所致，低了头眼神也会受影响，从而影响塑造穆桂英这个舞台形象。于是，梅兰芳与朋友相约，再演出时出现低头的情形，朋友们以轻轻拍掌为号，提醒梅兰芳注意。

梅兰芳再演这出戏时，不自觉地又低了头，忽然听到对面包厢里的拍掌声，知道是朋友提示他抬头的信号，忙把头抬起来。这样演过几场戏，梅兰芳逐渐克服了这个毛病。他曾十分感慨地说："我一生在艺术方面的进展，得到外界朋友的这种帮助的地方实在多得数不清，这不过举一个例子，他们就像一面镜子，几十年来一直老是照着我。"

《穆柯寨》后来成为梅兰芳的代表剧目之一，梅兰芳在京剧舞台上努力刻画这个天真、善良、聪明、勇敢的巾帼英雄。早年他把《穆柯寨》和《枪挑穆天王》分两天演出，后来，梅兰芳感到这两个戏的剧情密不可分，乃压缩在一天演完，全剧更精练、紧凑。

演过《穆柯寨》，梅兰芳还想演一出刀马旦应工的戏，于是想到《虹霓关》。梅兰芳学过该剧二本的丫鬟，想学头本的东方氏，恰巧王蕙芳从汉口来上海，梅兰芳就向王蕙芳及扮王伯当的朱素云学了东方氏的唱腔、念白和身段动作，并于11月26日，把头二本《虹霓关》一天演出来，开了旦角在一场演出中扮演两个不同角色的先例。

梅兰芳又向王凤卿学了《枪挑穆天王》，连同《穆柯寨》《虹霓关》，演出效果不错。

耳目一新

很长时间以来，北京的京剧演员以京剧发源地和集大成者被奉为京朝派。京派的艺术特点是程式规矩严谨、大方，表演刻画细腻、完美，不足之处是沿袭前辈陈规较多，缺少创新。相对于京朝派而言的海派，是京剧南来后逐渐形成的具有上海地方艺术特色的流派（时常被京派贬称为"外江派"）。海派受西方文化艺术影响较多，剧目以新编历史剧、连台本戏和时事新戏为主，表演上注重革新和借鉴，武打求翻跌火爆，唱工讲灵活、流畅，其不足之处是艺术处理上较肤浅、草率。

在辛亥革命前后京剧改良运动的影响下，京、海两派虽有互相轻视的一面，但更多的是通过演出交流互相学习和借鉴。

1909年冬，田际云曾邀请上海艺人王钟声率剧团到北京玉成班，为北京观众演出一些改良新戏（话剧）。十六岁的梅兰芳看了王钟声主演的《禽海石》《爱国血》和《血手印》等新戏，留下很深刻的印象。

梅兰芳初次到上海，大开了眼界。各戏院的宣传使人眼花缭乱，如王凤卿、梅兰芳来沪演出，在报纸上和满街的海报上（后者更在红纸黑框内用金字标出演员的名字和戏码）到处写着极为夸张的宣传广告，如王凤卿是"礼聘初次到申天下第一汪派须生""环球第一须生"，梅兰芳是"敦聘初次到申独一无二天下第一青衣""环球独一青衣"。各戏院发戏单也不像北京的戏院在开锣前发售，而于演戏的当天上午专门发出戏单，送到许多经常看戏的熟人家中，晚上在戏院门前高声介绍当晚的角色和剧目。

以女演员挑班的戏班最初（1894年）创办于上海，俗称"髦儿戏"，又称"帽儿戏""猫儿戏"，知名演员有金月梅、恩晓峰等。梅兰芳在群仙茶园看了一次髦儿戏班的表演。

在上海，梅兰芳观摩了由夏月润、夏月珊兄弟经营的新舞台演出的时装京剧，如《黑籍冤魂》《新茶花》等；结识了戏剧家欧阳予倩。

那是一次偶然的机会，梅兰芳、王凤卿到一处堂会即将举办的地点——张家园游玩，两人坐在精雕细刻的游廊长座上，正在观赏周围的景色，从远处走来一位二十多岁戴眼镜的年轻人，温文尔雅、仪态大方，只见他一边微笑着，一边有礼貌地伸出手："您是梅兰芳先生吧？我是欧阳予倩。"

"欧阳予倩！"梅兰芳真是喜出望外，他早闻欧阳予倩曾在日本参加春柳社的话剧演出，回国后，欧阳予倩与陆镜若等组织春柳剧场，演出极受欢迎。

欧阳予倩热情地邀请梅兰芳到春柳剧场去看戏，并认真地向梅兰芳请教了一些京剧青衣的表演问题。

六年后，梅兰芳赴南通访问演出时，欧阳予倩校长陪同他参观了南通伶工学校，观摩了课堂教学，看了学生宿舍和操场。在更俗剧场客厅，梅兰芳见正面高悬的横匾上有"梅欧阁"三个大字，两边是近代实业家张謇题写的一副对联："南派北派会通处，宛陵庐陵今古人。"剧场经理解释，这是张謇借用梅圣俞、欧阳修两位古人的籍贯来暗切梅兰芳和欧阳予倩的姓，并说："四先生（既张謇）说这间屋子是为了纪念你们两位的艺术而设的。"

梅兰芳和欧阳予倩的首次会见在中国戏剧史上具有重大的意义。欧阳予倩从此更加关注京剧的改革，他在编、导、演三方面均获得优异成绩，从1924年至1928年，欧阳予倩编写了18出京剧剧目，自导自演剧目29

出,其中"红楼戏",梅兰芳排了《黛玉葬花》《千金一笑》《俊袭人》3出;而欧阳予倩共排演了《黛玉葬花》《晴雯补裘》《鸳鸯剪发》《鸳鸯剑》《王熙凤大闹宁国府》《宝蟾送酒》《馒头庵》《黛玉焚稿》《摔玉请罪》9出,唱红江南舞台,因此欧阳予倩和梅兰芳获得"南欧北梅"之佳誉。而梅兰芳从欧阳予倩身上,深深地体会到欧阳予倩与上海戏剧界那种求新、求变和对于社会的积极参与精神。

在欧阳予倩的陪同下,他观看了由欧阳予倩组织的"新剧同志会"上演的时装文明戏(即反映现代生活的话剧),看了《家庭恩怨记》《猛回头》《热血》等剧,这些时装京剧和话剧,给梅兰芳留下相当深刻的印象。他体会到:"我们唱的老戏,都是取材于古代的史实。虽然有些戏的内容是有教育意义的,观众看了,也能多少起一点作用。可是,如果直接采取现代的时事,编成新剧,看的人岂不更亲切有味?收效或许比老戏更大。"

如前所述,在舞台灯光方面,梅兰芳认为上海的戏院在灯光设计上独出心裁,他第一次登场演出,就为台前一排电灯照亮感到新鲜,似乎增加了剧中角色"亮相"的气氛。

在化妆特别是脸型面部的化妆上,梅兰芳受到上海演员化妆的影响和启示。他分析说:"我们在北京,除了偶然遇到有所谓带灯堂会之外,戏馆里都是白天表演。堂会里这一点灯光,是不够新式舞台的条件的。我看到了上海各舞台的灯光的配合,才能启发我有新的改革的企图。"

梅兰芳注意到上海演员冯子和、毛韵珂等人的化妆技巧,扮出来十分俊美。他特别举了两个例子:

(一)画眼圈。从前北方的旦角,不讲究画黑眼圈,淡淡画上几笔就算了事。我看的以上这几位的眼圈,都画得相当的黑,显得眼睛格外好看有神。

(二)贴片子。最早北方的青衣闺门旦、花旦,片子贴的部位,比现在又高又宽，往往会把脸型贴成方的。如果鬓边贴出一个尖角，内行管这叫"大开脸"。头上再打个"茨茹叶"，那就是道地的青衣扮相了。我祖父表演的时代，不用说，正是这种贴法。就连陈老夫子的早期，也还是"大开脸"呢。等我搭大班演唱以后，才慢慢地有了变化，就往当年闺门旦贴片子的路子上改了。可是我看南方旦角的贴法似乎更为好看。①

梅兰芳回到北京后，把上海旦角演员的化妆方法告诉他的梳头师傅韩佩亭，并一起研究、琢磨，结合演出时的扮相化妆，在一部分上海演员化妆方法的基础上加以改进、试验，又有了自己的新创造：

（一）确定了新的脸型——鹅蛋形。梅接受了上海的影响之后，在摸索过程中，一度贴成了枣核形，最后他才找到了鹅蛋形，成为适应当时观众审美需要的最美的脸型。

（二）在片子的用法上，按照老规矩，青衣很少用"小弯"，这可以从早年王瑶卿同谭鑫培合拍的《南天门》《汾河湾》等剧照中看得很清楚……冯子和改良后的青衣扮相也仍然保留着这种作风。经过梅的倡导，不论青衣、花旦、刀马旦，都把"小弯"与"直条大鬓"综合运用，"小弯"由原先一个或三个发展为五个、七个，这就大大丰富了旦角额部的线条变化，并同生、净等角色的额部线条明确地区别了开来。在改革之初，也有人非议，认为"青衣、花旦不分"。实践的结果，梅是胜利者。梅的改革，不仅影响了京剧，也影响了其他地方戏曲，成为数十年来戏曲舞台上最流行、最优美的化妆规范。②

---

① 梅兰芳：《舞台生活四十年》合集，中国戏剧出版社 1987 年版，第 224 页。
② 龚和德：《梅兰芳与舞台美术》，《梅兰芳艺术评论集》，中国戏剧出版社 1990 年版，第 215 页。

梅兰芳首次赴沪演出，对他一生在京剧艺术表演方面的发展有着至关重要的影响。他曾说："这短短五十几天在上海的逗留，对我后来的舞台生活，是起了极大的作用的。"

创排新戏

1913年和1915年的两次赴沪演出，对梅兰芳的表演艺术道路产生了重大的影响。

两次赴沪，对梅兰芳的思想产生了极大的冲击，是循着京朝派老辈艺术家的路子在传统表演上一步一个脚印地走呢，还是仿照海派的路子，做一点时装新戏和古装新戏的尝试呢？梅兰芳毅然选择了后者，他说：

> 我初次由沪返京以后，开始有了排新戏的企图。过了半年，对付着排出了一出《孽海波澜》。等到二次打上海回去，就更深切地了解戏剧前途的趋势是跟着观众的需要和时代而变化的。我不愿意还是站在这个旧的圈子里边不动，再受它的拘束。我要走向新的道路上去寻求发展。我也知道这是一个大胆的尝试，可是我已经下了决心放手去做，它的成功与失败，就都不成为我那时脑子里所要考虑的问题了。①

在参加剧社正常演出的同时，梅兰芳开始了筹排时装新戏和古装新戏的紧张准备。他编排新戏的步骤，是由几位喜爱京剧并对其极有研究的朋友，如冯幼伟、吴震修、李释戡、舒石父、许伯明、齐如山等，随时留意可以编写剧本的材料，先请一位起草，分场次列出提纲，经大家讨论，写

---

① 梅兰芳：《舞台生活四十年》合集，中国戏剧出版社1987年版，第254页。

出剧本初稿，然后再细抠剧本内容、唱腔、台词、戏里的穿插、衔接、服装道具等，见仁见智，畅所欲言，再写出集思广益的第二稿剧本。

在时装新戏方面，梅兰芳先后排演了《孽海波澜》《牢狱鸳鸯》《邓霞姑》和《一缕麻》，他对《一缕麻》的排演最为满意。

1916年春天，吴震修偶然发现在时报馆编的《小说时报》上，有一篇包天笑的短篇小说《一缕麻》很有警世意义，就讲给梅兰芳听，并给他这期《小说时报》看。梅兰芳看后认为小说内容生动、真实，催人泪下，确有警世价值，决定编成一出时装新戏，乃商请齐如山打提纲，然后大家议论定稿。

这个戏的剧情是：林知府的女儿和钱道台的儿子出世前，两家便指腹为婚。钱家儿子成年后是个傻子，林家女儿才貌出众，与表哥方居正研究学问，彼此倾慕，碍于父母所定婚姻，又知钱子痴傻，林女心中郁闷。到成亲之日，林小姐不肯上轿，到母亲灵前哭诉委屈，后因其父声泪俱下地苦苦哀求，忍痛牺牲了个人幸福，嫁到钱家。婚礼刚过，林女患了严重的白喉症，别人怕传染不敢接近，只有傻子伺候她。林女病愈后，发现头上有一缕麻绳，才知道傻丈夫为伺候她染上白喉病而亡，她感到凄凉、绝望，遂自杀身亡。

戏中几个主要角色是：梅兰芳扮林纫芬（林小姐），贾洪林扮林如智（林知府），程继仙扮傻丈夫，路三宝扮林家姨奶奶。

排演时，林知府劝女儿上轿去钱家那场戏，大家认为齐如山把林知府的大段道白写得不够紧凑，改了又改，还是觉得不大满意。吴震修和齐如山反复商量后对梅兰芳说："林小姐在她父亲面前，除了应该揭穿姑爷是个傻子、表明她不肯上轿的理由之外，一句话都不要再说，只让林知府一层紧一层地逼她上轿，最后拉出她死去的母亲来动之以情，林小姐这才抱定牺牲自己的决心勉强嫁过去。我这样处理，可能紧张一点，但是你在这一场上全靠表情做戏，那就看你的本领了。"

梅兰芳同意吴震修的意见，贾洪林说念大段道白不能像背书，要找到俏头，得认真琢磨一下。

1916年4月19日，《一缕麻》在吉祥园正式公演。当演到林知府劝女儿上轿这场戏时，贾洪林把林知府的念白分了三层：第一层，他以长辈的身份说了一套三从四德的老话；第二层，见女儿听不进去，便骗女儿说新郎人品不错，不要误听别人的闲话；第三层，当女儿说穿姑爷是傻子，并指责他没有一点父女之情时，林知府只得搬出死去的夫人，说指腹婚是夫人的决定，并且声泪俱下地劝女儿上轿。贾洪林表演生动、逼真，非常入戏，把扮林小姐的梅兰芳也说得掉泪，台下观众擦泪者颇多，这场戏竟成了全剧的高潮。

梅兰芳扮演的林小姐，前面和表哥研究学问时娴静，踏风琴唱歌时欢悦；后面在母亲遗像前、在父亲的软硬兼施的手法面前、在丈夫的灵前，都很准确地表现了林小姐内心的痛苦、无助、伤心、无奈、凄凉、绝望的思想变化过程。

《一缕麻》揭露了包办婚姻的危害，演出时受到社会各界的重视。在北京演出时，一向否定并主张以西洋戏剧取代中国戏曲的傅斯年撰文《戏剧改良各面观》，其中说道："我有一天在三庆园听梅兰芳的《一缕麻》，几乎挤坏了。出来见大栅栏一带，人山人海，交通断绝了，便高兴得不得了……这篇戏竟有'问题戏'的意味，对于现在的婚姻制度，极抱不平了。"[①]在天津演出时，还使一桩不美满的婚约得到解除。原来天津有万、易两家，上辈即是好友，万女原定许给易子，不料后来易子得了精神病，两家因受旧礼教束缚，没有提出退婚。及至双方家长和万小姐看了《一缕麻》，小姐回家后痛哭失声，决意退婚，两家遂协议取消了这个婚约。梅兰芳没有想到一出时装戏会收到这样真切的社会效果，心里也很高兴。

---

① 傅斯年：《戏剧改良各面观》，《新青年》第五卷第四号，1916年。

在时装新戏的表演探索中，梅兰芳认为《一缕麻》要比另外三出戏演得好一点，熟练一些，后来他总结说：

> 在我的舞台生活中间，表演时装戏的时间最短，因此对它钻研的功夫也不够深……时装戏表演的是现代故事。演员在台上的动作，应该尽量接近我们日常生活里的形态，这就不可能像歌舞剧那样处处把它舞蹈化了。在这个条件之下，京戏演员从小练成的和经常在台上用的那些舞蹈动作，全都学非所用，大有"英雄无用武之地"之势。有些演员，正需要对传统的演技，做更深的钻研、锻炼，可以说还没有达到成熟的时期，偶然陪我演几次《邓霞姑》和《一缕麻》，就要他们演得深刻，事实上的确是相当困难的。我后来不多排时装戏，这也是原因之一。[①]

在北京梅兰芳纪念馆，陈列了一份1914年至1928年梅兰芳排演古装新戏和时装新戏的统计单，笔者抄录如下：

年代	剧目	首演时间	剧场
1914	孽海波澜	10月	天乐园
1915	宦海潮	4月10日	吉祥园
	邓霞姑	4月16日	吉祥园
	牢狱鸳鸯	10月21日	吉祥园
	嫦娥奔月	10月31日	吉祥园
1916	黛玉葬花	1月14日	吉祥园
	千金一笑	3月	吉祥园

---

① 梅兰芳：《舞台生活四十年》合集，中国戏剧出版社1987年版，第279~280页。

	一缕麻	4月19日	吉祥园
1917	木兰从军	3月	第一舞台
	天女散花	12月1日	吉祥园
1918	童女斩蛇	2月	吉祥园
	麻姑献寿	6月	吉祥园
	红线盗盒	10月	广和楼
1920	上元夫人	8月	广和楼
1922	霸王别姬	1月	第一舞台
1923	西施	9月	真光戏院
	洛神	11月	真光戏院
	廉锦枫	11月	真光戏院
1925	太真外传	7月	开明戏院
1927	俊袭人	冬	开明戏院
1928	凤还巢	4月	中和园
	春灯谜	8月	中和园

从上面这份统计单可以看出，在梅兰芳排演的这22个剧目中，时装新戏占5个，穿传统戏服新装戏占1个，其余16个剧目皆为古装新戏，可见梅兰芳对古装剧目的侧重，因为京剧表演程式更适合古装戏的创造和发挥。同时可以看出，梅兰芳对时装新戏和古装新戏的排演有三个阶段：第一阶段从1914年至1916年，这期间梅兰芳排演时装新戏4个，穿传统戏服新装戏1个，古装新戏3个；第二阶段从1917年至1922年，除《童女斩蛇》外，其余6个都是古装新戏；第三阶段从1923年至1928年，7个剧目均为古装新戏。这些剧目的排演，无疑在梅兰芳的艺术生涯中占有相当重要的位置。

在古装新戏方面，16出戏在化妆、服饰、唱腔、舞蹈等方面的设计均取得丰硕的成果。一些老戏观众，看不惯梅兰芳排演的新戏，认为梅兰芳在新戏里搬用老戏的身段，不能算创作，有人写了对仗工整的短文讥讽梅兰芳的表演是"嫦娥花镰，抡如虹霓之枪；虞姬宝剑，舞同叔宝之锏"（后两句指梅兰芳后来排演的《霸王别姬》）。梅兰芳对此并不介意，他认为合理化搬用老戏身段，不仅丰富了新戏的创作，而且深化了老戏的表演，"艺术的本身，不会永远站着不动，总是像后浪推前浪似的一个劲儿往前赶的，不过后人的改造和创作，都应该先吸取前辈留给我们的艺术精粹，再配合了自己的工夫和经验，循序进展，这才是改革艺术的一条康庄大道。如果只是靠着自己一点小聪明劲儿，没有什么根据，凭空臆造，原意是想改善，结果恐怕反而离开了艺术"。[①]

在16出古装戏中，《木兰从军》《天女散花》《霸王别姬》《西施》《洛神》《太真外传》《凤还巢》七出戏的演出效果更佳，梅兰芳自己也比较满意。在这七出戏的排演过程中，充分地反映了梅兰芳对艺术精益求精、开拓创新的精神。

醒世爱国文武兼重的《木兰从军》

此时梅兰芳在京城的旦行演员中已经是首屈一指，但他并不满足，在朋友们的帮助下，不断编演新戏。在满耳"梅郎"的赞扬声中，梅兰芳清醒地意识到，这里面固然多数人是发自内心的喜爱、赞赏，但也有一些遗老遗少并非完全从艺术欣赏的角度来看戏，而是以一种变态的"男人扮女人，比女人还像女人，比女人还迷人"的心理到戏院去的。排它一出女人扮男人的戏如何，顺着这个思路，梅兰芳想到了木兰从军的故事。

从古至今，花木兰的故事在我国家喻户晓。几岁的孩子就知道"唧唧复唧唧，木兰当户织……同行十二年，不知木兰是女郎"的《木兰辞》。

---

① 梅兰芳：《舞台生活四十年》合集，中国戏剧出版社1987年版，第289页。

故事讲述的是突厥入侵中原，边关元帅贺廷玉征兵迎敌；陕西人花弧年迈多病，子尚幼，次女木兰愿代父从军，乃乔装男子投军征战中，她智勇双全，屡立战功，为贺元帅所器重；十二年后花木兰辞官回家，贺元帅与众将至花家，木兰女装出见，众皆惊讶，方知其为女子。

梅兰芳曾谈起排演《木兰从军》的两点动机：

（1）在这以前，我已经陆续演出了好些新戏……这些戏的情节，虽说多少含有一点醒世的意义，但是在大体上讲，套来套去，总离不了家庭琐碎、男女私情这一套老的故事。木兰是一位古代传说中的女英雄，我想如果把她那种尚武的精神和用行动来表现的爱国思想在台上活生生地搬演出来，这对当时的社会，不敢说一定能起多大的作用，总该是有益无损的。(2)那时我正跟朱素云学了一出《辕门射戟》，常常在家里连唱带做的练着玩，兴趣十分浓厚。木兰不是要改扮男装的吗？我就利用这一点，可以拿小生的姿态，出现在观众的眼前。①

这出戏是梅兰芳编演的新戏中唯一分两天演完的，第一天演头本前十五场；第二天演二本后十四场。因为梅兰芳在戏中跨青衣、小生两个行当，先女扮男装，最后恢复女装，在头面、脸部的化妆上很费时间，因为要"从一个梳大头、穿褶子的青衣打扮，一下子改为一个身穿帽钉甲、头戴倒缨盔、足穿薄底靴的士兵模样"，所以在他扮装中间加了几场垫场。剧本的唱词、道白主要是根据《木兰辞》而改编扩展的，紧扣并体现了原著的主题思想。剧本由梅兰芳的朋友们撰写讨论，身段仍由茹莱卿教授。

1917年3月17日，《木兰从军》在北京第一舞台首演，恰逢该舞台开始演夜戏不久。

---

① 梅兰芳：《舞台生活四十年》合集，中国戏剧出版社1987年版，第388～389页。

梅兰芳演花木兰，贾洪林演花弧，罗福山演花母，姚玉芙演花木蕙，王凤卿演贺廷玉，姜妙香演魏王，李寿山演突厥，李敬山、郭春山、曹二庚、罗文奎演应征者。在唱做兼重、采用昆曲的《投军》一场中，梅兰芳演的花木兰（此时顶名花弧）载歌载舞，唱［新水令］［折桂令］曲牌，借鉴化用《乾元山》里哪吒的高难身段，边唱边舞，表达花木兰辞别爹娘、从军报国的心情。

《巡营》一场，花木兰唱大段西皮慢板，表达对家乡亲人的思念和发现敌情的警觉。《歼敌》一场，花木兰不仅打败番王，还用枪挑、剑劈、箭射杀死许多番将，充分表现了花木兰的武艺高强和英勇善战。

这出《木兰从军》虽然只是梅兰芳排演古装新戏中的一个尝试，并不是他最优秀的代表剧目，但却为他后来编演文武兼重的《抗金兵》《穆桂英挂帅》奠定了良好的基础。

风流曼妙绸舞神姿的《天女散花》

《天女散花》的故事，源出于佛教的《维摩诘经》：维摩居士病于毗耶离大城，释迦牟尼命文殊师利率诸菩萨弟子前往问疾，又命天女去该处散花，以验结习。天女乃离众香国，携花篮前去维摩室中，散花于众菩萨身上，散毕回西方复命。

梅兰芳并不信奉佛教，但他自1913年至1916年三次去上海及回北京后，结识了一些著名画家，开始喜爱观赏、学习绘画。1917年春，排演《木兰从军》不久，他偶然在一位朋友家里见到墙上挂着一幅《散花图》，一下子被吸引住了，画上的天女在云中行走，体态轻盈，风带飘逸，十分美妙。

梅兰芳向朋友借了这幅画，回到家中反复端详、琢磨，画中天女清晰、自然的线条，长长飘动的风带，使他"联想到自己艺术的发展道路。当时，剧界名角演戏大有无怪不成派的倾向，他觉得，这固然有成为艺术特点的方面，但也存在弄俏作噱的成分。我怎能从一般中出不俗，依据正旦青衣的规律，破格发展，无怪也要成派。于是他便从风带上产生了舞动的意念，这种想法一旦萌生，思绪如开闸洪水再也难以抑制。他从《哪吒闹海》的抽龙筋，想到敦煌壁画的飞天仙女；从静阒月夜的少女愁思，想到在绿幕氍毹上的飞花曼舞……"①

梅兰芳把自己的想法说给朋友们听，得到大家的赞同和鼓励。于是由罗瘿公编剧，齐如山、李释戡、王又默等在身段、曲谱上协助，梅兰芳的表叔陈嘉梁制谱整理工尺，并为梅兰芳吹笛子伴奏。

这个戏的唱腔、念白还较好安排，最难的是舞蹈的设计排练。一开始，梅兰芳根据《散花图》里天女身上的风带，照样做了许多绸带子，舞动起来时，因绸带太多，互相绊绕，效果不佳；随着绸带的逐渐减少，当只留两条绸带时，梅兰芳舞起来上下翻飞，左右环绕，竟然得心应手，十分美观。梅兰芳很高兴，第一个难题总算解决了。

在人物造型和服饰方面，梅兰芳参考了许多木刻、石刻、雕塑等，特别是参考了敦煌石窟的各种雕塑和画展，从中受到启发。

在唱腔方面，是二黄西皮与昆曲合用，第四场《云路》歌舞并重，配以西皮导板、慢板、流水；末场散花时，用了[赏花时]和[风吹荷叶煞]两段昆曲调子，前者套用昆曲《邯郸梦》里"扫花"的调子，后者套用《思凡》中末一段的调子，并做了改动。首演后，有人提出，[赏花时]是昆曲正式曲牌，而出自《纳书楹曲谱》的《思凡》附在该书最后，属于"时剧"一类，因此在研究南北曲的人看来，[风吹荷叶煞]不能算作正式昆曲曲牌，不能和[赏花时]连演。梅兰芳感谢那人的指点，同时说明这出戏并非纯粹昆曲，而是为了安排散花的舞蹈身段，借用这两支昆曲调子。由此看出，梅兰芳为了在类似《天女散花》这样的古装新戏中创新，并不拘泥

---

① 徐元珊：《梅兰芳与〈天女散花〉》，《北京日报》1984年12月4日。

戏曲界旧的框框，大胆地化用各个剧种，为新塑造的艺术形象服务。

这个戏的重点场子是《云路》和《散花》，都是边唱边舞，梅兰芳化用《哪吒闹海》的一些舞蹈身段，如"鹞子翻身"、扳腿朝天蹬转身等，表现天女在空中云端向下俯视等形态，绸带舞动的花样更是一遍一遍地苦练。因为《散花》一场在云台上，地方较窄，又有一个花奴在旁边，所以梅兰芳在《云路》《散花》两场中选用了不同长度的绸带，前者每条约一丈七八尺长，一尺一二寸宽；后者长约八九尺，宽约六七寸。梅兰芳经过几个月的练习，多方吸收朋友的意见，绸舞练得纯熟，身段唱腔也熟练了。

1917年12月1日，《天女散花》在吉祥园首次公演，梅兰芳饰天女，李寿山饰如来佛，李寿峰饰摩诘，高庆奎饰文殊，李敬山饰和尚，姚玉芙饰花奴，演出收到预期的效果。当天女舞动绸带时，舞台上绸带随着梅兰芳的手臂抖动，出现各种"波浪"、"车轮"、"螺旋"的花样，使观众目不暇接，加上梅兰芳设计的各种优美的身段和婉转动人的唱腔，人们欣赏到一场高品位的创新的古典舞蹈。《云路》和《散花》两场，梅兰芳还试用了五色电光，并特意选择颜色较浅的服装和绸带，电光一照，天女的舞台艺术形象十分突出。

这个戏排演成功，梅兰芳很高兴，有一次他在文明园演《天女散花》，许多朋友来看戏，他很兴奋，演出中加了一些舞蹈身段，绸带也比往常舞得花哨。散戏后，他征求朋友们的意见，一位朋友直言不讳："今天唱得不大好，两段昆曲里的绸子舞，动作太多了，叫人看得眼花缭乱，分不出段落、层次，损伤了艺术性。照这样唱下去，极容易走到油滑一条路上去，这是要不得的，赶快得想法子纠正过来才好。"另外几位朋友说："这话很对，你最好能把身段同绸子舞安排准了，那就不至于有这种情形了。"[①]梅兰芳认为大家讲得很有道理，昆曲的特点是歌舞合一，唱做并重，身段动

---

① 梅兰芳：《舞台生活四十年》合集，中国戏剧出版社1987年版，第536页。

作应该固定在唱词里,如散花时的[锦庭乐]曲牌,梅兰芳背熟它,身段动作、甚至某一把花撒在哪一板里,都定型下来,这样表演和剧情贴得更紧了,克服了增加身段的随意性。

1920年,梅兰芳在上海天蟾舞台演出了《天女散花》。演过几场后,上海著名武生盖叫天来到后台诚恳地说:"我有几句话,您不要见怪。您前几次来到上海,我对您的玩意儿,不客气地说,并不佩服。这次我一连看了三天《天女散花》,由身段同耍带子上,三天唱得都是一式一样,又稳又准,我这才看出您是有功夫的。"[①]

《天女散花》成为京剧舞台上优秀的保留剧目;梅兰芳创造的舞动绸带的舞蹈身段,也为今天歌舞剧中的红绸舞所借鉴,极大地丰富了这一民族舞蹈的创作表演。

1918年春,徐悲鸿看了梅兰芳的《天女散花》,被天女美丽的造型所打动,提议要为梅兰芳画一幅戏装天女像,并借了几幅剧照做参考,酝酿构思用了一周时间,画成一张大型油画《天女散花图》。画面上云雾缭绕,天女飘然而至,人物线条清晰,风带飘逸,面部表情庄重、安详,其脸部是用西洋画法,余皆用中国画笔完成。

画旁题有诗句:

花落纷纷下,人凡宁不迷。庄严菩萨相,妙丽藐神姿。
戊午暮春为畹华写其风流曼妙、天女散花之影。

江南徐悲鸿

《天女散花》的编剧罗瘿公后来曾在画卷上添绝句一首:

[①] 梅兰芳:《舞台生活四十年》合集,中国戏剧出版社1987年版,第537页。

后人欲知梅郎面，无术灵方更驻颜。

不有徐生传妙笔，安知天女在人间。①

垓下楚歌梅花剑舞的《霸王别姬》

关于这出戏，前章述及梅兰芳及杨小楼合作时曾介绍了一些，这里做以下补充。

《霸王别姬》的故事，源自司马迁的《史记·项羽本纪》。京剧剧本主要取材于《西汉演义》和明代沈采的传奇昆曲《千金记》，说刘邦、项羽以鸿沟为界罢兵后，韩信命李左车诈降项羽诓其进兵，将项羽困于垓下。营中听到四面楚歌，楚军军心涣散，虞姬为项羽舞剑后自刎，项羽突围至乌江，自刎。

1918年4月，杨小楼、钱金福、尚小云、高庆奎在桐馨社编演了一至四本《楚汉争》，因剧长，分两天上演，场子不够简练，演员觉得挺累，上座率也不太高，因此演期不长就辍演了。

此前，齐如山曾为梅兰芳编过《霸王别姬》剧本，原定梅兰芳与李连仲合演。及至杨小楼、尚小云演出《楚汉争》，梅兰芳顾虑有竞争之嫌，不愿再排，后见《楚汉争》中虞姬念白、唱工都不多，实际上只是戏中的一个配角，遂决定排演，仍由齐如山撰写剧本。齐也参考了《楚汉争》的本子，初稿写出来场子仍很多，要两天演完。准备排演时，吴震修来访，很赞成梅兰芳和杨小楼演《霸王别姬》。看过剧本后，吴震修很直率地说："我认为这个分头二本两天演还是不妥。"齐如山有点不悦地说："故事很复杂，一天挤不下，现在剧本已经定稿，正在写单本分给大家。"吴震修坚持说："如果分两天演，怕站不住，杨小楼、梅兰芳二位也枉费精力，我认为必须改成一天完。"齐如山不高兴了："我们弄这个戏已经不少日子，

---

① 梅绍武：《我的父亲梅兰芳》，天津百花文艺出版社1984年版，第231页。

现在已经完工,你早不说话,现在突然要大拆大改,我没有这么大本事。"说罢,把剧本扔给吴震修,吴震修拿起剧本一笑说:"我没写过戏,来试试看,给我两天工夫,我在家琢磨琢磨,后天准交卷。"

梅兰芳十分同意吴震修的意见,但又担心本子能否改好。两天后,吴震修拿着剧本来到梅家,诚恳地对齐如山说:"我已经勾掉了不少场子,我认为这些场子对剧情的重要关子还没有什么影响,但我毕竟是外行,衔接、润色还需大家帮忙,我这样做固然为听戏的演戏的着想,同时也为你这个写本子的人打算,如果戏演出来不好,岂不是'可怜无益费功夫'吗?"齐如山见吴震修言辞恳切,便不再固执己见,和大家一道研究润色这个剧本。笔者用较多文字引述梅兰芳回忆《霸王别姬》的编剧情况,是想着重说明,单有好演员,没有好剧本不行,但一个好剧本的产生并非易事,试想,如果没有吴震修的直陈己见,是否有流传至今的《霸王别姬》剧本?真是很难说。因为即使像写过很多剧本、有一定创作经验的齐如山,也有些过分相信自己的经验,听不进别人的意见。《霸王别姬》流传至今,吴震修的贡献不能埋没。

1922年初,梅兰芳、杨小楼合作演出的《霸王别姬》获得好评。

梅兰芳早期演《霸王别姬》时,虞姬头戴的如意冠较低,"不如以后梳得高,古装头上不缠金丝穗子。鬓旁配的是缎花,而非金镶的鬓花。黄帔是软缎绣花,而无电光亮棍串成的万字。舞剑时所着小腰裙和云肩五色杂陈,是以亮片做成的飘带而非鱼鳞甲"。后来梅兰芳将飘带改为鱼鳞甲,如意冠增高;抗日战争胜利后演此戏时,虞姬的如意冠、鱼鳞甲仍按当时最新的式样,但在色彩、装饰上加重了分量。上海戏装师谢杏生说:"每次梅先生来上海期间,总是要添置、订制一批戏装。例如鱼鳞甲,他就一而再、再而三地改了许多次,每次都要求有所创新。"[①]

---

① 谢杏生:《戏剧服装艺术》,《中国工艺美术》1982年第2期。

随着舞台灯光设计技术的不断改进，梅兰芳后期演《霸王别姬》时，在虞姬巡营这场，为了表现月色和突出四面楚歌的古战场的凄凉景色，场上灯光转暗，只用一束淡蓝色的灯光照着巡营的虞姬，边走边唱，衬以四面楚歌和两个老军的对话，艺术效果不错。

《霸王别姬》这出戏，念白、身段动作（包括舞蹈）重于唱腔，但梅兰芳仍紧紧地结合剧情与剧中人物思想情感的变化来安排唱腔。本来项羽败阵回营前，虞姬有一大段［西皮慢板］，演出中梅兰芳"觉得在这个场合慢条斯理地歌唱，不大合乎剧情，为了使气氛凝聚，紧凑无间，改为四句［摇板］，并不为舍弃那大段唱腔有所惋惜"。①而在项羽安歇、虞姬出帐巡营唱［南梆子］中的第二句"我这里出帐外且散愁情"一句，梅兰芳每唱必获观众掌声，因为"这句要发挥梅派'音堂相聚'的特点——歌唱时使高音、中音、低音衔接无痕，腔圆动听，不露出压迫声带的痕迹，也听不到提气的准备。要唱得自然、沉稳，这样就会把虞姬的感情很自然地流露出来，曲中能够见情"。②最后汉兵杀来，虞姬自刎前唱的"汉兵已略地，四面楚歌声；君王意气尽，贱妾何聊生！"是虞姬唱给项羽的诀别歌，有的演员不太重视这段短歌，而梅兰芳一面唱，一面用手掩脸而泣，身体逐渐后仰，项羽忙揽住她的腰。

京剧表演有"千金念百四两唱"一说，可见念白的重要。梅兰芳的念白非常规矩，并尤为重视是否符合剧中人物的性格、情感。《霸王别姬》充分表现了梅兰芳的念白技巧，如项羽败阵这场，虞姬念白中有三个"如何"，第一句"今日出战，胜负如何？"充满关切之情；第二句"大王身体乏了，帐内歇息片刻如何？"表示虞姬要项羽休息、自己代为巡营的真挚情感；第三句"大王慷慨悲歌，令人泪下，待妾身歌舞一回，聊以解忧如何？"在四面楚歌声中，项羽极为悲痛，虞姬为安慰项羽，强颜欢笑，

---

① 梅绍武：《我的父亲梅兰芳》，天津百花文艺出版社1984年版，第221页。
② 丁至云：《探讨梅剧〈霸王别姬〉》，《光明日报》1962年8月14日。

提出为项羽舞剑。梅兰芳曾告诉杜近芳,要注意虞姬念白的语调变化,像"明火蟾光,金风里,鼓角凄凉"这几句,"'明火蟾光'要加重语气,渲染气氛,读得比较高昂、饱满。而后一句'鼓角凄凉'则表示虞姬和广大老百姓的厌战情绪,他们希望和平,不愿意打仗,所以情绪较低,语调亦随之发生变化。因此,要表现出特定环境中人物的独特感受,就要念出感情和人物的心理活动来"。① 在"看云敛晴空,冰转乍涌,好一派清秋光景"一段话的念法上,梅兰芳"先抬头望月,将左手在胸前一横,然后向前一指,再低头叹息……一个'咳'字,能压得你半天透不过气来,'正是'两字,令人落泪千颗,犹有余哀"。②

这出戏的舞蹈即虞姬的舞剑。排演之前,梅兰芳曾请了一位武术教师,学习太极拳和太极剑,又向王凤卿学了《群英会》的舞剑、《卖马》的耍锏。梅兰芳后来回忆:"《霸王别姬》里的舞剑是把京剧《鸿门宴》和《群英会》的舞剑,还有《卖马》的舞锏的舞蹈加以提炼变化,同时吸取武术中的剑法汇合编制而成的。"③

虞姬舞剑,是在知道项羽大势已去的前提下,忍着内心的悲痛强作欢颜的舞剑,在表演上是相当有难度的。梅兰芳考虑为舞剑配的曲牌应该庄重激越,于是采用[夜深沉]曲牌,每次演出,虞姬舞剑,场面上奏起这个曲牌,凝重动听的古典乐曲更突出了古战场中短暂的歌舞,体现了虞姬在悲观、沉重的气氛中勉强为项羽"歌舞一回"的情景,艺术感染力很强,观众仿佛置身于古战场中听古乐,观古人舞剑。

关于舞剑的基本程式动作,李宝櫆在1944年曾经请教过梅兰芳,在台上舞剑干净利落,稳而不乱,对称协调,有何诀窍?梅兰芳答:"其实

---

① 杜近芳:《梅兰芳先生教我演虞姬》,《戏剧报》1984年第10期。
② 齐崧:《谈梅兰芳》,宝文堂书店1988年版,第113页。
③ 梅兰芳:《为着人民,为着祖国美好的未来,贡献出我们的一切——在舞台生活五十年纪念会上的讲话》,《梅兰芳文集》,中国戏剧出版社1962年版,第223页。

并不难，首先记住舞步的方法大体上是一个'十'字，一个'X'字，就像英国国旗那个图案，便不会乱了。"① 在一篇文章里，梅兰芳认为"《霸王别姬》的舞剑的位置，是环绕在四个犄角和中央，成为一朵梅花式的图案，假使你的舞蹈步法不够准确和严整，就会给观众一种残缺支离的感觉"。②

1961年夏天，笔者有幸看到梅兰芳在吉祥戏院最后一次演出《霸王别姬》，当时梅兰芳已是六十七岁的老人，扮相仍很俊美，唱做身段还是那样老练纯熟，整场演出观众掌声不断。演到舞剑时，虞姬压住内心悲痛、强颜欢笑的表情，娴熟典雅的舞剑身段，加上整场富于韵味的唱腔和清楚、动听、字字珠玑般的念白，真是给人莫大的艺术享受。虞姬舞剑时，观众们屏声静气地看着，耳边响着优美悦耳的[夜深沉]曲子和有节奏的锣鼓点，直到舞剑完毕，才爆发出热烈的掌声。

按照齐崧先生的说法，《霸王别姬》的舞剑应有三个原则，梅兰芳这三个原则掌握得好，即为：

（甲）舞步的疾徐，必须能切合文场的节奏。

（乙）舞姿动作的起伏，必须能与唱腔的高低相互配合。如唱的是鹤鸣九皋，而舞的是沉沙落雁，那就会显得不顺了。

（丙）《别姬》里舞剑的面目表情，要凝重严肃，万不可于无心中喜形于色或带半点轻浮。两眼眼神要随着剑尖走，换句话说，就是要眼球随着剑尖的抡摆而转动。③

梅兰芳是位非常虚心的艺术家，舞剑这场的唱词有两句原是"自古常言不欺我，富贵穷通一刹那"，新中国成立后，拍摄电影艺术片时，有人

---

① 梅绍武：《我的父亲梅兰芳》，天津百花文艺出版社1984年版，第223页。
② 梅兰芳：《中国京剧的表演艺术》，《梅兰芳文集》，中国戏剧出版社1962年版，第39页。
③ 齐崧：《谈梅兰芳》，《宝文堂书店1988年版，第116页。

指出这两句不太合适，不能准确表达项羽志在天下的雄心抱负。梅兰芳认为说得有理，便把这段唱词改为"自古常言不欺我，成败兴亡一刹那"。①

在表演细节上，如项羽看见乌骓马后想到"你跟随孤家多年，百战百胜，今日被困垓下，你也无用武之地了"的凄楚心情，原为项羽叫人牵马下去，梅兰芳改为虞姬在旁边暗中摆摆手，示意马夫牵走乌骓。这个细小的改动，十分符合项羽当时的心境和虞姬的体贴之情。

首开二胡伴奏之先的《西施》

《西施》是梅兰芳友人罗瘿公根据昆腔《浣纱记》传奇改编的，说的是春秋时越国败于吴国，越王勾践卧薪尝胆，又用范蠡之计，访越国美女西施，献于吴王夫差；夫差中计，遂为越国所灭，范蠡弃官，与西施游五湖。

起初这个戏罗瘿公初编后仍较长，需要两天演完。梅兰芳认为剧本改得不太理想，原来传奇中的重头场子，改编后变轻了，有的删掉了，于是他拿了初稿再找王瑶卿，王瑶卿连着干了三天，删掉一些过场和不太必要的场子，保留了其中《浣纱》《羽舞》《五湖》等重要场子，改后一个晚上能演完。

梅兰芳演过《霸王别姬》后，更加注意在唱腔方面的运用和创新，他从不轻易地用较花哨的唱法演戏，而力求在表演、演唱上达到内在（心里想的）与外在（外表唱、做）的高度统一。

一般剧作家创造新唱腔是为戏安腔，以腔保戏。观众怎样看待新腔呢？"一是观众看完戏后说，还是老腔老调，没有滋味；再一种就是听完某一个新腔以后说，腔调倒是新的，就是怪得不像京剧了"。所以梅兰芳认为："腔要不出人所想象的新。"也就是说，既要在继承传统唱腔的基础上创新，又必须尊重人们的欣赏习惯，新腔才能立住。

---

① 岑范：《梅兰芳在拍摄影片的日子里》，《解放日报》1961年11月20日。

在《西施》剧中，梅兰芳设计了一段二黄慢板的唱腔，朱家溍认为：

> 其中一段主要的唱词是"水殿风来秋气紧，月照宫门第几层。十二柱杆俱凭尽，独步虚廊夜深沉。红颜空有亡国恨，何年再会眼中人。"其中只有"俱凭尽"的"尽"字腔，是由传统的长腔发展出来的新腔，其余差不多比老腔没有多大变化，但字字发出那样娇嫩柔美的音色，是前人所未有的。在回龙腔中，"第几层"的"层"字腔的低转处，有如花底鸣泉。"独步"的"步"字腔，和"亡国恨"的"恨"字腔，运用"抖"和"擞"的唱法，刚柔相济，保持了陈德霖先生"抖"和"擞"的刚劲特点，而济之以低回婉转，使旧腔达到一个新的境界。①

舞蹈设计上，梅兰芳觉得应该区别于《天女散花》的绸舞、《上元夫人》的拂尘舞和《霸王别姬》的剑舞，想来想去，决定采用自古时流传至清朝的"佾舞"。他特意到京师图书馆(北京图书馆前身)借了一部《大清会典图》，参考、借鉴图中各种舞式的姿势，设计了一套西施和旋婆对舞时一手执"羽"（雉尾）、一手执"籥"（笛子）的舞蹈动作，两人配合默契，各种身段结合高矮亮相，十分优美受看。

在场面设计上，很长一段时间梅兰芳就觉得光是一把胡琴不太够劲，特别是旦角演员的唱腔婉转细腻，如果伴奏音量增大，演唱效果会更佳。他与徐兰沅、王少卿二位琴师反复商量，试奏演唱，觉得艺术效果很好，便决定在音乐伴奏中加上二胡。梅兰芳这一大胆的创举，打破了旦角演出时只用胡琴伴奏的传统习惯，丰富了京剧乐队的演奏，也增强了舞台气氛。虽然当时有人认为这是"破坏成规"，但经过实践，二胡成为京剧伴奏音乐中不可缺少的一件乐器，一直延续到今天。

---

① 朱家溍：《梅兰芳的歌唱艺术》介绍梅兰芳唱片选集，《梅兰芳艺术评论集》，中国戏剧出版社1990年版，第282页。

舞景相和、艺技达巅的《洛神》

《洛神》取自《洛神赋》(原名《感甄赋》),说的是曹植上朝,曹丕赐他玉镂金带枕,归途夜宿洛川驿中,有神女示梦,自称宓妃,嘱明日洛川相会。曹往,有汉滨游女、湘水神妃带路,与宓妃相会于洛川,宓告前缘。

梅兰芳被这个悲剧性的故事情节深深打动,他想把这个故事搬上京剧舞台,于是请了许多朋友,又参考明代汪南溟的《洛水悲》杂剧、宋代画家摹晋名画师顾恺之的《洛神赋图》,来设计该戏的台词和服饰;梅兰芳还和徐兰沅、王少卿研究唱腔。

1923年11月21日,《洛神》在真光剧院公演,梅兰芳饰宓妃,姜妙香饰曹植。梅兰芳成功地塑造了美丽、善良、脉脉含情的仙女形象,准确把握了她的人物性格和对曹植深深的依恋之情。

《洛神》一剧,梅兰芳采用了布景,因为它与表演密切相关,为了更好地烘托仙境,在"川上相会"这场,梅兰芳设计了一个象征着仙岛的高台,高台共分三层,下宽上窄,洛神在台上做出俯视地面等各种舞蹈身段,走遍三层高台的每个角落。对于京剧舞台的布景,梅兰芳认为《洛神》这出戏用得较为恰当。他还曾采纳印度诗人泰戈尔的建议,对布景的色彩做过改动。但就京剧表演和布景的一般关系而言,梅兰芳认为:

> 京剧的表演艺术因为是在没有布景的舞台上发展起来的,它充分借助于观众的想象力,把舞蹈发展为不仅能抒情,而且还能表现人在各种不同环境——室内、室外、水上、陆地等的特殊动作,并且能表现人的内心世界,我们要给它增加新的东西,主要先考虑它和表演体系有无矛盾,用布景不是完全不好,而要和表演特点做到调和。①

---

① 梅兰芳:《中国京剧的表演艺术》,《梅兰芳文集》,中国戏剧出版社1962年版,第30页。

第四场"川上相会",梅兰芳与姜妙香的表演十分精彩,仅洛神与曹植在台前走的一个小圆场,身段之好看细腻,令观众叫绝。齐崧谈了他的观感:

> 笔者在台下,看他们走这个圆场时,只能注意到他们的面目表情和腰以上的身段,至于脚底下的步法,则来不及注意,也无从悬揣。只觉得好似舞台在旋转,而觉察不出他们是在走台步。我所感受到的,只见他们二人是在穿云破雾之中,眉目传情,欲语还休。一个是千言万语,尽在不言中;一个是诚惶诚恐,紧追而不舍。这一幕可以说是把中国式的谈情说爱,如入神之间的契合,发挥得如水银泻地无孔不入,创艺术之高峰,执平剧之牛耳。①

《洛神》是梅兰芳新中国成立前编演的古装戏中,唯一到新中国成立后还演出的剧目,并被摄入电影戏曲片《梅兰芳的舞台艺术》下集。梁冰曾谈到他看《洛神》的观后感:

> 《洛神》是一出古典歌舞剧,也是一首抒情的诗和一幅优美的画。为了达到剧本所要求的演出效果,梅兰芳同志在舞蹈和唱腔设计上作了卓越的创造,在第四场长达二十四句的[西皮倒板][慢板][二六][快板]和[散板]中,不但几乎集中了青衣在西皮各种板调中的主要唱腔,而且随着音乐节奏的变化,通过优美的独舞和群舞,表现了洛神和众神女"或翔神渚,或戏清流,或拾翠羽,或采明珠"(《洛神赋》原文)的欢悦心情。尤其当他唱到"齐舞翩跹成雁阵,轻移莲步踏波行,翩若惊鸿来照影,宛似神龙戏海滨……"时,达到了歌、

---

① 齐崧:《谈梅兰芳》,宝文堂书店1988年版,第95页。

舞、剧三者的高度完美结合。这里，梅兰芳同志的每一移步，每一回首，都犹如"御风而行，飘飘欲仙"，"凌波微步，罗袜生尘"。最后，当洛神向子建忍痛说出"你我言尽于此，后会无期，愿殿下万千珍重……"的时候，则流露出无限眷恋，不但使观众对他们寄以深切的同情，而且对于横亘在他们中间的封建礼教产生了强烈的憎恨。①

轻歌曼舞"羽衣"承传的《太真外传》

有《贵妃醉酒》的基础，梅兰芳还想排一出以杨玉环为主要人物的戏。1925年春，梅兰芳把想法告诉友人，准备对清代戏剧家洪昇创作的古典名剧《长生殿》进行改编。该剧的故事来源于唐代诗人白居易的《长恨歌》和元代戏剧家白朴的《梧桐夜》。

经商定，《长生殿》改成一至四本以杨贵妃为中心的《太真外传》，仍由齐如山执笔撰写提纲，黄秋岳、李释戡等研究、推敲唱词和念白。剧本吸取了《长生殿》的精华，删去一些不必要的剧情。梅兰芳很重视这出戏的排演，为杨玉环设计了唱腔、表情和身段，又为各本设计了相应的布景。三本中的舞蹈，原拟排"霓裳羽衣舞"，为此，友人冯幼伟不惜重金，购下孔雀翎外褂子一袭，用做羽衣。结果梅兰芳在排演时不能运用自如，折了数只雀翎，又常与旗帜绕在一起，弄得他汗流浃背，手忙脚乱。羽衣舞未排成，只好改为翠盘舞。

1925年7月，头本、二本《太真外传》在北京开明戏院上演；1926年12月，三本、四本《太真外传》也公演了。演员阵容很整齐，梅兰芳饰杨玉环，王凤卿饰唐明皇，侯喜瑞饰安禄山，萧长华饰杨国忠，姜妙香饰高力士，张春彦饰二本李太白、四本罗真人，姚玉芙、朱桂芳饰二本的念奴、永新、寒簧、素英；四本里的董双成和小玉。

---

① 梁冰：《赞〈洛神〉》，《新华日报》1961年12月3日。

四本《太真外传》的重要场子，头本为"太真出浴"，二本为"望阙献发"和"梦游月宫"，三本为"七巧盟誓"和"盘翠艳舞"，四本为"玉真梦会"。

怎样在京剧舞台上表演贵妃出浴？太露，就不是中国古典戏剧的表现方式；不穿浴衣，又显得不真实。梅兰芳抓住杨玉环的娇羞心理，考虑到观众欣赏的文化层次，服饰、身段动作设计得比较合适。齐崧评论说：

> 舞乐声中，太真身着蝉翼纱衣，袖长露手，略似日本和服而腋下不开口，因和服即因袭唐装，故而相似。腰间袭以纱带，与《天河配》里的织女浴装有所不同。在行动时，腿部不呈露在外，同时亦无胸部的绣花饰物。手持巨幅长纱，可绕周身而有余，这方纱巾即是起舞的道具，于俯仰腾落之间，用以随身掩映。翩若蝴蝶穿花，皎若芙蓉出水。抚肩凝神，如玉雕塑像。回身转睛，如春风桃李。真个是清歌妙舞凝丝竹，轻纱过处起云烟……刹时舞毕，台下报以热烈掌声，观众们总算领略了"回眸一笑百媚生，六宫粉黛无颜色"的意境。①

《太真外传》是梅兰芳创造新腔最多的一出戏，在这出表现宫廷生活并加进神话色彩的戏中，他努力创造出许多新腔，既有"杨玉环生在那华阴小郡，一家人各分散无限伤情"的[西皮倒板]接[慢板]；又有"我这里离御座重整霓裳，又好比维摩室内乱落天花"的[南梆子]转[流水]；还有"九华帐拥绣衾方才睡稳，董双成又传语来把人惊"的[反二黄]唱腔。其中尤以头本"出浴"的[反四平调]最具代表性，"听宫娥在殿上一声启请，我只得解罗带且换衣巾"这一段，其节奏快慢、吐字行腔、抑扬变化、高低繁简，都极合工尺，恰到好处。

舞蹈采用翠盘舞而未用霓裳羽衣舞，应该说是个遗憾，因为后者是

---

① 齐崧：《谈梅兰芳》，宝文堂书店1988年版，第186页。

《长恨歌》中的重要内容。但梅兰芳的这段舞蹈十分精彩,在上场门台前,设一个高三尺左右的盘,盘心固定,盘可以自动旋转。齐崧回忆说:

> 童子站在盘下,将手持之舞旗掷向空中,由贵妃在盘上接取。如是者由一人增至二人,由缓加速,最后增至十六人。彩旗满台飞舞,贵妃随接随掷,双手并开,疾如流星,煞是好看。彩旗有各种不同的形状,有方,有圆,有三角,有三叉,有长方,有六角各种形状。在传旗飞舞之际雀翎飘起,随着翠盘的旋转,此起彼落,上下翻腾。梅兰芳站在盘中,若危若稳。举手投足,如晓日破云霞;旋转腾身,如流风回霜雪。春风桃李,无以比其妍;出水芙蓉,难以方其丽。台下观众,屏息凝眸,神不守舍,如坠五里云雾。曲终舞止,非但台上的明皇掀髯而喜,台下的观众也在炸了窝似的掌声中鼓噪不停。实为梅所表演的各种舞蹈中,最成功之一场。[①]

由于种种因素,《太真外传》没有像《洛神》那样成为梅兰芳的保留剧目。但在梅兰芳逝世二十多年后,他的儿子梅葆玖经过努力,于1988年先后在北京、上海、香港等地演出了《太真外传·仙会》,设计并恢复了"霓裳羽衣舞"的表演,不但完成了梅兰芳未竟的心愿,也使这出戏更为精练,在艺术上和创作意境上有了新的升华。

剧目流派融会贯通的《凤还巢》

1928年4月,梅兰芳在北京中和园首演《凤还巢》,梅兰芳饰程雪娥,姜妙香饰穆居易,王凤卿饰程浦,侯喜瑞饰周公公,李寿山饰刘鲁七,尚和玉饰洪功,萧长华饰朱千岁,慈瑞泉饰程雪雁,此剧没演几场就停演了。

---

① 齐崧:《谈梅兰芳》,宝文堂书店1988年版,第194~195页。

关于《凤还巢》的停演，有两种说法：一是当时占据北京的奉系军阀的将领有观此剧者，认为《凤还巢》剧名影射"奉还巢"，非常不满，乃由奉系教育总长刘哲出面，以所谓"有伤风化"的罪名禁演了此剧；另一说认为并非出自政治原因，虽然个别奉系将领有异议，但没有明文禁演。

因此，《凤还巢》过了一段时间又恢复了演出。

这出戏在表演上有三个难关，"第一难关为出场的第一场戏。第二难关是闷坐深闺个人表演的一场戏。第三是最后一场团圆的戏。这三场戏都难在面目表情方面，内心之流露，眼神之运用，涕泣的音色，都很难把握，是可意会而难以言传的"。梅兰芳十分准确地演出程雪娥聪明、机智，敢与恶势力斗争的性格，同时保持了那个时期大家闺秀的典型。"相亲"一场，雪娥奉父命偷觑穆居易，当她看到穆公子神清骨俊、一表人才时，竟掩饰不住内心的喜悦，有观者说：

> 一声甜美的"哎呀呀！（声音甜极了）爹爹眼力果然不差！"说时以右袖从鬓边掠过，满面春风好似绽放的花朵。扭身再看，这次时间短，看了便缩身后退，面带娇羞，如醉了的海棠，口念"哎呀，不要在此久留，倘被大娘姐姐看见，岂不说我轻薄，我且回房去吧"。说时眼珠儿一转，低头看脚下，抽身背袖急欲回房，走了一步又停下来，转步转身再向里望一望，再接念"好一个美貌的才郎"。说时隔着水袖跷起大拇指，然后以袖掩面羞下，这段表演已把爱慕之情描述得淋漓尽致……梅氏以后在上海演这段时，又将它改进了。第三次转身欲待再看时，中停站定，脸容收敛，以手在胸前略摇一摇，表示不再偷觑了，然后做一娇羞浅笑转身进场。①

---

① 齐崧：《谈梅兰芳》，黄山书社 2008 年版，第 125 页。

第十场的"闺怨",梅兰芳的表演已非常细腻。当雪雁上轿后,雪娥愁容满面,心情低落,念出:"……爹爹不在家中,无人替我做主。思想起来,哎!好不烦闷人也。"等到丫鬟来报刚才迎娶的不是穆公子而是朱千岁时,雪娥又暗暗高兴起来,齐崧回忆说:

> 雪娥念"哎呀呀!怎么世上竟有这样的奇事呢?"先是眼珠一凝神,抚掌合袖,然后再平摊开双袖表示不解。接念"那日朱千岁前来拜寿,也曾见过他一次(眼珠一转,作追忆状),那相貌么,长得十分丑陋(微摇头,眼神中带有几分讥笑)。与我姐姐么(稍停又是眼珠一转,这时似乎有两个鼓点子)",这时将两手由袖中露出,以左右手的食指隔有一段距离比划着,用眼看看左食指,再转到右食指,然后向台下交代出会心的微笑,口里念着"真可以称得是一对女貌郎才","女貌郎才"四字声音加重,微笑时以右袖掩口,台下爆出热烈掌声。①

这出戏的唱腔也十分优美动听,其中程雪娥和老旦对唱的"本应随母亲……"的[原版]转[流水],非常流畅。梅兰芳认为这段唱腔正面与大娘抗争,只有这两个板式才唱得干脆利落,斩钉截铁,突出雪娥追求幸福、不畏权势的性格特征。

关于这些剧目(加上"九·一八"事变后梅兰芳在上海排演的《抗金兵》《生死恨》)的编、演,戏曲界有许多评论,这里仅择二例:胡冬生在《梅兰芳成功的原因和历史功绩》一文中,认为剧目创作与流派艺术相互促进,相辅相成,是从梅兰芳开始的。虽然一些剧目受到鲁迅和其他文艺名家的指责,如《天女散花》《黛玉葬花》等,认为距离当时的政治斗争比较远。但梅兰芳的创作努力和艺术实践是应当肯定的,他指出:

---

① 齐崧:《谈梅兰芳》,黄山书社2008年版,第125页。

当时的梅兰芳主要是一个爱国主义的大艺术家，爱国主义，是他思想的基调，而在他是有深刻的历史根源的。早在他7岁那一年（1900年），亲眼目睹八国联军的血腥暴行，就曾挺身而出，敢于直接斥责德国侵略军。这以后，他始终关怀着祖国的命运，所以，在1917年就排演《木兰从军》；在"九·一八"事变后，迁居沪上，排演了有强烈的反侵略意义的《抗金兵》《生死恨》等。他也是个民族主义者，但充其量只是个温和的民族主义者，跟一个激进的民族主义者自然有很大的思想差距。

但是，这些剧目塑造了中华民族传统妇女的优美形象，广义来说，仍然是构成我国人民精神财富的一个组成部分，况且，通过对这些形象的构思、造型、身段设计，大大推动了梅兰芳对京剧舞台艺术的革新，这方面的意义，还是值得充分加以肯定的。①

龚啸岚的《梅派剧目的时代乐章》一文，把梅兰芳时装、古装新戏的排演分为前期、中期和后期创作。

前期创作（1913～1916年），梅兰芳勤奋、认真，朝着"求新、求精、求美"的目标努力，总结出"学习、研究、创造"的创作经验，但毕竟初出茅庐，龚啸岚认为：

> 尽管像《邓霞姑》《一缕麻》那样的剧本反映了封建社会包办婚姻的悲剧，《童女斩蛇》从破除迷信的角度，暴露了反动统治阶级对人民的剥削、迫害，认真说来，作品的倾向性并不是十分鲜明的。《嫦娥奔月》和《天女散花》偏重于形式、技巧，脚本的内容只能予人以

---

① 胡冬生：《梅兰芳成功的原因和历史功绩》，《梅兰芳艺术评论集》，中国戏剧出版社1990年版，第241页。

飘渺虚空的幻觉,《黛玉葬花》《晴雯撕扇》那样的题材,也只是从现象上做了一些感时伤遇的描写,没有接触到人物内心最本质的矛盾。这一时期的创作,后来几乎没有保留下来什么,不是没有原因的。①

中期创作(1917～1930年),梅兰芳在齐如山、吴震修等人的帮助下,题材处理和写作技巧都比前期有明显提高,如《木兰从军》《霸王别姬》《洛神》和《凤还巢》,龚啸岚指出:

> 《木兰从军》中塑造了一个冲破旧礼教的藩篱、投身卫国战争的女英雄形象;《霸王别姬》则图写了刀兵战乱给人民带来的苦难,一方面透露了作者对当时北洋军阀混战连年的憎恨,一方面又历史地对待二千多年前刘项战争的真实,对项羽、虞姬的性格做了成功的刻画,比起前期的作品,更为接近现实一些……《洛神》就突破了前期古装戏的水平,用了简洁的篇幅、精练的笔墨刻画了甄氏和曹植这两个人物;《凤还巢》也是较熟练地运用了戏曲创作布局行文的技巧,写出了程雪娥姊妹和穆居易、朱涣然等人物,成为一个颇有风趣的传奇故事。这几个中期的创作,后来经过锤炼加工,都得到了保留和流传。②

后期创作(1931～1937年),梅兰芳虽然只写了《抗金兵》和《生死恨》两部作品,却收到了以少胜多的效果。它武装了梅派艺术的创作思想,使他的作品发出了时代的声音,响起了战斗的号角。

---

① 龚啸岚:《梅派剧目的时代乐章》,《梅兰芳艺术评论集》,中国戏剧出版社1990年版,第250～251页。
② 龚啸岚:《梅派剧目的时代乐章》,《梅兰芳艺术评论集》,中国戏剧出版社1990年版,第251页。

艺冠京华

在排演时装新戏、古装新戏之外，梅兰芳在传统剧目的编演和昆曲的演出中，获得丰硕的艺术收获。这其中，有梅兰芳最喜爱的、久演不衰的两出戏《宇宙锋》和《贵妃醉酒》，有昆曲《游园惊梦》，还有他和余叔岩合作的《打渔杀家》。

千锤百炼、艺术求真的《宇宙锋》

《宇宙锋》是秦代故事戏，说的是奸臣赵高得秦二世胡亥宠信，逢外地献鹿，赵高指鹿为马，被匡扶怒斥，赵高乃遣人盗取匡扶受御赐宝剑"宇宙锋"入宫行刺，被武士杀死，赵高进谗言，捕匡扶全家入狱，赵高婿匡忠逃走，校尉杀赵忠误为匡忠，赵艳容假哭夫亡。后胡亥去赵府，见赵艳容貌美，欲收做宫妃。赵高问女，赵艳容不从，得哑丫鬟暗示，在家中与金殿上装疯，后往尼庵，最终与匡忠团聚。

这是一出唱做较为吃重又不讨俏的戏，梅兰芳却非常喜欢它，曾改演全本；后来，则集中在"修本""装疯""金殿"三折上。梅的好友冯幼伟认为，《宇宙锋》演出了两千年前封建社会早期出现的一位"富贵不能淫，威武不能屈"的女子，且难能可贵的是，这位女子并非生长在贫苦家庭，而是贵族官宦的千金，这个女子为了自身的幸福自由，敢于反抗封建帝王和父亲的压迫，用装疯的办法有力地嘲讽和侮骂昏君、奸父。

《宇宙锋》还是梅兰芳代表剧目中下功夫最深的一出。梅兰芳认为这出戏最难掌握的，不是唱念、身段，而是人物的表情。"演员在台上的表情，是有两种性质的。第一种是要描摹出剧中人心里的喜怒哀乐，就是说遇到得意的事情，你就露出一种欢喜的样子；悲痛的地方，你就表现出一种凄凉的表情。这还是比较单纯的一面，比较容易做的。第二种是要形容剧中人内心里面含着许多复杂而矛盾、又是不可告人的心情，那就不好办了。"梅兰芳后来谈到表情在这出戏中的重要地位：

> 为什么表情在这出戏里占着最重要的地位呢？你想想看，我们在台上扮演剧中人，已经是假装的。这个剧中人又在戏里假装一个疯子。我们要处处顾到她是假疯，不是真疯，那就全靠在她的神情上来表现了。同时给她出主意的，偏偏又是一个不会说话的哑巴丫鬟。也要靠表情来跟她会意的。所以从赵女装疯以后，同时要做出三种表情：（一）对哑奴是接受她的暗示的真面目；（二）对赵高是装疯的假面具；（三）自己是在沉吟思索当中，透露出进退两难的神气。这都是要在极短的时间内变化出来的。这种地方是需要演员自己设身处地来体会了。首先要忘记了自己是个演员，再跟剧中人融化成一体，才能够做得深刻而细致。①

这出戏的表情难在一个"疯"字上，从赵高被秦二世封为太师，兴高采烈地对赵艳容说出"恭喜我儿，贺喜我儿"开始，赵女的表情出现变化，质问赵高："爹爹呀！你乃当朝首相，位列三台，连这羞恶之心，你……都无有了么！"这时的赵女只是心中愤恨。当赵高拿圣旨压她时，赵女决绝地表示"慢说是圣旨，就是一把钢刀，将女儿的头斩下来，也是断断不能依从的呀！"这时赵女看见哑丫鬟的手势，一想也只能用装疯来拒父抗旨，乃拆散头发，斜披衣裙，脸上抓破（画几道血迹），赵高见女儿疯了，顿时慌了神。赵女强忍内心的痛苦，装着疯笑，念着"上天""入地"的话，用双手捧住赵高的胡子，用兰花指的指法，抽出几根胡须，随着胡琴过门的开始，把胡子吹走。

这中间有个赵女打赵高嘴巴的身段动作：赵女右手转身打赵高，然后

---

① 梅兰芳：《舞台生活四十年》合集，中国戏剧出版社1987年版，第154~155页。

拍手笑着共左右两次，赵女夸张地露出手举着拍，以显出疯人的幼稚举动，时而两手上下换位拍，时而两个水袖交叉舞动。梅兰芳认为：

> 舞台上的动作，除非要变繁重的身段，须要预先设计部位、角度，不断地练习求得准确，到了舞台上才能很自然地演出来，至于一般的身段、表情、动作的变化，都是在舞台上临时下意识地做出来的。如果刻板地来做每个动作，就会有脱离生活的倾向。有时则是根据具体情况加以改变的，比如在拍手笑的时候，如果手已经露出来就用手拍，如果手刚刚一动而水袖已经垂下来，就不必再特意把水袖抽回去，只须顺着自然的劲，用水袖上下交叉地舞着……演员须要灵活运用程式，不能被程式给捆住，如果必要的话，在风格统一的原则下，程式本是随时可以突破的。前辈创造的许多优美的程式，都是从生活中吸取来的，不是凭空臆造的。我幼年学戏，并不懂得这些程式的奥妙，只是先生教我一遍又一遍地做到准确到家，然后就可以上台。在台上学习了一个相当的时期，渐渐觉得心手相应，掌握了程式，能够运用程式，才逐步发生了变化。[①]

"金殿"一场戏，赵女仍借着装疯，痛骂秦二世荒淫无道，痛斥羽林军是狗仗人势的奴才。赵女冒着有可能被斩首的危险，大闹金殿。秦二世以为赵女真疯了，才放过她。赵女无法发泄心中的隐痛，又不敢放声大哭，便用三声疯笑来代替内心的痛楚和愤恨，最后一声疯笑的尾音明显带着哭声。

《宇宙锋》本是一出唱工戏，经过梅兰芳的千锤百炼、对剧本的改编、对人物的细心刻画，使这个传统剧目充满活力，人物个性更加鲜明，演来

---

① 许姬传、朱家溍编述：《梅兰芳舞台艺术》，中国戏剧出版社1960年版，第36～37页。

感人至深。

唱念做舞精雕细刻的《贵妃醉酒》

《贵妃醉酒》的故事，是说唐玄宗宠幸杨玉环，有一次约定在百花亭摆宴，到时唐玄宗却去了梅妃的宫里，杨玉环只得独自饮酒，抑郁寡欢，喝得大醉，伤感怨恨而回宫。这个戏何人编剧、何时初演已无可考证，但1886年（光绪二年）7月，汉剧演员吴红喜（艺名月月红）到北京演出，第一天的打炮戏就是《贵妃醉酒》，一唱而红。京剧演员王玉琴、路三宝等擅长此戏。梅兰芳的《贵妃醉酒》就是路三宝传授的。

《贵妃醉酒》是一出唱做兼重并且舞蹈性很强的剧目，对演员的唱念做舞、表情身段要求比较高。梅兰芳很喜欢这个戏，新中国成立前后，多次修改唱词和表演身段，成为他优秀的代表剧目之一。梅兰芳曾经谈起对这出戏不断改进的本意和过程：

> 《贵妃醉酒》既然重在做工表演，一般演员就在贵妃的酒话醉态上面做过了头，不免走上淫荡的路子，把一出暴露宫廷里被压迫的女性的内心感情的舞蹈好戏，变成了黄色的了，这实在是大大的一个损失。我们不能因为有这一点缺憾，就不想法把它纠正过来，老前辈们在这出戏里耗尽心血，创造出的那些可贵的舞蹈演技，从此失传，这是值得注意的一件事。所以我历年演唱的《贵妃醉酒》就对这一方面陆续加以冲淡，可是还不够理想。前年我在北京费了几夜工夫，把唱词、念白彻底改正过来。又跟萧长华、姜妙香二位细细研究了贵妃沉醉之后，对高、裴二卿所作的几个姿态，从原来不正常的情况下改为合理的发展。①

---

① 梅兰芳：《舞台生活四十年》合集，中国戏剧出版社1987年版，第230页。

青年时代的梅兰芳,在表演上基本按照老辈艺术家的传授,虽然他的表演经验还不够丰富,对人物、剧情的理解、体会还不够深,齐崧认为,"那时他的嗓子极冲,甜宽圆润兼而有之。唱起[四平调]来,一丝不苟,虽然花腔不多,但清脆动听,与别人唱得截然不同"。①

20世纪20年代末,梅兰芳的表演艺术已经达到高峰,声名誉满大江南北,但在《贵妃醉酒》的表演上尚无大的改动,如进入醉态时所表演的醉步,沿着桌子,扶着桌边走向台口的身段,只具形态,并未传神。卧鱼时也只是稳起稳落作卧倒的姿态而已,并无嗅花闻香等之配合动作,亦无醉眼惺忪进一步的内心表演。饮三杯酒时亦无运用眼神之各种表演。在诓驾之后与高、裴二卿的一段调笑场面,也是按照原来的本子。②

抗日战争胜利后,梅兰芳再度演出《贵妃醉酒》时,做了较大的改动,新中国成立后改动就更多了。如第一场,杨贵妃唱[四平调]"海岛冰轮初转腾"几句,边唱边舞动扇子,做出许多优美的身段,唱到"乾坤分外明"时,只见他"轻轻地转了一个身,然后一手持扇,一手用袖,由胸口起,两手向外画了两个半圆形,身子随着手势慢慢向下蹲,做了一个蝴蝶落花的亮相"。

邹慧兰谈到梅兰芳的这段表演时,在唱"见玉兔"和"嫦娥离月宫"这间隔的两句时,先后做了两次对称的"顺风旗",这两次"顺风旗"体现贵妃前后的"心情有所区别,面部表情也不同。这种左右对称的身段动作,在昆曲里叫'合盘',像这样前后对称,间隔呼应,在传统的《贵妃醉酒》里是没有的"。③

许姬传、朱家溍指出,这段唱词中"乾坤分外明"这句的身段,是梅

---

① 齐崧:《谈梅兰芳》,宝文堂书店1988年版,第124页。
② 齐崧:《谈梅兰芳》,宝文堂书店1988年版,第124页。
③ 邹慧兰:《〈贵妃醉酒〉的源流与梅先生的革新》,《梅兰芳艺术评论集》,中国戏剧出版社1990年版,第532页。

兰芳借鉴了载涛的表演特点，于1955年演出该戏，在"唱'乾坤'的时候，左手翻袖蹲下身去。在'分外明'的三招当中，左手撕着右手的水袖，眼睛朝上看着，用扇子做左右三下掩面的姿态，表现月光耀目的意思"。①

当杨贵妃摆驾百花亭，路过玉石桥时，杨唱到"鸳鸯来戏水"时，梅兰芳再次学用了载涛的演法，"左手仍旧持扇掐腰，右手放下来向右下方一指，眼睛也随着向右下方微微地一瞟，手做兰花式，手心向外掩口微笑，赶紧向右扭脸转身，表示有些含羞的样子"。②

接唱"金色的鲤鱼水面朝"一句时，齐崧指出，梅兰芳"先是把扇子交到左手，向左转身，翻起右袖过顶，左手翻扇掐腰，表示手扶栏杆看桥下鸳鸯。然后再以同样动作，只是左手变为右手，向右转身俯视金鱼。在梅老板来回翻袖时，他的面目表情是眼里看着鸳鸯戏水、鲤鱼翻身，而心里却想着自己的佳期。这种内心表现，是他以往演《贵妃醉酒》所没有的"。③ 邹慧兰认为，梅兰芳晚年的《贵妃醉酒》演到这里时则更加精练，不做身段，只是留恋不舍地又看了一眼，"按老的演法，在唱重复句（即'哎……水面朝'）时要一边唱一边转动扇轴，同时有一个软'鹞子翻身'。然后举扇蹲身亮相，虽然舞姿翩跹，但身段过于繁琐，冲淡了生活内容，不如梅先生改动以后的再看一眼，动作要来得简洁，意境要来得深远一些"。④

从"长空雁"到"雁儿并飞腾"，梅兰芳走出慢而快的云步，并且想象着大雁的姿态仿效它们，身段十分优美。

当闻报"万岁爷驾转西宫"时，杨贵妃感到意外，随之心中不满，自语几句后，无奈以"且自由他"收尾，"早年他念'他'字是公然的大声震怒，中年时是小声震怒，盖不欲为人看出。在他晚年的录音里，这个'他'字

---

① 许姬传、朱家溍编述：《梅兰芳舞台艺术》，中国戏剧出版社1960年版，第84页。
② 许姬传、朱家溍编述：《梅兰芳舞台艺术》，中国戏剧出版社1960年版，第88页。
③ 齐崧：《谈梅兰芳》，宝文堂书店1988年版，第130页。
④ 邹慧兰：《〈贵妃醉酒〉的源流与梅先生的革新》，《梅兰芳艺术评论集》，中国戏剧出版社1990年版，第532页。

透着是伤心多而恼怒少了。虽同为一字,三种不同念法代表了梅氏三个不同阶段的艺术演变"。①

杨贵妃打起精神,吩咐高、裴二力士摆下酒宴,要自饮几杯。翁偶虹认为,这时梅兰芳借鉴了京剧名净黄润甫在《阳平关》中曹操的身段,"抖袖,整冠,开扇,背扇,端带,走三步表示拾级而登,归里场椅。在入座的时候,用手重重地扶桌,徐徐地扬起身子,做出一种睥睨自倨、内妒外骄的神态。这一表情,是一般演《贵妃醉酒》者所忽略的"。②接着,杨贵妃三次饮酒,表现了三种内心的变化,突出了"醉"字,所以演员的表情与姿态,须要分三个阶段:

(一)听说唐明皇驾转西宫,无人同饮,感觉内心苦闷,又怕宫人窃笑,所以要强自作态,维持尊严。(二)酒下愁肠,又想起了唐明皇、梅妃,妒意横生,举杯时微露怨恨的情绪。(三)酒已过量,不能自制,才面含笑容,举杯一饮而尽。此后,即入初醉状态中,进一层描绘醉人醉态。③

第二场开始不久,杨贵妃有三次"卧鱼"的身段,这身段很优美,也很能显示演员的腰腿功夫,有的演员蹲下后,斜躺在地上很长时间才起来,有些卖弄腰腿功夫。梅兰芳偶然得到启示,使他的表演进入剧情,也更加贴近现实生活,他回忆道:

这三个卧鱼,我知道前辈们,只蹲下去,没有嗅花的身段。我学会以后,也是依样画葫芦地照着做。每演一次,我总觉得这种舞蹈

---

① 齐崧:《谈梅兰芳》,宝文堂书店1988年版,第131页。
② 翁偶虹:《梅兰芳的意象美学意识》,《戏剧论丛》1984年第3辑。
③ 梅兰芳:《舞台生活四十年》合集,中国戏剧出版社1987年版,第39页。

身段是可贵的，但是问题来了，做它干什么呢？跟剧情又有什么关系呢？大家只知道老师怎么教，就怎么做，我真是莫名其妙地做了好多年。有一次无意中，把我藏在心里、老不合适的一个闷葫芦打了开来。我记得住在香港的时候，公寓房子前面有一块草地，种了不少洋花，十分美丽。有一天我看得可爱，随便俯身下去嗅了一下，让旁边一位老朋友看见了，跟我开玩笑地说："你这样子倒很像是在做卧鱼的身段。"这一句不关紧要的笑话，我可有了用处了。当时我就理解出这三个卧鱼身段，是可以做成嗅花的意思的。因为头里高、裴二人搬了几盆花到台口，正好做我嗅花的伏笔。所以抗战胜利之初，我在上海再演《醉酒》，就改成现在的样子了（蹲地手攀花枝而嗅——笔者注）。①

到梅兰芳晚年，他在《贵妃醉酒》的演出中，感到前两次"卧鱼"身段雷同，在舞台上显得呆板重复，于是删去中间的一次"卧鱼"，具体动作程式如其弟子邹慧兰所述："第一次在下场门台口向前平视亮住，踏左脚缓缓地蹲下身子，反背右手扶腰，用手向前攀过花枝'卧鱼'，微眯双眼，鼻子吸气嗅花，略抬眼皮，放下花枝，站起身来，把双袖往下一掸。第二次在上场门台口'卧鱼'，踏右脚，平抬左胳膊反折袖，用右手攀枝拈花，从袖中伸出手折断花枝，缓慢地站起来，一边嗅花，一边转身往里走，随手把花儿往身后一扔，正是一幅'醉妃赏花图'。"②

紧接着的三次衔杯，表现了杨贵妃从初醉到沉醉的过程，梅兰芳采用艺术夸张的手法，像鹞子翻身等动作来渲染、体现贵妃借酒浇愁的心态。高、裴二力士见杨贵妃沉醉不醒，不得已而诓驾，贵妃经此一吓，清醒了

---

① 梅兰芳：《舞台生活四十年》合集，中国戏剧出版社1987年版，第240页。
② 邹慧兰：《〈贵妃醉酒〉的源流与梅先生的革新》，《梅兰芳艺术评论集》，中国戏剧出版社1990年版，第533页。

许多，被宫女们搀扶着左倾右顾，心中暗想皇上并未驾到，不觉怅然若失，这时的唱词是："这才是酒不醉人人自醉，色不迷人人自迷。"梅兰芳觉得这两句不很合适，晚年再演时把唱词改为："这才是酒人愁肠人已醉，平白诓驾为何情？"

梅兰芳还删掉了杨贵妃与高、裴调笑猥亵的身段，改成叫裴力士斟酒，命高力士去请唐明皇，并把打二力士嘴巴改为用水袖轻拂。在杨贵妃的醉态、醉步上，梅兰芳也做了许多改动和创造，以更符合贵妃的人物身份和醉酒时的精神面貌。

梅兰芳对自己的表演艺术，特别是《贵妃醉酒》和《宇宙锋》的不断改进，有一段很有见地的总结，他说：

> 有朋友看了我好多次的《贵妃醉酒》和《宇宙锋》，说我喜欢改身段。其实我哪里是成心想改呢，唱到哪儿，临时发生一种新的理解，不自觉地就会有了变化。自然每一出戏里的大关节目，是不能改掉的。要晓得演技进步，全靠自己的功夫火候，慢慢地把它培养成熟的。火候不到，他也理解不出。就是教会了他，也未必准能做得恰到好处。所以每一个演员的技能，是跟着他的年龄进展，一点都不能勉强的。我承认我的演戏，的确是靠逐渐改成功的。一般老朋友们随时提供那些有价值的意见，就是启示我改革的资料。①

学演昆曲情有独钟的《春香闹学》

梅兰芳少年时期曾向陈德霖、李寿山等名家学过昆曲，十岁第一次登台演唱即是昆曲《鹊桥密誓》。到梅兰芳1913年赴沪演出成名后，在排演时装新戏和古装新戏的空闲，始终不忘学习昆曲，尽管当时北京的昆曲已

---

① 梅兰芳：《舞台生活四十年》合集，中国戏剧出版社1987年版，第245页。

如阳春白雪，和者盖寡，日渐衰落。梅兰芳仍在每周请乔蕙兰教授昆曲三四次，还多次向谢昆泉、孟崇如、屠星之等昆曲名家请教。梅兰芳何以这样积极、热心地学习昆曲呢？他认为：

> 我提倡它的动机有两点：（一）昆曲具有中国戏曲的优良传统，尤其是歌舞并重，可供我们采纳的地方的确很多。（二）有许多老辈们看到昆曲的衰落失传，认为是戏剧界的一种极大的损失。他们经常把昆曲的优点告诉我，希望我多演昆曲，把它提倡起来，同时擅长昆曲的老先生们已经是寥若晨星，只剩了乔蕙兰、陈德霖、李寿峰、李寿山、郭春山、曹心泉……这几位了。而且年纪也都老了，我想要不赶快学，再过几年就没有机会学了。①

应该说，梅兰芳是很有艺术眼光的。他不失一切时机，向昆曲老艺术家们学戏。那几年，加上少年时期所学，梅兰芳学会了几十出昆曲，经常演出的剧目有：

《白蛇传》中两折：《水斗》《断桥》，饰白蛇。
《孽海记》中一折：《思凡》，饰赵色空。
《牡丹亭》中三折：《闹学》（饰春香）、《游园》《惊梦》（饰杜丽娘）。
《风筝误》中四折：《惊丑》《前亲》《逼婚》《后亲》，饰俊小姐。
《西厢记》中两折：《佳期》《拷红》，饰红娘。
《玉簪记》中三折：《琴挑》《问病》《偷诗》，饰陈妙常。
《金雀记》中四折：《觅花》《庵会》《乔醋》《醉圆》，饰井文鸾。
《狮吼记》中三折：《梳装》《跪池》《三怕》，饰柳氏。

---

① 梅兰芳：《舞台生活四十年》合集，中国戏剧出版社1987年版，第322页。

《南柯梦》中一折：《瑶台》，饰金枝公主。

《渔家乐》中一折：《藏舟》，饰邬飞霞。

《长生殿》中两折：《鹊桥》《密誓》，饰杨玉环。

《铁冠图》中一折：《刺虎》，饰费贞娥。

《昭君出塞》，饰王昭君。

《奇双会》，饰李桂枝。

其中，《水斗》《断桥》（又名《金山寺》）、《思凡》《琴挑》《闹学》《刺虎》《游园惊梦》《奇双会》成为梅兰芳优秀的代表剧目，有的拍摄过电影艺术片，有的受到国内外各界朋友的好评。

初学昆曲时，梅兰芳感到大多数剧目"歌舞合一，唱做并重"，曲文太雅，有的唱词书卷气很浓，不容易很快弄懂。唯独《思凡》中色空一开口唱"小尼姑年方二八，正青春，被师傅削去了头发……"既好懂，又好听，等他看了这出戏简练的白话曲文，不禁被深深吸引住，便请求乔先生先教《思凡》。在唱做表演排练中，又得齐如山指点，紧扣住小尼姑也具有普通人的心态，虽入佛门，却存凡心。梅兰芳学《思凡》下了不少工夫，他觉得昆曲的身段虽然和京剧不尽相同，但与唱、念表演配合得十分默契，很多地方值得京剧借鉴。《春香闹学》也是梅兰芳喜爱的一出昆曲，尤其喜欢天真活泼的春香和附庸风雅、满身酸气的教书先生幽默、生动的大段对白。

梅兰芳向乔先生学《闹学》的身段，总觉得不大满足，因为春香在昆曲中属于贴旦行当，而乔先生是闺门旦出身，唱杜丽娘最拿手。有人告诉他可向李寿山请教，因为唱花脸的李寿山最初在科班学的是花旦。第二天李先生上门说戏，刚走了几步，就看出他原来学花旦的基础很扎实，"手眼身步法，无一不是柔软灵动，尤其腰部的功夫深，所以走得更好看"。[①]

---

① 梅兰芳：《舞台生活四十年》合集，中国戏剧出版社1987年版，第356页。

婉转厚重、炉火纯青的《游园惊梦》

最能代表梅兰芳学习昆曲的艺术水平的，除了前述《贵妃醉酒》，当属《游园惊梦》了。《游园惊梦》的故事，最初略见 [宋] 郭象著《睽车志》，后见汤显祖《牡丹亭》传奇。冯梦龙《风流梦》传奇，说的是南安太守杜宝有女名杜丽娘，一日杜丽娘背着父母和塾师，与丫鬟春香到后园春游，看到断井颓垣，顿生伤春之感；回到闺房休息，梦中和书生柳梦梅在后园相见，得花神护翼，二人定情而别；后杜丽娘被母亲唤醒，神情恍惚；母嘱其勿常游园，丽娘仍回味梦境，盼望再会柳梦梅。

梅兰芳早期与姜妙香合作，中年以后和俞振飞合作，他和姜、俞的合作都非常愉快，并且不断深化对剧中人物思想情感的认识、表现。

昆曲剧本曲文高雅，有的词义较深。如《牡丹亭》曲谱，梅兰芳就曾请教过名家俞粟庐；迁居上海后，还向俞振飞、丁兰荪等学习、请教。曲文的掌握、理解上经常得到罗瘿公、李释戡等朋友帮助、讲解，使梅兰芳更深刻地理解人物和剧情，更加细致、生动地在戏中表现人物的情感。

像《游园惊梦》这出戏，杜丽娘是一个正值妙龄的大家闺秀，和所有封建时代的青春少女一样，她也有"难言之隐"。梅兰芳认为应该刻画出少女的"春困"，而不能演成类如少妇的"思春"。

在多年演出中，梅兰芳有时也对杜丽娘的身段做些改动。比如《游园惊梦》中，杜丽娘唱"则为俺生小婵娟"到"和春光暗流转"这句，中间做出表现她"春困"的动作身段，把身子靠在桌子边上，再转到中间，然后慢慢地蹲下起立两三次。对这些动作起伏较大、南北相同的老身段，梅兰芳谈了中间改动的理由，他说：

（一）我的年纪一天天地老起来了，再做这一类的身段，自己觉得也太过火一点吧。我本想放弃了不唱它，又因为这是很有意义的一出戏，它能表现出几百年前旧社会里的一般女子，受到旧家庭和旧礼教的束缚苦闷，在恋爱上渴望自由的心情是并无今昔之异的；再拿艺术来讲，它是一出当年常唱的戏，经过许多前辈们在身段上耗尽无数心血，才留下来这样一个名贵的作品，我又在这戏上下过不少的功夫，单单为了年龄的关系就把它放弃了不唱，未免可惜。（二）照我的理解，杜丽娘的身份，十足是一位旧社会里的闺阁千金。虽说是下面有跟柳梦梅梦中相会的情节，到底她是受着旧礼教束缚的少女，而这一切又正是一个少女生理上的自然的要求。我们只能认为这是杜丽娘的一种幻想……所以我最后的决定，是保留表情部分，冲淡身段部分。①

杜丽娘在梦中的表演，梅兰芳抓住"羞"和"爱"这两个字来刻画她的心境，因为梦到风度翩翩的柳梦梅而产生爱，又因为旧时代的"男女授受不亲"而产生羞，爱和羞在杜丽娘的梦中交织在一起。

曹其敏评论说："在《游园》中，他把杜丽娘的怀春表现得较为含蓄，脉脉含情，言行拘谨，半带羞涩，给人一种郁闷的感受，形体动作很文静，对于一个深居闺房的大家闺秀，注意到神态是真实的……在《惊梦》中，梅兰芳同志表现的杜丽娘的怀春就不同了。他的感情比较外露，不那么收敛，不那么含蓄了，大概因为是在梦中，内心的感情掩藏得少一些吧。你看，杜丽娘的神色略带迷惘，眼神中露出少女特有的娇媚之态，柳梦梅牵着她的时候，她如醉如痴，面带幸福娇憨的微笑，飘然而逝。"梅兰芳以极其细腻、优美、动人的表演，把杜丽娘在特定环境中最美好、最细微的感情，表露无遗。"②

梅兰芳的弟子言慧珠曾谈到老师在《游园惊梦》中的一段韵白："'蓦地游春转，小试宜春面。春呐，春，得和你两留连，春去如何遣？恁般天

---

① 梅兰芳：《舞台生活四十年》合集，中国戏剧出版社1987年版，第178页。
② 曹其敏：《艺术美的化身——谈梅兰芳舞台艺术》，《文汇报》1961年11月16日。

气好困人也。'这两句五言诗，梅先生念得段落分明，而且两句之间似断而连。'春呐，春'这两个'春'字念得又清晰又响亮，充分表现出杜丽娘'我欲问天'的心情。接下来的三句略有停顿，音节之间仿佛给人以辗转深思的味道。正因为这几句念白不但念得动听，而且传神，简直把杜丽娘伤春的感情完全表达出来了。所以每次念到这个地方，台下总是鸦雀无声，连他在叫板之前轻轻地叹的那口气，观众都能听得清清楚楚。"①

曾和梅兰芳几十年同台合演《游园惊梦》的俞振飞，认为梅兰芳在这出戏中唱、念、做、舞，无一不精，而且身段、眼神都和对方配合得十分准确，"在台上有一种特别巨大的感染力和一种特别灵敏的反应力，能够感染别人，配合别人，使彼此感情水乳交融，丝丝入扣……而且他的步法看上去飘飘然，似乎很快，却一点没有急促的感觉；一起一止都合着柳梦梅唱腔的节奏，但又不是机械地踩着板眼迈步。这份功力，真当得起'炉火纯青'四个字了"。②

俞振飞对梅兰芳的唱腔评价甚高，认为他的唱腔有独到之处，"他咬字清楚，收发口诀异常准确，行腔也十分舒畅，高音婉转清朗，落音厚重达远。王梦楼先生在《纳书楹曲谱》的《牡丹亭》序文中说：'被之管弦，又别有一种幽深艳异之致，为古今诸曲所不能。'在《游园惊梦》中的几支曲子，的确唱出了'幽深艳异之致'。"③

继承、创新、刻画细腻的《打渔杀家》

《打渔杀家》的故事取自《水浒后传》素材改编，一名《庆顶珠》，又名《讨鱼税》，写阮小二改名萧恩，与女打渔为生，与李俊、倪荣为友，

---

① 言慧珠：《平易近人，博大精深——谈梅派唱腔的特点》，中央人民广播电台文艺部编：《戏曲群星》（一），广播出版社1983年版，第6~7页。
② 俞振飞：《无限深情杜丽娘》，《梅兰芳艺术评论集》，中国戏剧出版社1990年版，第438页。
③ 同上。

后痛打土豪丁自燮和催讨鱼税的丁家大教师。萧恩去县衙告丁，反遭杖责，萧恩忍无可忍，携女趁夜过江，杀死丁自燮。

这出戏谭鑫培、王瑶卿合演时，深受观众喜爱。梅兰芳指出，仅头场萧恩下场时那句"猛抬头见红日坠落西斜"，唱到"斜"字，突然把嗓音一放，"既宽又亮，使人有鹤唳高寒、江天舒啸的感觉"。教师爷逼鱼税银子这场，萧恩从开始忍耐到忍无可忍，直到用炸音唱出"听一言不由人七窍冒火"，把全场观众牵进戏里。"谭老在这场戏里设计的武打，轻灵简练，举手动足随意出之，显出这个地主恶霸的看家犬不过是马勺上的苍蝇，不堪一击的"。王瑶卿开场的念白"一轮明月照芦花"和逼真的摇橹身段，颇为动人。

在全剧高潮父女商量过江报仇这场戏，给梅兰芳留下了深刻的印象：

> 当萧恩要拨转船头送女儿回去，桂英马上用凄厉的声音念："孩儿舍不得爹爹。"这里充分表达了她既想顺从父意、又怕此去凶多吉少的矛盾心理。下面紧接着萧恩唱哭头："啊啊啊，桂英哪，我的儿呀。"谭老演的萧恩，前面是忍耐，公堂被打后是愤怒，可是在这句哭头里，却止不住心酸落泪，描摹他虽是久闯江湖的老英雄，也免不了儿女情长。这两位艺术大师犹如身临其境地交流，传达了父女天性的真挚感情。①

梅兰芳、余叔岩在排练中主要按照谭鑫培、王瑶卿的路数，同时结合剧情，做了一些慎重、必要的修改。如萧恩在江上有节奏地摇桨，只把髯口在胸前轻摆，不是微风吹拂、风平浪静的意思，并不夸张地甩髯口；又如把船停撒网改为停船后先落帆，父女配合着做出解绳接帆的身段动作，

---

① 梅兰芳：《舞台生活四十年》合集，中国戏剧出版社1987年版，第628页。

更具真实感。

又如，萧恩、李俊、倪荣三人在船头席地饮酒时，桂英有一个扔渔网、拔簪子的身段动作，梅葆玖回忆道：

> 我父亲给我说《打渔杀家》，有拔簪子、修网的身段。他说："老的演法，萧恩与李俊、倪荣饮酒时，桂英坐着不动，有的人就下场休息，等小花脸快出时才上来。王大爷（王瑶卿）加了拔簪修网的身段，我觉得很有意思，就照他的样子做。"①

再如，李俊、倪荣告别后，桂英问是何人，余叔岩、梅兰芳一改老路数的两人用手一磕、拉山膀、换位，采用萧恩一边答话，一边"起'云手'，往右甩髯口，转身上场门躬腿指。桂英随着萧恩所指的方向，扶鬓、斜身、远望，很自然地形成一条斜线的高矮相。萧恩紧接着往左边甩髯口转回身来，同时念'儿呀'，右手使'通袖'归到大边，桂英也起'反云手'归到小边。这样就很经济地换过位来了。"

《打渔杀家》演出后，再获好评。梅兰芳、余叔岩并不满足，仍不断地对萧恩父女的身段、动作、台词进行琢磨、改动。如为什么萧恩不要女儿渔家打扮，而桂英偏要渔家打扮？因为各人想的不一样，萧恩有难言之隐，觉得此地不可久留，希望女儿早日与花逢春完婚；而桂英不理解父亲的心意，不愿改装，直到萧恩生气了，桂英才并不情愿地说出："儿改过就是。"李少春谈这出戏时，回忆说：

> 叔岩师给我说《打渔杀家》时，对这一段表演做了心理分析，基本观点与梅先生相同。但他说："梅先生念'儿改过就是'，声音柔和，

---

① 梅兰芳：《舞台生活四十年》合集，中国戏剧出版社1987年版，第630页。

令人感动。萧恩接着念'这便才是',也要用温和语气,同时脸上表现出慈祥的样子,因为萧恩觉得刚才那两句话(指'不听父言,就为不孝'),声音过于严厉,所以这里带有安慰女儿的意思。"我和梅先生演过这出戏,亲身体会到梅、余二位大师所塑造的人物性格鲜明、典型,给人的印象是深刻难忘的。①

剧中人物身段、动作的连贯衔接,余叔岩都琢磨、研究得很细,如第二场萧恩唱过"昨夜晚吃醉酒和衣而卧"这一段,中间喝茶时,很快把左手伸进披着的衣袖里,待教师爷来时,萧恩站起来一转身,右肩的衣服滑下,等到萧恩和教师爷对着做身段时,余叔岩借着扮演教师爷的演员挤靠过来的机会,很巧妙地脱下衣服开打,整套动作稳而不乱,干净利落。

梅兰芳在萧恩告状未归、桂英在家坐立不安这场戏的表演也很有特色,这场戏采用了一明一暗的表现,在桂英的唱段中,过门里幕后喊出拷打萧恩的板子报数声,萧桂英的唱腔与身段、台步要表现出她此刻焦虑不安的心情,台步走得轻快或是缓慢都不合适,梅兰芳就采用刀马旦夹点闺门旦的步法揉和起来走。梅兰芳指出:

> 老辈常说:"唱、念有板眼气口,身段脚步亦复如是。走时必须肩膀放松,眼睛向前平视,用腰里一点寸劲,走得款式均匀,这是走台步的基本原理。"我认为还要灵活运用,因为脚步的尺寸不是固定的一步一拍或两步一板,需要随机应变,适合舞台尺寸(台有大小深浅),所以同样够板,还有好不好的区别。一出经过锤炼加工的好戏,在表演艺术方面是各种好的因素荟萃而成的。台步是剧中人生活中最习见的动作,应该摆在重要的地位,不能忽视的。②

---

① 梅兰芳:《舞台生活四十年》合集,中国戏剧出版社1987年版,第633~634页。
② 梅兰芳:《舞台生活四十年》合集,中国戏剧出版社1987年版,第639页。

对余叔岩的表演，观众爱看，梅兰芳也深为佩服，认为余叔岩撒网的身段好看、逼真。余叔岩为使网不致搅乱，在网的四周特制了一些黑色小铁片，这样就比一般的网有分量，他的提网、撒网、等网（等鱼入网）、收网一步步层次清楚，和场面（锣鼓）配合得恰到好处，又符合人物身份。梅兰芳曾回忆说：

> 叔岩的表演确是很讲究，例如：前后两番拉船索的身段，劲头就不一样，第一番，因为撒网后已经打到了鱼，要把船摇到柳荫之下，凉爽凉爽，那是白天，并且是每天打鱼很熟悉的地方，所以船靠了岸，他跳上岸去，只是一腿绷着，一腿躬着，两手很省事地往怀里收船索，收完拴住再跳上船去，仿佛这只船虽然靠了岸，并不是靠得太紧，因为他没有做出很费力的样子；第二番是过江杀人，又是黑夜在一个比较生疏的地方停船，所以身段、神情和第一番不同，他面部露出紧张而小心的神气，用手往怀里收船索，抬起一条腿，往后倒着步退，最后下，表示怕船漂走把它拉到岸边靠紧些，看出是很费力的样子，情景、地点就划分得很清楚了。①

比起杨小楼，梅兰芳与余叔岩合作演出的时间是短暂的，但余叔岩对表演艺术精益求精、对塑造人物刻画入微的钻研精神，使梅兰芳深受启发，他说：

> 我常常这样来测验我的表演，一句腔，一个身段，凡是我感到别扭的地方，和一些懂戏的观众谈起来，他们往往也觉得不舒服。这里

---

① 梅兰芳：《舞台生活四十年》合集，中国戏剧出版社1987年版，第640页。

就有了问题,需要细加琢磨、修改,在下一次演出时,再作体验。古人曾说:"校书如扫落叶。"那意思说,一遍一遍地校对,好像秋天树木落下的叶子,必须有扫落叶的精神,同时也要懂得辨别精粗美恶,不要想入非非地胡琢磨,那样会钻进牛犄角去,或者把好东西顺手扫了出去。①

正是由于梅兰芳和其他旦行演员不懈努力的艺术实践,使民初以来京剧旦行的位置发生了显著的变化,旦行演员从以前的配角、演垫场戏逐渐成为主角,演压轴戏或大轴戏,结束了多以须生或武生为主演、大轴的演出记录,这与梅兰芳为首的京剧旦行艺术家不断地创演新戏很有关系。

从1914年到1928年,梅兰芳排演时装新戏、古装新戏共22出;尚小云排演了《楚汉争》《风筝误》《红绡》等;荀慧生排演了《霍小玉》《钗头凤》《元宵迷》等;程砚秋排演了《红拂传》《碧玉簪》《梅妃》等;其他演员如朱琴心、徐碧云、筱翠花等也纷纷排演新戏。20世纪20年代中期,京剧旦行的演出和影响竟超过了须生。

1927年,北京《顺天时报》举办了一次"首届京剧旦角名伶评选",让广大观众和读者公开投票,结果梅兰芳的《太真外传》、尚小云的《摩登伽女》、程砚秋的《红拂传》、荀慧生的《丹青引》获前四名,四人被誉为京剧"四大名旦",梅兰芳名列榜首。

梅、尚、程、荀各派,既是竞争对手,又是互相学习的榜样。梅兰芳表现出"四大名旦"之首的谦逊精神,无论在北京还是去外地演出,他总是首先考虑错开尚小云、程砚秋、荀慧生的演期,如实在错不开,在戏码安排上也尽量不和人家唱重。所以四大名旦虽然在舞台上是竞争对手,但在舞台下面却是很不错的朋友。梅兰芳并不计较曾经是自己学生的程砚秋

---

① 梅兰芳:《舞台生活四十年》合集,中国戏剧出版社1987年版,第641页。

在艺术上别具一格，陆续排演出艺术感染力强、同情民众的戏，如《荒山泪》《六月雪》等。1936年，梅兰芳、程砚秋、尚小云、荀慧生同台演出了《六五花洞》，同饰两对真假潘金莲，表现出各自不同的艺术魅力，在戏曲界传为佳话。

1931年，《戏剧月刊》根据当时广大观众对四大名旦的表演艺术分项评分的汇总统计，发表了一份《四大名旦评分表》：

流派	梅	程	荀	尚
扮相	90	80	85	80
嗓音	95	85	80	90
表情	100	90	90	80
身段	95	85	90	80
唱工	90	100	85	90
新戏	95	100	100	85
总计	565分	540分	530分	505分

从上表的分数来看，梅兰芳领先的趋势较为明显。与这个时间相近，梅、程、荀、尚的老师王瑶卿做过一字评，即"梅兰芳的像，程砚秋的唱，尚小云的棒，荀慧生的浪"。徐城北认为：

> 这四个字固然就其一"点"是颇得神韵的，但是就其"面"上来讲，就有失完备了，尤其是梅兰芳，早期侧重扮相的"像"已经全面发展——貌像、音像、做像（直至意像），齐头并进，融汇一体，造诣炉火纯青，手法出神入化。不"用"技巧就是最大的技巧，难"抓"特点就是最大的特点……梅兰芳之所以能做到这一点，除去他个人的天才与勤奋之外，还应归功于他身后的社交圈与智囊团的高明与纯正。①

---

① 徐城北：《梅兰芳与二十世纪》，北京生活·读书·新知三联书店1990年版，第36页。

四　淳朴家风

热心公益

积善之家，必有余庆；积不善之家，必有余殃。（《周易·坤》）

勤俭持家、扶危济困是梅家的传统风格，体现了中华民族淳朴忠厚的特色。可以说，梅兰芳家族的一个最为显著的特点，即表演艺术代代相传，从同光"十三绝"之一到自创梅派，青出于蓝而胜于蓝，淳朴家风世代相袭。从梅兰芳的祖父梅巧玲的仗义疏财，父亲梅竹芬的忠厚善良、任劳任怨，伯父梅雨田对梅兰芳的辛勤培养，直到梅兰芳热心公益、乐于助人，梅氏家族扶危济困的淳朴家风与富贵不能淫的高风亮节，不仅为梨园界所称颂，而且被社会各界所称赞。

梅兰芳幼年时，就常听祖母讲述祖父和父亲的往事，他幼小的心灵里不时地想象着祖父和父亲和蔼可亲的身影、乐善助人的义举和精益求精的表演，这种习惯和向往，一直延续到梅兰芳的青年时代。首次上海演出归来的当晚，一家人围着饭桌吃饭，梅兰芳边吃边介绍上海的风土人情，诉说自己在上海的演出情况。

饭后,祖母把梅兰芳拉到身旁,慈爱地望着他,语重心长地说:

> 咱们这一行,就是凭自己的能耐挣钱,一样可以成家立业。看着别人有钱有势,吃穿享用,可千万别眼红。常言说得好,"勤俭才能兴家",你爷爷一辈子帮别人忙,照应同行,给咱们这行争了气。可是自己非常俭朴,从不浪费有用的钱。你要学你爷爷的会花钱,也要学他省钱的俭德。我们这一行的人成了角儿,钱来得太容易,就胡花乱用,糟蹋身体,等到渐渐衰落下去,难免挨冻挨饿。像上海那种繁华地方,我听见有许多角儿都毁在那里。你第一次去就唱红了,以后短不了有人来约你,你可得自己有把握,别沾上一套吃喝嫖赌的习气,这是你一辈子的事,千万要记住我今天的几句话。我老了,仿佛一根蜡烛,剩了一点蜡头儿,知道还能过几年。趁我现在还硬朗,见到的地方就得说给你听。①

听着祖母朴实真切的语言,望着她满头的白发,梅兰芳感慨万端。是啊!要是善良的母亲还活着,也会这样对自己说的,只可惜……他觉得眼睛有点湿润,赶紧稳定一下情绪,认真地对祖母说:"请您放心,您的话我记下了。"

祖母微笑着点点头,沉吟少时,她再次提起祖父梅巧玲的为晚清文人和戏迷传颂的颇为感人的两件真实故事——"焚券"和"赎当"。

先说"焚券"。

道光年间有位探花叫谢梦渔,江苏仪征人,虽官至御史,却十分清廉。他十分喜爱戏曲,常和梅巧玲一起研究唱腔,交谊甚笃。梅巧玲知

---

① 梅兰芳:《舞台生活四十年》合集,中国戏剧出版社1987年版,第190~191页。

道谢梦渔为官清廉，手中没有积蓄，遇到生活拮据时，便主动借钱给谢梦渔，谢梦渔每次收到钱，便亲笔写下借据，先后累计三千多两银子。谢梦渔70岁病逝，在北京扬州会馆设奠，梅巧玲前往吊唁，见到谢梦渔的家人时拿出一摞借据。谢梦渔的家人为难地说："这件事我们都知道，目前实在没有力量，但是一定要如数归还的。"

梅巧玲摇摇头，沉缓地说："我不是来要账的，我和令尊是多年至交，今天知己云亡，非常伤痛，我是特意来了结一件事情的。"说完，梅巧玲就当着谢家人的面把全部借据放在灵前的蜡烛上烧掉了，然后又掏出300两银子给谢家的人，嘱其办妥后事，最后在谢梦渔灵前凝神伫立，含泪而去。这件事很快传遍北京城，梅巧玲乃有"义伶"之誉。

据许姬传、许源来著《忆艺术大师梅兰芳》一书记载：1956年，梅兰芳剧团回到扬州演出，接到谢梦渔后人谢泽山来信，叙说其祖父与梅巧玲的友谊及"焚券"之事，并作诗三首，以为纪念：

　　已向吴陵（指先到泰州演出）扫墓田，又来刊上（扬州）奏钧天。通家旧事难忘却，欲与先生话昔年。

　　义岂能忘券可焚，不才三世仰清芬。达人自是多明德，洋溢声名又见君。

　　生平癖好惟音律，响往南枝已有时。欲效桓伊三弄笛，为君一谱葬花词。①

再说"赎当"。

一位进京参加会试的举子，很欣赏梅巧玲的表演，不但每场演出必到，而且常与梅巧玲研究、探讨表演中的台词、音韵，使梅巧玲受益匪

---

① 许姬传、许源来：《忆艺术大师梅兰芳》，中国戏剧出版社1986年版，第280页。

浅。这位举子家境贫困，经常靠典当衣物来度日和看戏。梅巧玲知道后决心帮助他，便趁举子不在，去他住的公寓搜索当票。老仆人不知其详，和梅巧玲争吵起来，梅巧玲说明心意，然后去当铺赎回衣物，又留下200两银子，并劝举子不要因看戏荒废了学业。举子深为感动，发奋读书，不想刚刚在会试中被录为探花，便不幸得病去世。梅巧玲闻讯赶赴奠室，留下银两作为举子的棺殓费用。

此后多年，梅兰芳常常想起祖母的这番教诲和祖父仗义疏财的故事，他一生多次参加赈灾义演，从未间断过照顾老、病及生活较为拮据的艺人，扶助公益，乐于助人，正如著名文丑、戏剧教育家萧长华在《畹华的高尚品格》一文中所说："要说畹华（即梅兰芳）的为人处事，那是秉承了梅氏家风的。他祖父巧玲先生一生就是仗义疏财，济困扶危，对同业中任何人都是忠厚相待，诚心以见，台上最有戏德，甚得人们的赞佩。这种关心同业生活困难的美德，影响了后来的畹华同志。"和祖父一样，梅兰芳在这方面的美德在戏曲界有口皆碑，以下仅举几例：

1938年，原国剧传习所学员刘仲秋在西安创办了夏声戏剧学校，经过千辛万苦，总算维持到抗战胜利。由于内战爆发，这个流动演出的学校没有了经济来源，朝不保夕，前途茫茫。为了学校的生存，刘仲秋不得已到上海请求梅兰芳先生帮助。

梅兰芳听了刘仲秋的介绍，又关切地询问了学校的教学、演出情况，然后郑重地答应了刘仲秋的请求，梅兰芳说："'富连成'、'荣春社'都垮了，现在学校也好，科班也好，全国就只剩下'夏声'一个了，要是把它解散了，想再成立一个，可就一点希望也没有了，你把它拉到上海来吧！来了咱们再想办法。"[①]

[①] 刘仲秋：《关心艺术，关心人——回忆梅兰芳同志两件事》，《梅兰芳艺术评论集》，中国戏剧出版社1990年版，第508页。

夏声剧校迁到上海后，为学校建立校舍和筹措办学经费，梅兰芳四处奔走，多方求助。他还担任了校务委员会主任委员，以他的名义举行招待会，印捐册，还借用一家停业的工厂厂房做学校的校址。学校开课后，有一次接到梅家办事人员的电话，说："梅先生前天演戏的收入都给你们学校，账已经结出来了，请你们马上派人来拿支票。"[1]刘仲秋等人很受感动，他们从来没有向梅先生提过这种要求，可梅先生却这样苦心地扶持夏声剧校。直到全国解放，该校师生一部分参加了解放军三野文工团三团，另一部分骨干演职员参加了上海京剧院和上海戏曲学校。

梅葆琛回忆父亲时说，给他印象最深的一句话是："我把资助别人看作为自己一生中最愉快的事。"父亲还对他说："到了旧历年，我就要为他们组织一场义务戏，那就是所谓的'窝窝头'会，我总是与各班的演员联合一起亲自参加演出，把收入分发给贫穷的同行，让他们安度年关。如果我不在北平时，在外地也要专场为北平的同人们演出，然后把所得的款项全数寄回北平周济他们。"[2]

1948年5月，梅兰芳参加了"上海伶界联合会"和"北平国剧公会"在上海天蟾舞台的两场义演，并将票价的全部收入分别交给两会的主持人，接济沪、平两地戏剧界同行，他在寄给北平萧长华先生的信中[3]说：

长华先生大鉴：

久未通信，想您身体安好。兰芳此次天蟾出演，嗓音似比去年好一点，上座也好。五月二十三、四两日在天蟾为上海伶联会

---

[1] 刘仲秋：《关心艺术，关心人——回忆梅兰芳同志两件事》，《梅兰芳艺术评论集》，中国戏剧出版社1990年版，第509页。
[2] 梅葆琛：《怀念父亲梅兰芳》，中国社会出版社1994年版，第42页。
[3] 萧长华：《畹华的高尚品质》，《梅兰芳艺术评论集》，中国戏剧出版社1990年版，第42页。

和北平国剧公会义演两日，每会应得贰亿九千六百八十万六千元整，此款已于前日由新华银行汇平，暂存曹经理处，并加升水柒千四百二十二万四千元，共计叁亿柒千一百十一万二千元整。尚有娱乐捐壹亿陆千二百十三万七千元，此款因财政局免捐事迄未批准，候财局批准后领回，此款当即汇平，所有清账候春林回平带上。已汇北平之叁亿柒千余万款项，应如何支配，请先生费神，到会召集主持诸位商量，兰芳对此并无意见。再此次义演，北平来沪梅、杨两剧团诸君完全义务，特以奉闻，专此即请。

  道安

梅兰芳拜启

六月三日

  萧长华还特别难忘梅兰芳对他的关怀。1947年萧长华随梅兰芳赴沪演出，不慎受凉中风，患口眼歪斜的病症，不能上台演戏，他很着急。梅兰芳知道后，马上告诉管事人不再给萧长华派戏码，同时请大夫给萧长华医治，并如数发戏份。梅兰芳托人送萧长华回北平后，才放下心来。

  1917年，梅兰芳与谭鑫培曾为福建赈灾义演，演出收入都捐给福建受灾同胞。

  1929年，梅兰芳在兰州演出时，当地正闹灾荒，许多百姓衣食无着，梅兰芳见状在兰州设了几处施饭场，赈济灾民。

  1931年5月，梅兰芳、余叔岩、齐如山等友人在北平创办国剧传习所，招收了七十五名学生。梅兰芳迁居上海后，传习所经费困难，面临停办的困境。学员们给梅兰芳写信求援，梅兰芳闻讯后及时汇去经费，使传习所继续维持了一年多时间。事后，梅兰芳谦虚地说："可惜我南迁以后，因为这种关系，传习所不久就停办了。所以讲到实际的训练工作，我的贡献最少。"

1932年早春,一批爱国官兵为抵抗日军在淞沪战役中负伤住院,医药费发生困难。梅兰芳闻讯后,专门为治疗伤兵筹款义演三天,受到上海军民的赞扬。

与梅兰芳交谊甚笃的吴性栽在《京剧见闻录》中对梅兰芳热心公益、乐于助人这样评论:

> 梅先生平常为人,可用两句话概括一切,一句是中国的老话:"为善最乐",一句是西洋传入"助人为乐之本"。我从梅先生的身上懂得了这两句话的真实意义。他帮助人家,负担人家的生活,有求必应,从无得色,而且深怕人家知道,他认为这是他应做的事,是当然的事,他似乎从他人获得了自我满足,这种满足绝不是要索来的精神报酬,因为他并不需要任何人对他表示感谢,他只是要做得心安理得。相反,他又不愿意人家为他如此做的。在他一生的成长中,亦师亦友的人有很多,他始终敬礼不衰,铭感不忘,好像永远还不清似的,这种盛情,在《舞台生活四十年》中是到处流露的,由于他的诚挚,绝不可能使人怀疑有一丝丝的世故成分……在新社会中他可致力的工作是那样多,但原来的工作仍不放松,如为维持梅剧团老战友的养生送死,他认定完全是他自己的事。照理,这副担子也可以让新社会帮着来挑的,本来政府对于老艺人的照顾,是无微不至的,但他宁愿自己挑着,这一份生死与共的感情该是多么深厚。任何一个私营剧团,没有像梅剧团那样维持久远的,也没有一个剧人,和剧团休戚相关如梅剧团的。①

另一位京剧梅派爱好者齐崧亦认为:

---

① 槛外人(吴性栽):《沉痛中的怀念——再谈梅先生》,《京剧见闻》,宝文堂书店1987年版,第62页。

梅老板对于朋友和同事更是古道热肠，仁义可钦，颇有乃祖风。就拿他对于凤二爷来说吧，真称得上是义薄云天，梅老板第一次赴沪是随王凤卿凤二爷一同去的。那时的王凤卿是汪派须生的佼佼者，炙手可热，所以以头牌应邀，而梅老板只不过是跨刀的二牌旦角。但梅老板这一去便一炮而红，威振沪滨，从此一跃龙门便扶摇直上，声价十倍。但他在大红大紫之后，从不忘凤二爷对他的提携。所以在凤二爷年事日高、气力较差、不能挑大梁之后，就始终搭梅老板的班。老生始终是由凤二爷担任，一直到他不能再登台之后，才换了奚啸伯和杨宝森等人。而胡琴或二胡也始终是王少卿，以后给梅葆玖说戏又是王幼卿，梅氏之对于王门可谓感恩相报、仁至义尽了。其余的配角如姚玉英、朱桂芳、诸茹香、萧长华、姜妙香、郝寿臣、侯喜瑞、程继仙、尚和玉、张春彦等人，有哪一个不是与梅剧团结了不解缘、维持始终如一的关系？就这一点来说，在梨园行并不简单。哪里找得到长期不散的一桌筵席？这就不能不说是他为人宽厚、待人以诚的结果了。①

梅兰芳的长子梅葆琛曾深情地追忆梅兰芳一生乐于助人、关心同事的高尚品质。

有个别的演员在演出中不慎扭伤或是摔伤了骨头，他在后台知道后，马上前去安慰，嘱咐不要着急，好好养伤，同时又立即派人护送到医院检查，戏后还亲自去医院探望，并给予接济……

我父亲对于那些同台几十载的老艺人感情最深，经常送钱送药给

---

① 齐崧：《谈梅兰芳》，黄山书社 2008 年版，第 26～27 页。

他们。遇到有的老人不幸病逝，他在伤心之余，亲自前去吊唁，安慰家属，并立即吩咐团内管事为他办理丧事。①

梅兰芳在帮助别人时，既乐于助人，又讲究原则，他教育梅葆琛说："……做好事是对的，但要看对方的真实情况。对于那些徒有虚名，而不干实事的，以致造成经济恐慌，影响生活的人，实际上他们并不是真的生活上过不去。为此，这些人来向我伸手时，我是绝对不会轻易给予资助的。我一分钱也不会给，断然拒绝。如果这次满足了他们的要求，他尝到甜头，他还会有第二次、第三次，这样做岂不是害了他。我非但不接济，而且还要狠狠地严厉训斥他一通，让他在事业上励精图治，不要当社会的寄生虫，做一个自食其力的人。"②

1961年梅兰芳逝世后，福芝芳在整理遗物时，发现一个纸包里有一沓子借款单据，这笔接济款数额较多，但梅兰芳从未对任何人提起，连福芝芳也不知道。福芝芳忙告诉梅葆琛："你父亲这种乐于助人、关心别人的美德，你们要好好向他学，学他做了好事不会宣扬，你们一定要继承下去。连我也要像他那样做，尽力帮助有困难的朋友。"③

洁身自好

清末民初，虽然戏曲艺人的地位有所提高，但在整个社会文化界仍然受人歧视。一些成名唱红的演员，禁不住灯红酒绿、纸醉金迷的诱惑而迅速堕落，他们的演艺生涯昙花一现，可悲可叹！

梅兰芳家族在这个考验上无疑是成功的。

---

① 梅葆琛：《怀念父亲梅兰芳》，中国社会出版社1994年版，第44页。
② 梅葆琛：《怀念父亲梅兰芳》，中国社会出版社1994年版，第44页。
③ 梅葆琛：《怀念父亲梅兰芳》，中国社会出版社1994年版，第45页。

梅兰芳的祖父梅巧玲，把心思完全投入四喜班的管理和个人的演艺生涯上，因此而名列"同光十三绝"之一绝，他品格高尚，扶危济困，在梨园界传为佳话。

梅兰芳的父亲梅竹芬，忠厚善良，视艺术如生命，即使班主要他增加较累的戏码也在所不辞，结果以25岁的年轻生命活活累死在舞台上，他的人品，也绝非"洁身自好"四字所能涵盖的。

梅兰芳的伯父梅雨田也是一位痴迷于京剧艺术的伴奏家，胡琴、笛子、打鼓……场面上的乐器样样精通。京城的亲贵们常找他学戏，上门请教有关音乐、牌子、昆曲、皮簧等问题，梅雨田每每解答，无不满意而去。对待红豆馆主侗五爷、前清皇族溥西园等人，甚至进宫演出，梅雨田都不卑不亢、落落大方。梅雨田把一生的精力都投入到艺术上面，亦可谓"洁身自好"。

到了梅兰芳成名的民国初年以后，一方面随着旦行演员（以四大名旦为首）的艺术创新和精湛表演，改变了清末以老生压台的局面，形成生旦同台甚至旦角成为主演的局面，大批女观众涌入剧院，增加了京剧的观赏活力；另一方面，当时的社会欣赏心理存在着不健康的促狭的一面，一些观众看旦角戏不是看演员的演技，而是看他(她)们的色相，特别是看梅兰芳等著名男旦戏，是看他们如何"比女人还像女人"，这样的观赏心理多处于生活无忧的有闲阶级，极不利于京剧旦行艺术的发展。

清末民初的诗人易顺鼎，在抨击罗瘿公攻击冯幼伟、谓"梅魂已属梅家有"的诗作时，作《梅魂歌》一首："廿世纪现之梅魂，已入易家哭庵（易顺鼎之号）乎。哭庵又何敢自负，不过梅魂一走狗。"在其《哭庵赏菊诗》诗集中，收有歌咏梅兰芳的诗九首，其中送给梅兰芳的一首诗《万古愁曲》（为歌郎梅兰芳作）写道：

一笑万古春，一啼万古秋。古来有此佳人不？君不见古来之佳人。或宜嗔，不宜喜，或宜喜，不宜嗔。或能颦，不能笑，或能笑，不能辇。天公欲断诗人魂，欲使万古秋，欲使万古春。于是召女娲，命伶伦，呼精精空空，摄小小真真，尽取古来佳人珠啼玉笑之全神，化为今日歌台梅郎兰芳之色身……我睹兰芳之色兮，如唐尧见姑射，窅然丧其万乘焉。我听兰芳之歌兮，如秦穆闻钧天，耳聋何止三日久。

此时观者台下百千万，我能知其心中十八九。男子皆欲娶兰芳为妻，女子皆欲嫁兰芳为妇。本来尤物能移人，何止寰中叹稀有。正如唐殿之莲花，又似汉官之人柳。宜为则天充面首，莫叫攀折他人乎。吁嗟乎！谓天地之有情兮，何以使我如此老且丑……

像以易顺鼎为代表的无聊文人这样一种低俗、没落的"相公堂子"（"相公"即男妓，"相公"传由"像姑"而来，即男旦不仅要上台唱戏，还要陪客）的观赏心理，京剧旦角戏如何能立足？民初以往，稍有姿色、唱做俱佳的女旦（坤旦），许多被迫嫁给达官贵人、军阀政客，有的亦沦入风尘；男旦亦有自甘堕落者，如徐碧云，本是颇具声誉、唱做武工俱佳的演员，终因牵涉某一枝出墙红杏事，身入囹圄，徐家人找梅兰芳想办法，希望托人把徐碧云保出来，梅兰芳此前曾对徐碧云苦口婆心，再三规劝，徐碧云当作耳旁风，所以梅对徐碧云的行为深恶痛绝，一口拒绝保徐碧云出来。

就梅兰芳的人格、品质、精神方面而言，一方面得益于淳厚的家风、质朴的教育；另一方面也因为他并没有沉醉于成名后的赞美声中。尽管有人称他"梅郎"，并非都是出于对艺人人格的亵渎，但是生活主流却又停留在欣赏"比女人还像女人"的不良习俗中。梅兰芳和徐碧云等人不同的地方在于，他"顶住了这股污浊的风气，硬是以对艺术的顽强拼搏，赢得了自身艺术的独立价值"。不论是剧目，还是表演，梅兰芳从不向那种世风日下、纸醉金迷的社会流俗低头，他"一方面勇敢地承认和面对这种羞人害人的习俗，同时又胸有成竹、不露声色地与之斗争。大约也只有梅兰芳，把主观想法与客观条件水乳交融地汇合一道，才一点点地把观众的不良欣赏习惯扭转到正确的轨道上来，才一点点地形成，创立了自己真正属于艺术意义上的流派。梅的历史性贡献，就是把艺风和世风结合着一点点扭转过来，就是把艺格和人格结合着一点点从非艺术的范畴拉回艺术领域之中"。[1]

事实也是这样，从1914年开始，梅兰芳在齐如山、冯幼伟、许伯明、李释戡、舒石父、吴震修、张彭春等帮助下，全力排演时装新戏和古装新戏，逐步改革传统戏中庸俗、不健康的部分，使之日臻完善，把京剧表演艺术推向一个新的高峰。

也正是由于这些朋友，特别是齐如山，不仅为梅兰芳创排新戏出谋划策，编写剧本，而且都十分尊重梅兰芳。在"歌郎"、"小友"这些当时对戏曲艺人的贬语称呼十分盛行时，齐如山写给梅兰芳的第一封信的诚恳意见，及信封上"梅兰芳先生大鉴"的字样，使梅兰芳十分感动，他感受到齐的尊重和真诚。据著名戏剧家吴祖光回忆：吴青年时曾与齐如山的儿子齐瑛同学。有一次春节假日中，吴在齐家看书，忽然院子里拥进许多人，齐如山、梅兰芳走在前面，齐瑛和吴祖光忙放下书站到一旁。只见梅兰芳十分恭敬地把齐如山请到书房正中的大椅子上坐下，然后在齐如山的对面跪下磕了三个头，给齐如山拜年。

在日常生活中，梅兰芳同样洁身自好，从不沾烟、酒、色的边儿。对于那些居心叵测的人，他的回答只有八个字："演戏可以，陪酒不行。"

梅兰芳把全部精力都用于戏曲艺术的钻研中，是一位毅（坚持到底，锲而不舍）弘（不固执己见，宽大能容）兼备的艺术家，正是他几十年如一日不懈地努力，正是他并不轻视自己的男旦身份，勇敢地向封建传统的社会偏见和歧视心理挑战，为戏曲演员的社会地位、人格尊严进行了不屈

---

[1] 徐城北：《梅兰芳与二十世纪》，北京生活·读书·新知三联书店1990年版，第241页。

的抗争，才实现了自己的艺术主张，奠定了旦角演员在中国京剧史上的应有地位，并赢得了中国人民乃至世界人民的尊敬和爱戴。

正如吴性栽所言，梅兰芳的"洁身自好"还表现在他的正派、谦逊、从善如流，吴性栽说：

他的从善如流，并不影响他对事物的正确选择，他自小家贫学艺，律己甚严，又习惯了细务操作，惟精惟勤的，所以他在台上是角儿，到了后台对谁都一视同仁，甚至对跑龙套的也低声下气，从来不端角儿架子。他在家中，杂务都亲手料理，对朋友倒茶递烟，不麻烦别人。对同事们非常宽和，但不受人操纵，例如某种艺人，自己不出面，却纵容别人去扮黑脸。如果他的属下犯了错误，他虽不当众指责，关起门来，他会不客气地指出他们的错误。他的口中绝不褒贬别人，更不在背后说人短长，假使有必要说的时候，也是当面说，关起房门来说的，这正是他爱人以德，不肯姑息之处。至于他自己，真正做到闻过则喜、不替自己掩饰的境界。他没有嗜好，自奉甚俭，取不伤廉。①

相敬如宾

1908年8月14日，忠厚善良、俭朴持家的母亲离别了人世，梅兰芳悲痛欲绝，幼年丧父、少年丧母的打击是沉重的。梅兰芳后来回忆：

从百顺胡同第一次先搬到芦草园，这大概在我住过的房子里面算是最窄小简陋的一所了，当时也是我的家庭经济状况最窘迫的时代。

---

① 槛外人（吴性栽）：《沉痛中的怀念——再谈梅先生》，《京剧见闻》，宝文堂书店1987年版，第34～35页。

我虽说已经搭班,这种借台练习的性质,待遇比科班的学生好来有限。每天只能拿一点点心钱,在我已经是满足的了。我记得第一次出台,拿到这很微薄的点心钱,回家来双手捧给我的母亲。我母亲的意思,好像是说这个儿子已经能够挣钱了。我那时才是十四岁的孩子,觉得不管赚得多少,我总能够带钱回来给她使用。在一个孩子的心理上,是够多么值得安慰的一件事!可怜的是转过年的七月十八日,她就撇下我这个孤儿,病死在这所简陋的房子里了。①

好在尚有慈祥的祖母、善良的伯母照料。那一段时间,梅兰芳学戏、演戏更认真、努力,他要以优异的表演技艺来慰藉父母的在天之灵。

两年后,梅兰芳与名武生王毓楼之妹王明华结婚,建立起一个温暖的家。

王明华待人宽厚,知情达理,是一位精明能干的当家人。她刚到梅家时,梅家景况还不见好转,王明华对梅兰芳体贴入微,持家勤俭。例如,梅兰芳有一件过冬的羊皮袍,穿得时间久了,皮板子已经很破了,一个冬天她都要补上好几回,才能穿上御寒。梅家从鞭子巷头条搬到三条后,梅兰芳的伯父梅雨田见梅兰芳已渐能自立,王明华又能操持家务,便让祖母把梅家的银钱往来、日常用度的账目,交给梅兰芳和王明华负责管理。

王明华与梅兰芳十分恩爱,先后育有一子一女,梅兰芳演戏回家后,都和明华谈起演出的情况,和儿子大永、女儿五十嬉戏、说话。1914年冬,梅兰芳第二次赴上海演出,王明华与儿子大水同行,在生活上照顾梅兰芳。

不幸的是,儿子大永和女儿五十分别只活了四年和三年,先后夭折。

---

① 梅兰芳:《舞台生活四十年》合集,中国戏剧出版社1987年版,第193页。

梅兰芳每当散戏回到家里，只要想起这两个活泼小儿女的欢声笑语，心里就像针扎一样难受。他有时怔怔地坐一会儿，想到夫人王明华因怀念儿女卧床不起，便强打起精神，掩饰自己内心的痛苦，好言安慰王明华。王明华为了使梅兰芳专心于京剧剧目的创作、排演，也强露出笑容，轻轻地说："忙你的去吧，不用担心我。"

王明华不仅为梅兰芳分担家务琐事，而且协助梅兰芳演出。在梅兰芳排演时装新戏和古装新戏时，王明华在服装设计方面提了不少建议，如《嫦娥奔月》中嫦娥的服装，就是根据王明华的建议，参考古代美人图，集体商议创造的，设计一改老戏短裙系在袄子里边的常规，把白软绸长裙系在淡红色的软绸对胸袄外面，腰间围着丝绦编成各样的花围，有一条丝带系在中间，丝带上打一个如意结，两旁垂着些玉佩，这种设计成为后来京剧舞台上程式化的服装。

在这个戏的头饰方面，梅兰芳仍然参考古画，他后来回忆：

> 头面部分。画中的侍女，大都画她的正面，或是偏面。所以，前面梳头的形状，可以按照画上的样子，加以改革和变化。后面的样子，就无从摸索了。有些画上从正面也能看出她背后梳的头是偏在一边的。我也曾照样式办。谁想到等你转过身来，那真难看极了。我们在台上还是免不了常要转身的，因此我第一次出演《嫦娥奔月》，后面是梳的双髻。我一转身，台下看了，好像时装戏，也不合适。这一点多亏了我的前室王明华替我想出了现在的样子，就是把头发披散在后面，分成两条，每一条在靠近颈子的部位加上一个丝绒做的"头把"。挨着"头把"下面，有时就用假发打一两个如意结，这样才看着顺眼多了。我初期表演古装戏的假头，韩师傅还梳不上来，每次得请她在家里梳好了，装入一个木盒子里带到馆子临时拿出来现套的。当时曾有这样的误传，说我每演古装戏，我的前室总跟我们到后台替

我梳头。①

梅兰芳在排演时装新戏时，也在服装、化妆方面参考王明华的意见，有时也穿用王明华的衣服。1919年梅兰芳第一次赴日本演出，王明华随行，照料梅兰芳的日常生活。几年后，王明华患肺结核医治无效，逝世于天津医院。梅兰芳、王明华十多年的夫妻生活虽不算太长，但无论是刚成家时家境窘迫，还是梅兰芳成名后生活富裕，两人始终同舟共济，相敬如宾。梅兰芳创排新戏，赴外地演出，访问日本，都得到王明华的支持和帮助，真是位难得的贤内助。

伉俪情深

1921年冬，王明华病弱，梅家为续子嗣（梅兰芳兼祧两房），经吴菱仙介绍，梅兰芳与崇雅社坤班青衣演员福芝芳结婚。

福芝芳，1905年2月5日生于北京一个贫苦的满族旗人家庭，幼年丧父，母亲福苏思以削卖牙签等小手艺维持生活，与女儿相依为命。福芝芳小时候就喜爱看京戏，跟母亲看过一出戏后，回到家就模仿戏中人的动作、姿态试着"表演"，还不时哼唱几句青衣唱腔。见女儿如此痴迷京剧，福苏思待芝芳稍长几岁，便领她拜吴菱仙为师，学唱青衣。梅葆琛曾回忆福苏思对他讲述的这段故事：

> 你母亲小时候就喜欢看京戏，好像着了迷，慢慢地她非要我同意让她去学戏。那时家里虽然很穷，但是我说什么也要供她上学校念书。我只有她一个女儿，很疼爱她，但经不住她天天在身边纠缠，最后还

---

① 梅兰芳：《舞台生活四十年》合集，中国戏剧出版社1987年版，第282~283页。

是同意她边上学边学戏。要知道在那时候女的唱戏更让人瞧不起，所以打那时起我对你母亲的管教更加严厉了，给她订下个规矩，必须认真学好文化，把功课做好后，再向老师学基本功及学唱腔。平时我很少让你母亲出门，经常有几个要好的同学来家里玩。①

福芝芳在母亲的严格教育下，在吴菱仙先生耐心教导下，学文化和学戏都很出色。福芝芳聪明伶俐、相貌俊美、嗓音圆润、基本功扎实，吴先生及同行都挺喜欢她，第一次登台演出，福芝芳就以优美的唱做博得观众的喜爱，和她一起学文化的几个小姐妹也去看戏，并不时地在台下为她成功的演出鼓掌叫好。散戏后，小姐妹们到后台祝贺福芝芳，好奇地看她卸装，大家说笑着、评论着，福芝芳也兴奋地拍拍这个的肩，拉拉那个的手。

在崇雅社，福芝芳向吴菱仙学了很多青衣戏，其中她与李桂芬（女老生，福芝芳的挚友）、王奎官合演的《二进宫》颇受欢迎；她同名旦梁秀娟之母梁花侬、名武生梁慧超之姐梁春楼合演的戏，也受到好评。

福苏思常与其外孙梅葆琛聊家常，当讲到梅兰芳和福芝芳的相识、成亲时，福苏思告诉梅葆琛：

> 到了1920年，在一次堂会中，你父亲前演《思凡》，后演大轴戏《武家坡》，你母亲在此两出戏之间演的是《战蒲关》。在以后的经常共事和演出中，你父亲发觉福芝芳为人直爽，待人接物有礼节，在舞台上兢兢业业，心里就非常喜欢她，后来就托媒前来求亲。当时我没有同意，因你母亲那时才十几岁，年龄还小，而且刚演戏才不久，所以就拒绝了这门亲事。另外还有一个原因是你父亲的前妻王明华

---

① 梅葆琛：《怀念父亲梅兰芳》，中国社会出版社1994年版，第135页。

已得肺痨病，虽生命危在旦夕，但我不愿意唯一的女儿嫁过去做偏房。经不住你父亲隔三接五地派人来我家求婚，时间长了，我又怕影响他的演戏，看到他真是一片真心，最后我也无法再拒绝了，就同意了这门亲事。你母亲福芝芳就明媒正娶嫁了过去，不久王明华大妈病故。①

福芝芳最后一次登台，是1921年10月25日搭"太平社"在文明园演大轴戏《祭塔》，压轴戏是李桂芬的《胡迪骂阎罗》。也许，福芝芳意识到这是她将要告别京剧舞台的最后一次演出，因此，她演得十分认真。在这场较为吃重的唱工戏近四十分钟的唱段中，她唱得凄楚委婉，真切地表达了白娘子的悲惨遭遇，博得全场观众多次叫好鼓掌。

福芝芳是不太情愿离开京剧舞台的，但为了照顾梅兰芳的生活和演出，她毅然告别了舞台，走进了梅家，成为梅兰芳的贤内助。她与梅兰芳相亲相爱，共同生活了四十年，生了九个子女，五个因病和当时医疗条件较差而夭折，长大成人的有老四梅葆琛、老五梅葆珍（后改名梅绍武）、老七梅葆玥、老九梅葆玖。

福芝芳操持家务，生下儿女请母亲福苏思帮助喂养，自己专心照顾梅兰芳的生活和演艺事业。在"缀玉轩"书房里，福芝芳常常陪伴梅兰芳看书、作画、修改整理剧本。梅兰芳去各地演出时，福芝芳不辞辛苦，跟在身旁；梅兰芳每演一出戏，福芝芳都要到剧场后台，为演员的扮相、装点挑选头饰、翠花、绢花等，以增进演出效果；在服装旦行设计、革新方面，福芝芳也付出很多心血，每排新戏需做新的行头时，她都亲自到前门瑞蚨祥绸缎店挑选适合剧中角色的各种彩色料子。梅兰芳排演《洛神》时所披的粉红色玻璃纱、排演《天女散花》的风带及两出戏的服装颜色，都是福芝芳

---

① 梅葆琛：《怀念父亲梅兰芳》，中国社会出版社1994年版，第137页。

设计、调配的。福芝芳曾回忆：

> 大爷（梅兰芳）早年排时装戏，除了自己选料找裁缝做的以外，也兼穿原配王夫人的衣服，后来就常穿我的衣服，目的为了节约。时装戏演出的次数比其他戏少，而时装的式样（下摆的圆角、方角，领子的高低，袖口、腰身的宽窄长短都有变动）、花样（绸缎的图案，大花、小花、圆花、散花）、镶滚、花边，都要适合当时看戏的眼光，过时后就要重做，他觉得不经济，所以常常挑拣我的衣服搭了穿，但他做蟒、靠、宫装、帔、褶子等行头，对于料子、图案、金银线等十分讲究，决不惜费。他认为这些行头，用途广泛，必须工精料好，才能延年耐用。①

梅兰芳和福芝芳相敬如宾，几十年同舟共济，白头偕老。不论是抗战前后，还是新中国成立后，也不论是出国访问，还是赴各地演出，福芝芳都尽全力照顾、关心梅兰芳，从日常生活到上台演戏，可谓不遗巨细。在梅兰芳组织梅剧团期间，福芝芳协助做了大量的剧务和应酬工作；戏曲界同行和朋友个人或家里遇到困难，她都和梅兰芳一样解囊相助（梅兰芳逝世后，福芝芳仍然保持梅家风范，尽所能帮助、照顾同仁，如许姬传等）；演员之间有了矛盾，她还帮助梅兰芳从中周旋说和，化解矛盾。

---

① 梅兰芳：《舞台生活四十年》合集，中国戏剧出版社1987年版，第556页。

五　国难岁月

"巾帼精魂"

> 八载留须罢歌舞，坚贞几辈出伶官。
> 轻裘典去休相虑，傲骨从来耐岁寒。

这是戏剧家田汉于1961年梅兰芳逝世后，撰写的二十五首绝句诗其中的一首，歌颂了梅兰芳在抗日战争时期蓄须明志、拒绝为日伪演出的高尚的民族气节，表现了中国戏曲大师崇高的爱国主义精神，为中国京剧史谱写了光辉的一页。

1931年9月18日晚，梅兰芳在北平中和园演出《宇宙锋》，戏未开演，剧场内已坐满了观众。东北边防司令长官张学良患伤寒症刚痊愈，也带着护士、警卫多人，从协和医院来到中和园看戏。

当演到《金殿装疯》一场时，张学良等人急匆匆地离开剧场，观众或侧目，或议论，场内一时有点乱。台上扮演赵艳容的梅兰芳也不觉一愣，随即又稳住神，接着演唱。散戏回到家里，梅兰芳左思右想，自己今天并未出错，张少帅何以离去？第二天一看报纸，才知道发生了大事，在大字标题"日本向我进兵矣！"下面报道了9月18日夜，日本关东军在沈阳炸毁南满铁路"柳条沟"路口，反诬是中国军队所为，并攻占了东北军在沈阳的驻地北大营。

梅兰芳感到心头非常沉重，他幼年时就亲身经历了八国联军侵占、践踏北京城的惨事，他不愿意把两次赴日本友好访问的事同眼前日本的步步侵略联系起来，可现实又使他震惊、愤懑。翌年春，日军进攻山海关，觊觎华北，在上海制造"一·二八"事变，我守军第十九路军忍无可忍，奋勇抗敌，全国各界民众纷纷捐款捐物，支援淞沪抗战。梅兰芳在北平义演三天，为淞沪抗战受伤将士筹措医药费。

有一天，梅兰芳和友人《申报》总经理史量才谈起形势，史量才说："沈阳已经失守了，看起来华北也是岌岌可危，很可能你要当'内廷供奉'。"梅兰芳知道，北平不能再待下去了。这年冬，他毅然离开从艺二十多年的北京城，举家南迁上海，先暂住沧州饭店，后迁马斯南路121号。

梅兰芳后来回忆：

> 从那时起，我的心上压着一块石头，同时感到北京城上面笼罩着一片阴暗的黑云，我就决心离开北京，移家上海，跟着，卢沟桥"七·七事变"、"八·一三"抗战，我心上压着的石头愈加沉重。这片黑云也愈来愈大，笼罩着全中国，大部分的人民都遭受着残杀、奴役，但是全国人民在这水深火热的环境中，万众一心，不屈不挠地和敌人作艰苦斗争，终于打败了敌人，这就证明真理战胜了侵略。①

日本军国主义在我国东北扶植拼凑起傀儡伪满洲国，他们企图请梅兰

---

① 许姬传、许源来：《忆艺术大师梅兰芳》，中国戏剧出版社1986年版，第190页。

芳前去演戏助兴，特派一个清朝遗老到上海请梅兰芳，梅兰芳多次推脱拒绝，这位遗老见无计可施，老羞成怒，教训梅兰芳说："你们梅府三辈受过大清朝的恩典，樊樊山先生且有'天子亲呼胖巧玲'这样的诗句，而今大清国再次复兴，你理应前去庆祝一番，况且这跟演一次堂会又有何区别？"梅兰芳站起身来，语调平和却义正词严地回答："话可不能这么说，清朝已经被推翻，溥仪先生现在不过是个普通老百姓罢了，如果他以中国国民资格祝寿演戏，我可以考虑参加。而现在他受到日本人的操纵，要另外成立一个伪政府，同我们处于敌对地位，我怎么能去给他演戏，而让天下人耻笑我呢？"那人干笑几声，威胁道："如此一说，大清朝的恩惠就此一笔勾销了吗？"梅兰芳反驳他："过去清朝宫里找我们艺人演戏，是唱一次开一次份儿，完全是买卖性质，谈不上什么恩惠……一般当小差使的人多了，都能算受恩吗？我们卖艺的还不及当小差使的，又何谓恩惠二字呢？"① 那人无话可说，扫兴而去。

在上海，梅兰芳和友人议论国事，研究艺术，很想编排一出有抗敌意义的新戏，这一想法得到朋友们的赞同。

友人叶玉虎（字恭绰）提出："你想刺激观众，大可以编梁红玉的故事，这对当前的时事，再切合也没有了。"梅兰芳受到启发，想到老戏里有一出《娘子军》，只有梁红玉擂鼓战金山一段，可在这段戏的基础上，改编扩充为一出较为完整的新戏。

经过梅兰芳、叶玉虎、许姬传等搜集资料，润色剧本，三个月后，《抗金兵》剧本编好，全剧从金兀术侵犯宋朝边境开始，镇守润州的守将韩世忠和夫人梁红玉共议抗金，爱国大臣周邦彦、义士朱贵会同梁山泊英雄后代阮良等投军助战，金兵屠城苏州后初探金山，韩世忠、梁红玉训子、巡营，韩世忠率军迎敌，梁红玉擂鼓助威，直到牛皋押军粮赶到，杀叛臣刘豫、

---

① 梅绍武：《我的父亲梅兰芳》，天津百花文艺出版社1984年版，第177~178页。

杜充为止。《抗金兵》首次公演是在上海天蟾舞台，演员阵容十分整齐，梅兰芳饰梁红玉、林树森饰韩世忠、姜妙香饰周邦彦、金少山饰牛皋、王少亭饰岳飞、萧长华饰朱贵、刘连荣饰金兀术、朱桂芳饰韩尚德、高雪樵饰韩彦直，加上各方的兵将，全剧共有六十多人登台。

梅兰芳扮演的梁红玉戎装佩剑，身披斗篷，唱腔、身段俱佳，成功地塑造了巾帼英雄的形象。《战金山》一场的擂鼓，梅兰芳经过苦练，鼓点子打得高低错落、快慢有致、轻重参差，准确地表现了梁红玉擂鼓助阵、盼望丈夫、儿子率众兵将一战成功、克敌制胜的紧张心情。每演到擂鼓，观众都报以热烈的掌声。18年后，梅兰芳剧团第五次赴汉口演出时，演出剧目有《抗金兵》（梅兰芳已对全剧做了改动），当时他住在交际处，已久不练鼓，为了照顾在这里暂住的各地人士，他只向鼓师借了两根鼓槌子，拿到宿舍，就用自己的大腿代替堂鼓，认真练习，有时和朋友一边说话，一边还不停地击打，几天后，手把练熟了，大腿上却出现两块圆青斑。《抗金兵》一剧在局部抗战时期的上海产生强烈的艺术效果，激发了观众的爱国热情。

完成了这出唱、念、做、打俱全的《抗金兵》后，梅兰芳又想编演一出以青衣唱、做为主的爱国戏。他和友人讨论后，决定把齐如山根据明代传奇编写的京剧《易鞋记》改编为《生死恨》，以古映今，表现沦陷区人民的痛苦生活和反抗精神，提倡和激励宁为玉碎、不为瓦全的民族气节。

这段故事最初见元代陶宗仪《辍耕录》、明朝陆采《分鞋记》传奇，剧情为：金兵侵宋，士人程鹏举和韩玉娘同被金将张万户掳为奴隶，并令程鹏举、韩玉娘配婚，玉娘劝鹏举逃离归宋，张万户怒将玉娘转卖商人，程遗鞋一只留给玉娘，程归宋后随军北伐，立功为官，令家丁赵寻持另一只鞋寻访玉娘，玉娘颠沛流离，寄居李姬家，遇赵寻，见程鞋悲痛欲绝，程鹏举闻讯赶来团圆。

梅兰芳认为，大团圆的结局不能充分体现韩玉娘的痛苦生活和精神创伤，于是把结尾改为韩玉娘与程鹏举诀别而死。梅兰芳特意组成《生死恨》

的创作组，由许姬传负责执笔改编，徐兰沅、王少卿负责设计唱腔、板式，梅兰芳非常认真地研究这个剧本，反复琢磨《夜诉》一场的表演和韩玉娘临死前的悲哀表情、时断时续的呓语，白天和两位琴师徐兰沅、王少卿琢磨唱腔，夜里和许姬传推敲、分析剧本、剧情。排戏时，梅兰芳对曾为话剧名宿后改演京剧的汪优游说："您扮的老尼姑虽是坏人，但不要专用出洋相、说怪话来形容这个角色，一则是这种千篇一律的演法并不高明，二来还会引起宗教界的不满。"公演后，梅兰芳满意地说："汪优游和扮胡公子的萧先生（长华）在《定计》一场的对白，工力悉敌，恰到好处，使人觉得这个贪财老尼姑的阴险恶毒是有深度的，而且是典型的。"①

1936年2月26日，《生死恨》在上海天蟾舞台公演，由梅兰芳（演韩玉娘）、姜妙香（演程鹏举）、刘连荣（演张万户）主演。演出场场爆满，观众非常喜爱这出戏，它虽然没有直接宣传抗日救亡，却以戏剧的舞台表演效果，启迪人们不甘屈辱、热爱国家民族的情怀。其中《夜诉》一场，梅兰芳的唱、做打动人心，服饰、道具、舞台布景也衬托出韩玉娘国破家亡、凄情苦织、盼望亲人的悲凉景况。梅兰芳后来谈到绘画和舞台艺术的关系，回忆说："我演《生死恨》韩玉娘《夜诉》一场，只用几件简单的道具，一架纺车、两把椅子、一张桌子、油灯一盏。凄清的电光打到韩玉娘身上的'富贵衣'（富贵衣是剧中贫苦人所穿的褴褛衣服。它是用各种零碎绸子，贴在青褶子上做成的），显出她身世凄凉的环境。这堂景，我是从一张旧画《寒灯课子图》的意境中琢磨出来的。"②

接着，剧团转到南京上演，排队购票的观众为争看《生死恨》，竟挤碎了大华戏院售票处的玻璃。剧团还到天津、济南、汉口等地巡回演出，受到各地观众的好评。1948年在上海由费穆导演、梅兰芳主演的《生死恨》，是中国拍摄成的第一部彩色戏曲片。

---

① 许姬传：《梅华诗屋二三事》，《新民晚报》1962年9月5日。
② 梅兰芳：《舞台生活四十年》合集，中国戏剧出版社1987年版，第509～510页。

《抗金兵》和《生死恨》只是梅兰芳代表剧目的两出戏,却受到当时群众的热烈欢迎和后来戏剧家们的高度评价。张庚的文章《一代宗匠》这样评价:

> 梅先生不仅仅是一个有艺术良心的艺术家,而且是一个爱国的、明辨是非的艺术家。在"一·二八"前后,接连创作了《抗金兵》和《生死恨》两个剧目。这两个戏就不再去考虑歌舞剧、古装剧的形式,而充满热情地表现了对于侵略者的憎恨和对于人民的同情,甚至针对国民党的不抵抗政策,而热烈地赞美坚决抵御外侮的女英雄梁红玉。
>
> 这两个戏中间的两个主人公梁红玉和韩玉娘,前者是爱国的女英雄、威武的大将;后者是忍受一切痛苦、态度鲜明、意志坚强的韩玉娘。这类人物的出现,在梅先生过去的剧目中间是没有过的。这已经是苍松翠柏式的人物,具有高风亮节的人物,这已经完全不是属于柔美范围之内的形象,而是属于壮美范畴的形象了……在《生死恨》中间有两句唱词是:"尝胆卧薪权忍受,从来强项不低头",可以为他自己这个时期的态度写照。①

何为的《梅兰芳艺术三论》一文指出:

> 梅兰芳编演《抗金兵》是把历史作为一面镜子,以古鉴今。在一方面是老百姓陷于水深火热,一方面却是统治者歌舞升平的现实环境里,梅兰芳却在舞台上塑造了一个威风凛凛、英勇抗战的女英雄形象,身扎大靠,擂起战鼓,鼓舞将士奋勇杀敌,那种豪迈的气概,是多么

---

① 张庚:《一代宗匠》,《梅兰芳艺术评论集》,中国戏剧出版社1990年版,第52~53页。

振奋人心。这对三十年代渴望抗战救亡、收复失地的中国人民，又是多么大的激励。

《生死恨》则从另一个角度抒写艺术家处在国难当头的忧愤之情。梅兰芳在这里塑造的是一个普通的中国妇女形象。韩玉娘所蒙受的苦难，是和整个民族遭受的灾难连在一起的。外敌入侵，国土破碎，人民也颠沛流离，这就使韩玉娘的悲剧脱出了一般悲欢离合的巢臼，而含有更深刻的寓意，"思悠悠，恨悠悠，故国明月在哪一州？"这种对故国故土的思念之情是多么深长。在国难当头的三十年代，梅兰芳选取这样的题材，正表现了艺术家热爱自己的国家和民族的深挚感情。①

晏甬的《梅兰芳艺术生活的道路》一文认为：从《木兰从军》一剧的创作演出开始，梅兰芳同志的艺术创造，已不再局限在对所塑造的善良而又勇敢的妇女寄予一般的同情了。他前进了一大步，通过花木兰这个舞台艺术形象，他要证明妇女在社会上的作用并不亚于男人，妇女也可以参加卫国战争，立下赫赫战功，使得男人们也表示衷心的钦佩。在《抗金兵》中则更进一步地描绘了统兵抗敌的妇女爱国将领，从各方面表现了梁红玉的勇敢和智慧，表现了她的爱国主义精神和高瞻远瞩的胸襟与胆识，用以唤起国人对帝国主义侵略的同仇敌忾的斗志与必胜的信心。在《生死恨》一剧中，除了揭露外族统治者的凶残、呼吁人民起来反抗之外，对于那些在抗敌行动上顾虑重重、犹豫动摇的人们，也给予了有力的鞭策。后者是有所为而发的，它反映了梅兰芳同志对民族危机的忧虑，以及对于挽救中国免于沦亡的力量的渴望。②

---

① 何为：《梅兰芳艺术三论》，《梅兰芳艺术评论集》，中国戏剧出版社1990年版，第198～199页。
② 晏甬：《梅兰芳艺术生活的道路》，《梅兰芳艺术评论集》，中国戏剧出版社1990年版，第90页。

在梅兰芳的自叙里也曾这样记载："在上海我排演了《抗金兵》《生死恨》两出戏，把一些爱祖国、爱民族的意义编进戏里，想借此表达我对敌人日本的仇恨。在这时期，我和郭沫若、田汉、欧阳予倩诸同志常常见面，他们在思想意识上和戏曲知识上给我很多帮助。"

避居香港

1937年"七七事变"爆发，日本军国主义开始了对中国的全面侵略战争。8月13日，日军攻占上海，中国军队坚持抗战三个月后最后撤退，上海沦为孤岛。梅兰芳心里充满了悲愤和忧虑，国破山河在，可是艺术家的舞台在哪里？

日军占领上海不久，就注意到蜚声世界剧坛的艺术大师梅兰芳还在上海，他们妄想让梅兰芳出来讲几句话，帮助他们收买人心，点缀升平，然后进而请梅兰芳为他们演戏。于是，他们通过上海的青帮头子张啸林托人向梅兰芳提出了"某方"的要求，要他在电台上播一次音。梅兰芳以将要赴香港和内地演出为由，拒绝了他们。

梅兰芳考虑到在上海不能久留，乃托老友冯幼伟和在港的许源来代为联系在港演出事宜，遂于1938年初，携带家眷和剧团演职人员，乘船到香港。

剧团在香港演出期间，发生过一件意外的事，即冯幼伟遭到袭击，原来上海流氓的恶势力中有个叫芮庆荣的，在上海时多次找梅兰芳，意图包办这次赴港演出，梅兰芳未答应，芮庆荣疑心是冯幼伟从中作梗，怀恨在心，跟踪到香港。冯幼伟在港每晚看戏后，都和梅兰芳在后台闲谈一会儿，然后回住宿的饭店。有一天晚场散戏，冯幼伟刚走不久，梅兰芳一边卸装，一边和许源来说话，忽然"砰"的一声，化妆室的房门被踢开，一个满脸是血的人闯进来，仔细辨认正是冯幼伟，梅兰芳吃惊地问："您怎么了？"冯说让人从背后打了头部，幸有路人相救，凶手未及打第二下便逃跑了。经医生诊治，冯幼伟头部受了重伤，医生又说："幸亏这棍子是圆的，要是换个有棱角的铁器，这一下就可以致命。"冯幼伟在香港的朋友家养了半个月才恢复健康。芮庆荣名为报复冯幼伟，实为威胁梅兰芳，梅兰芳也由此更加认清这些黑社会恶势力的渣滓，若与日伪勾结，在上海将更为凶险，即便到了香港，也要小心提防。

剧团在香港公演后北返，梅兰芳便在事先租好的乾德道八号一所公寓里住下来。

有人曾劝梅兰芳："您曾经两次赴日，日本人对您向来友好，何必一定要迁居呢？"梅兰芳严肃地回答："日本人民对我是友好的，可是他们的军阀政府对我们国家则是太可恨了。我有什么理由只管自己，不顾国家呢？"从此，他在香港息影舞台，深居简出。

梅兰芳的卧室约二十多平方米，陈设简朴，南面有一张带镜子的写字桌、几把椅子和两个沙发，北面放两张双人床，床边有一台收音机，窗户朝西。

每天早上，梅兰芳打开窗户，极目远方，打两套太极拳，活动活动筋骨，然后一边阅读报纸，一边定时打开收音机收听时事新闻和戏曲节目。每周四个下午在家学习英文和中文。为了不使身体发胖，保持身段，每周两天梅兰芳和舞蹈教师一同去九龙的一家俱乐部打几个小时的羽毛球，梅兰芳的武功底子较好，动作灵活，很快就学会并喜爱这种球技，只见他扣杀轻吊，舒展自如，姿势很优美，吸引了不少在俱乐部练球的体育爱好者停拍观看。

晚上，梅兰芳把大部分时间用在绘画上，青年时代他在北京向齐白石、陈半丁等许多名画家请教，中年时代他在上海又曾向汤定之学画，他的绘画水平已经有了相当的功底和提高。他也不曾想到，以往和如今在香港的绘画练习，日后会成为拒绝为日伪演出后的生活来源。

为照片着色，是梅兰芳的特殊爱好，同时也体现了他绘画技艺的功力，他着色匀称淡雅，下笔细致，层次分明。有一天，他正在绘画，一位朋友的夫人偶然拿来一张照片请他着色，他看看照片，很快调好颜色，认真地描起来。看见这张照片的人交口称赞："这哪儿是照片？简直成了一幅绝妙的侍女图了！"他还为自己和夫人福芝芳合影的一张半身照片着色，得到一些摄影家的赞许。这幅照片至今仍在北京旧帘子胡同梅宅"缀玉轩"的正厅上方悬挂着，很像彩色照片。

1941年夏，福芝芳第二次带葆琛、葆珍（绍武）、葆玥、葆玖赴港探亲，梅兰芳决定让葆琛、葆珍（绍武）留在香港读书。葆玥、葆玖于当年秋天随福芝芳回上海。

梅兰芳特意为两个儿子创造了复习功课的环境——一间陈设简单的小房间，房内有两张床和一张两人合用的书桌，桌上放好考学校需用的课本。梅兰芳说："这是你们的卧室，考学的书也准备好了，我已替你们排定好了日期，每门功课按次序温习就行，以后我要经常来检查你们温习功课的情况。"一个月后，兄弟俩顺利地考上了岭南中学。梅兰芳高兴地说："你们的成绩不错，我早就料想到你们会考取的。从现在起，你们可以好好地玩两个星期，改换一下环境。"

梅兰芳带孩子去各地游玩，还请了一位游泳老师教孩子们游泳。

梅兰芳日常还喜欢集邮和看科技报刊。每逢周末，父子三人便一起观赏、研究家里的数万张邮票，并按国别、色彩、内容进行分类。他喜欢科技知识，经常和友人谈起从报刊上看到的世界各国的科学发展和最新报道。

梨园行常说："剑不离手，曲不离口。"在祖国危难、蛰居香港的岁月里，梅兰芳何尝不期望早一天登上舞台，再现他塑造的诸多艺术典型，但正如他后来回忆时所说："抗日战争爆发了，我仇恨敌人，但自己只是一个戏曲演员，没有什么力量贡献国家，只有用消极抵抗的方法和日伪划清界限,因此就千方百计躲避演戏,决不登台。"

虽然不能登台,但是梅兰芳担心时间一长,嗓子会起变化,便常常手把二胡,自拉自唱,有时还教儿子梅葆琛学拉二胡。

梅葆琛非常喜爱京剧,特别是胡琴和二胡,虽然从未对父亲提起,但总想有机会学拉二胡。据他回忆:

> 有一天晚上已过十一点,我偷偷地起床出屋,在他的房门口听到房中有人拉二胡和哼哼唱腔的声音。我很奇怪,一看原来父亲在收音机旁一边听着自己的唱片播音,一边拉着二胡随奏,并用铅笔代替胡琴码,所以声音很低很轻,他聚精会神,连我在房门口站了好半天也不知道,原来他正在专心复习和研究自己的唱腔,并且学会了自拉二胡。父亲对艺术的追求一时一刻都不放松,这也正是他在后期虽然多年息影舞台、而在艺术成就上仍然没有减色的原因。①

梅葆琛轻轻地走进屋里,站到父亲身边。梅兰芳停下胡琴问:"这么晚了,来干什么?"梅葆琛鼓足勇气,说:"我要早知道您会拉二胡,就该早向您提出请您教我拉。"梅兰芳严肃地说:"你正在念书,要以读书为主,不要分神影响学业。"梅葆琛再三恳求道:"我喜欢京剧,您不教我唱,但总不能不让我学点京剧乐器吧。"梅兰芳见儿子学胡琴的愿望这样执着,便答应在不影响念书的前提下教梅葆琛。此后,每逢周六梅葆琛从学校回家后,梅兰芳便教他,先讲京剧的各种节拍、板、眼的区别,再简要地教他区别二黄和西皮。往往是父亲哼腔儿子记谱,然后葆琛反复练习,拉上几百遍。过了一段时间,梅兰芳又告诉梅葆琛:"这行不是三天两日就能学好的,学问还多着呢!"接着又讲了许多过门、曲调、板眼及胡琴与演

---

① 梅葆琛:《怀念父亲梅兰芳》,中国社会出版社1994年版,第6页。

唱及锣鼓的关系，使梅葆琛茅塞顿开，了解了很多京剧场面的知识，拉二胡的兴趣也更浓厚了。

梅绍武（葆珍）也十分怀念在香港读书和父亲同甘共苦的这段生活，比如和父兄一道去看电影、打羽毛球、学游泳、看足球赛。每逢周六回家，梅兰芳常带兄弟俩去一家叫"福禄寿"的中餐馆吃饭，菜肴是北方风味，有爆羊肉、涮锅、饺子等，每次去时，饭馆经理都十分热情地帮助点菜，并陪梅兰芳说话，梅绍武猜想：父亲一定是怀念离别多年的北京城了。

梅兰芳关心孩子们的文化学习、体育锻炼，日常的要求也非常严格，梅绍武回忆：

> 我那时刚刚留起分头，头发还不太长，就去理发馆让师傅多给抹点油，好分开梳，自以为不错，哪知回到家里就遭到父亲一顿申斥："谁叫你抹那么多油，油头滑面的，多难看，快去洗掉！"从此以后，我心有余悸，去理发再也不让抹油了，这种习惯一直延续至今。我后来发现父亲的头发总是梳得十分整齐，原来他用的是当时香港市面上出售的一种挺便宜的绿色发蜡水，每天清晨只需搽一点，用梳子一梳，全天头发都不会凌乱，而且也没有油腻腻的样儿。①

梅兰芳虽然息影舞台，但是他时刻不能忘却自己的艺术，他坚持每天收听收音机里播放的他的唱片，不时地哼唱，每隔一段时间还请许源来为他操琴吊嗓。他家住在二楼，上下都有住家，为了不影响邻居，引人注意，他每次吊嗓时都关严门窗，拉下窗帘才开始唱。唱得顺畅时，他感到痛快、欣慰；唱得不太顺时，他就颇有感慨。一次许源来给他吊《刺虎》，

---

① 梅绍武：《我的父亲梅兰芳》，天津百花文艺出版社1984年版，第163～164页。

唱到"有个女佳人"的"佳"字，工尺相当高，而且拖腔很长，梅兰芳勉强唱上去了，但觉得不很饱满，他感叹地说："老话说'曲不离口'，一点不错，老不唱，怕嗓子就要回去了。"①他有时还在客厅里舞剑，跑圆场。

梅兰芳还从电影、话剧中汲取艺术营养，他看过不少中国的古装片，常和朋友议论影片的整体结构、场景的安排、镜头的处理及服装、头饰、灯光布景。当时香港上演由卓别林主演的《大独裁者》，这是梅兰芳最爱看的一部片子，影片编导精心安排了一个影射希特勒的大独裁者和一个貌似希特勒的理发师，用双关手法，深刻揭露了法西斯主义者的反动本质。影片中有大独裁者玩弄一只大气球的镜头，球上画着世界地图，揭示他的野心和妄想。扮演大独裁者的卓别林一出场，就走向气球，贪婪地转动着、寻找着。当他正手舞足蹈、得意忘形地正要登上桌子时，气球"啪"的一声破了，在很短时间里，卓别林把大独裁者冷酷、忘形、沮丧的表情生动地表现了出来。梅兰芳特别欣赏他的精湛表演，同时又联想到，日本军国主义虽然猖獗一时，但最终也像大独裁者一样，难逃覆灭的可耻下场。梅兰芳还带着孩子，观摩了旅港剧人协会在香港的两场演出，一场是蓝马、风子等主演的《雾重庆》，一场是金山、王莹主演的《马门教授》。

1941年秋，重庆国民政府让杜月笙到香港约梅兰芳去谈话并演出。梅兰芳说："我的剧团远在北京，要他们大队人马冲破敌人的重重关卡，恐怕是难以想象的。再说，千里迢迢的路程，万一途中死几个人，我担不起这个责任。如果剧团不来，我一个人到重庆也唱不了戏。请您把目前的困难情形转达过去，等演出有了条件再说吧。"②

梅兰芳回复了杜月笙，心里很不平静：香港并非久留之地，但上海

---

① 许姬传、许源来：《忆艺术大师梅兰芳》，中国戏剧出版社1986年版，第148页。
② 许姬传、许源来：《忆艺术大师梅兰芳》，中国戏剧出版社1986年版，第150页。

不能回，重庆不好去，那么去哪里呢？他把自己的想法和冯幼伟谈了，冯幼伟劝他去桂林，并答应帮助他联系。未料，风云突变，迁居桂林尚未成行，香港便陷入日军的魔爪。

蓄须明志

1941年12月8日，日本军队偷袭珍珠港，对英美宣战，太平洋战争正式爆发。作为同盟国属地的香港，也遭到日军的猛烈轰炸和炮击。

梅葆琛回忆那一天的情景：

> 12月8日星期一，早晨照常按时出操、上课。我记得当时正在上国语课，约9时左右，突然听到天空中飞机轰鸣声，只见飞机从学校上空呼啸而过，接着高射炮声及炸弹爆炸声连续不断。起初我们还以为是英军在演习，再从窗口向天空一望，正巧一架飞机由眼前而过，"啊！机翼上是个大红膏药，日本飞机！"我大声叫了起来。老师立即训斥我，说我扰乱课堂秩序，正要轰我出教室，这时校园内已经传来教务主任的呼叫声："全体同学，赶紧到门前体育场集合！"我们有秩序地跑到体育场集合，教务主任说明了当时情况，很快就下令叫我们赶快爬上山林中躲避。我在一棵松树下，眼看着数架飞机朝着停在海上的英国军舰轰炸和扫射，只见英国军舰仓促起锚，并不断用高射炮回击。
>
> 当时学校紧急向九龙公共汽车公司求援。下午，汽车陆续把我们送到九龙，由于渡轮停航，只好在九龙一所学校教室中坐卧一夜。次日早晨，校方设法找到一条私人的船只悄然渡海，我们顶着头上敌机轰炸的危险，一分一秒地渡过了海峡，侥幸地踏上香港的码头。我和五弟身上只穿着一件校服，徒步返回家中，父亲和老友

们都为我们庆幸。父亲说:"我相信你们会平安回来的,你们又经历了一次艰险的锻炼,这对你们是有好处的。"①

面对这突如其来的战争,梅兰芳心情很沉重,他对友人说:"糟啦!早走一步就好了。香港是个孤岛,早晚要被日本人占领。我一向离他们远远的,这回可难免要碰上了。"虽然梅兰芳心情紧张,但表现得十分镇静。一连十几天,他让孩子把玻璃都用纸条贴好,再挂上很厚的绒布做的窗帘;东面的房子有三道砖墙可以防弹,他把来家躲避炮弹轰炸的几位老友安排在靠东的房间里;他又把家中仅存的食物集中起来由他专管,每顿饭大家互相谦让,十几口人患难与共。

据梅绍武回忆:

夜间,大家就挤在三间不面向九龙的屋子里打地铺和衣而卧,其实大人们哪里睡得着,通宵达旦聚在一盏防空灯泡直照下来的微弱亮光下议论时局,商讨今后的出路,但大多数时间都默默相对,一筹莫展。我们几个男孩有时大着胆子从窗户偷偷窥视对岸九龙的炮火,由此也懂得了一点战争常识:对岸炮火一亮,如果听见头顶上空飕的一声响就安然无事;没有那声响,情况便不妙了,得马上抱头趴下,炮弹准是落在附近,轰隆一声爆炸开来,震得玻璃窗格格作响。②

有一天,一颗炮弹穿过墙壁,落在厨师的床上没炸,老人们紧张得瞠目结舌。据梅绍武回忆:

我和葆琛兄从来没有见过真炮弹什么样儿,就好奇地跑过去瞧

---

① 梅葆琛:《怀念父亲梅兰芳》,中国社会出版社1994年版,第4页。
② 梅绍武:《我的父亲梅兰芳》,天津百花文艺出版社1984年版,第165~166页。

瞧，还把它抱了出来。

冯老伯（冯幼伟）青年时代曾在日本陆军军官学校学习过，这时以行家身份走近前来察看它还会不会炸。

父亲闻声也奔来，一见我们哥俩得意地抱着一枚炮弹，仔细倾听冯老评论，连忙喊道："您还瞧什么！炸了怎么办？赶快想办法把它转移出去吧！"

于是他叫大家别惊惶，也别靠近，镇定地指挥我们兄弟俩小心翼翼地把它抱出门外，走到附近一条弯曲的盘山道旁，顺着斜坡把它骨碌到峡谷去了。

大家都捏把冷汗，笑话日本领事馆（梅宅在日本领事馆附近）也不灵了，炮弹照样打过来，但是庆幸那颗炮弹居然穿墙入室而没炸，争说这全是因为父亲有造化，托他的福，大家才幸免于难。冯老赞扬道："你可真像个穆桂英，指挥若定，也不怕牺牲自己的孩子！"我们小哥俩完成了这项重任，自然也受到大家的一番夸赞，甭提多么得意！可如今一想，倒真有点后怕咧。①

半个月后，日军占领了香港。梅兰芳家里的水和粮食都没有了。外面秩序混乱，日本兵成群结队，四处骚扰。梅兰芳很焦急，他把两个孩子叫到身边嘱咐说："冯老伯有位朋友住在山下，他家里还有一些米，我想让你们俩去取回来，不过路上千万要小心。因为日军不许私运粮食，看见有人就当场枪毙。我给你们换换装束，我们不能等着饿死。"②梅葆琛兄弟俩换上朴素的衣服，每人拿一个大手提包，拉开距离走下山。取米回来的路上，他们见日军盘查很严，便机智地东拐西绕，终于躲过岗哨，平安回到家里。

---

① 梅绍武：《我的父亲梅兰芳》，天津百花文艺出版社1984年版，第166～167页。
② 梅葆琛：《怀念父亲梅兰芳》，中国社会出版社1994年版，第10～11页。

日军侵占香港后经常闯入民宅，借口检查，翻箱倒柜，抢走居民的东西。梅兰芳急中生智，叫梅葆琛、梅绍武兄弟把家中所有的箱柜都半敞开着，并在桌上故意放一包香烟。日本兵闯进梅宅，看见箱柜全未上锁且半敞开着，没有借口再拿东西，一个日本兵一边拿起桌上的香烟，一边说："他巴古的好！"溜出门外。

有件事情，给梅葆琛留下了深刻的印象：

> 记得有一次，当两个日本兵进来之后，看见我们正在念书，就过来用刺刀指着书问："是什么书？"我和五弟很自然地把一本英文教科书给他们看，并问他们是否认识，那两个日本兵哇哇大叫，气得一刺刀将书刺透，并且骂我们："八嘎！英国死啦死啦地。"当时我们又气又好笑。幸亏有冯老会说日语，他用纯正的东京话将他们敷衍过去，并给些香烟才算了事。事后，父亲把我们叫到一起，大骂我们一通。他说："你们也太糊涂，日本正同英国打仗，他们自然最恨英国人，你们给他们看英文，不是自讨苦吃吗？他们给你一刺刀，你们不也得挨着吗？多危险呀！"我说："我恨他们，所以才这样做的。"父亲很和善地拍了拍我说："你现在说的是傻话，光凭你一时的任性，你能斗得过他们吗？有血气是好的，但你们用的不是时候，现在你们只有发奋读书学习，以后有一天我会让你们去和他们斗的。"①

平素爱好整洁的梅兰芳，在这紧张的十多天里，照常刮脸，却不再剃胡子了。友人问他是否打算留须？他指指上唇，严肃地回答："别瞧这一小撮胡子，不久的将来，可能会有用处。日本人假定蛮不讲理，硬要我出来唱戏，那么，坐牢、杀头，也只好由他。"②

---

① 梅葆琛：《怀念父亲梅兰芳》，中国社会出版社1994年版，第13页。
② 许姬传、许源来：《忆艺术大师梅兰芳》，中国戏剧出版社1986年版，第151页。

果然不出梅兰芳所料，几天后的一个下午，门外一个东北口音的中年男子要见梅兰芳。梅兰芳刚走进客厅，那人便过来握住他的手说："梅先生，真高兴能见到您，俺叫黑木。我们一进入香港，酒井司令就派俺来找您，直到昨天才打听到您住这疙瘩。司令想见您。您哪一天有空，俺来陪您前去。"梅兰芳立即回答："现在就可以去。"说罢就去卧室取衣帽。

冯幼伟忙跟过来小声说："您一个人去行吗？"梅兰芳说："事到如今，生死早已置之度外，还怕什么？"① 此时，在梅家做客的中国银行职员周荣昌勇敢地站出来，自称是梅兰芳的秘书，要一同去，他们跟着走了。

梅兰芳走后，友人和家人都很着急。整个一下午过去了，晚上九点多钟了，大家坐立不安。十点钟，梅兰芳和周荣昌终于回来了，大家悬着的心才落下来。

原来，梅兰芳到了九龙酒井的司令部后，酒井正在开会，等了很久才走进会客室。一见到梅兰芳，酒井就满脸堆笑地近前握手说："梅先生您好，二十年没见面了，您还认识我吗？我在北平日本使馆当过武官，又在天津做过驻防军司令，看过您的戏，跟您见过面。"梅兰芳说："不记得了。"酒井盯着梅兰芳嘴上的胡子，惊讶地问："您怎么留须了？像您这样的大艺术家，怎能退出舞台？"梅兰芳镇静地回答："我是唱旦角的，年岁大了，扮相不好看，嗓子也坏了，已经完全失去了舞台演出条件，唱了快四十年的戏，早该休息了。"② 酒井见无机可乘，便叫黑木送梅兰芳回家了。

酒井并不死心，几天后又派黑木用车把梅兰芳接到九龙饭店，酒井要在饭店举行茶话会。当梅兰芳看见香港、九龙各界人士旁边站着许多拿着照相机的日本记者与香港记者时，他立刻明白了酒井的用意，是想在第二天的报上刊出梅兰芳与日军司令握手、谈话的镜头。他急中生智，一面寒暄，一面闪转腾挪，背身朝向这些记者，巧妙地避开了镜头，使敌人的计

---

① 梅绍武：《我的父亲梅兰芳》，天津百花文艺出版社 1984 年版，第 170 页。
② 许姬传、刘松岩、董元申：《梅兰芳》，湖南文艺出版社 1987 年版，第 71～73 页。

划落了空。

梅兰芳回家后,想到日军的纠缠,心情不好,火气上升,牙疼得厉害。正赶上日军又打梅兰芳的主意,他们要召开一次占领香港的"庆祝会",派人送来一封信,要梅兰芳参加表演。梅兰芳说自己牙疼,脸部发肿,并请医生开了一张证明,说明不能演出,把来人挡了回去。

没过几天,日军司令部又派人来了,来人先是装作关切地问候梅兰芳的牙病,然后提出为了显示香港战后的繁荣,特请梅兰芳演几场戏。梅兰芳回答得很干脆:"我早已说过,我不能登台,就是登台一个人也无法演出,因为我的剧团不在此地,恕我不能从命。"① 1942年春,南京汪精卫伪政府要庆祝"还都",南京的日本特务机构"梅机关"(当时在中国,日本有梅、兰、竹、菊四个特务机关)派人来香港,请梅兰芳参加"庆祝"演出。来人一再坚持请梅兰芳速飞南京,最后梅兰芳坚持自己有心脏病不能坐飞机,也不能演出,来人才灰溜溜地走了。

身处逆境,梅兰芳不能再练嗓子,心情愈加沉重。白天,他经常和友人谈论局势,看报,有时和孩子一起整理邮票;晚上,他把卧室的门窗关严,把耳朵贴着用厚被包住的收音机一角,收听短波中来自盟国的消息。当时他寓所的楼上楼下都住着日本军官,偷听短波是很危险的,但梅兰芳每天坚持收听,让孩子在门口望风。

据梅葆琛回忆,在梅家避难的朋友中,有一位原中国银行总经理徐广迟老先生,他于1941年11月来香港开会,因患病未及回重庆,香港沦陷后日军指名要搜捕他,因冯幼伟的介绍,梅兰芳让徐老在梅家安心养病,得以痊愈。徐广迟非常感激梅兰芳,临走前诚恳地对梅兰芳说:"你我之间虽是一面之交,但早已久慕大名,现在更了解到您的品德高尚,为我受累不浅。最近我已托人取得一张化名的通行证。明日,我将赴广州湾返回

---

① 许姬传、刘松岩、董元申:《梅兰芳》,湖南文艺出版社1987年版,第71~73页。

重庆,您今后有什么困难,尤其是您的孩子如果能逃往重庆去,我会帮助他们继续求学。您此次救我一命,您的恩情我终身不忘。"①

局势日趋严重,日军开始在香港强拉中国青年补充兵源。梅兰芳决定让孩子们回到内地。一天晚上,他把已经入睡的梅葆琛、梅绍武兄弟叫起来,语重心长地说:"你们俩此次留在香港,本想让你们在新的环境中自立成人,不料今天反而使你们失学。对此学业前途问题,我已考虑了好多日子了。日前,日军又在各处拉夫,你们的处境是很危险的……现在,正巧有顾兰荪、钟可成等老友要去重庆,他们用了不少钱多买了一张去广州湾的船票,我想让你们先走一个……"②遂决定梅葆琛先走。

梅兰芳细心地给梅葆琛准备要带的行装和生活用品,并把一张1940年全家在香港拍摄的合影照片递给梅葆琛,让他想家时就把照片拿出来看看。梅葆琛临行前的几个晚上,梅兰芳再三叮嘱,告诉儿子:"你到了重庆要先考学校,用功念书。虽然你在香港锻炼了一个时期,可还是太嫩,在学校与同学相处要分清好坏。在生活上是艰苦的,肯定会遇到许多困难,要经受得住。在万不得已的情况下,可请徐广迟先生帮助,但切不可多麻烦人家,我的话你懂了吗?主要是靠自己去克服……"③说着说着,梅兰芳不禁流下热泪。梅葆琛也激动地向父亲表示,自己会努力学习,自理好生活,请父亲放心。

梅葆琛临行时,梅兰芳和友人为防敌人盘查,乃按两个孩子小名"小四""小五"的谐音改叫"绍斯""绍武"。梅葆琛走的那天,梅兰芳和梅绍武站在窗口,久久地注视着山下海港中那艘拔锚启航的轮船,直到轮船消失在天水间。

不久,梅绍武也离开香港。绍武走的那天,梅兰芳在窗口频频招手,

---

① 梅葆琛:《怀念父亲梅兰芳》,中国社会出版社1994年版,第15页。
② 梅葆琛:《怀念父亲梅兰芳》,中国社会出版社1994年版,第16页。
③ 梅葆琛:《怀念父亲梅兰芳》,中国社会出版社1994年版,第16~17页。

在梅家做活的阿蓉买了罐头食品,挥泪送他上船,使梅绍武心里十分难过。

兄弟俩先后到重庆、贵阳继续读书。随着孩子、友人的离港,梅兰芳也于1942年夏天回到上海。

返沪拒敌

离别四年,梅兰芳走进马斯南路的旧居,福芝芳和子女、亲友惊喜地迎上前来。望着黑瘦、憔悴、嘴上留着胡须的丈夫,梅夫人满眼是泪,她抓住梅兰芳的手,脸右侧面颊神经急剧地抽搐,许久说不出话来。梅兰芳忙问夫人脸怎么了,福芝芳当时并未解释,却深情地反问:"上海传遍了你的凶信,说你从香港坐船回来,半路上船被打沉了,今天我们还能见面,真不容易!你怎么这样瘦?"梅兰芳见到久别的亲人,百感交集,他故作轻松地安慰福芝芳:"你放心吧,别瞧我瘦,我的气儿足,什么都不怕,养几天就能恢复的。"[①]

梅葆琛回忆他于1946年从贵阳回到上海后,和母亲相见,见母亲面颊抽搐,双泪长流,他心里难过,经一再询问,母亲才慢慢告知:

> 在我听到你父亲出事的谣传后,突然觉得头部一震,右面颊部就开始抽搐,接着就昏死过去了。经过医生抢救才算苏醒过来,人是活下来了,但面神经抽搐的疾病却无法治好,直到现在,只要遇到高兴、悲伤、兴奋、忧虑的事,就会立即发作。从此留下病根,始终未能痊愈。[②]

在上海,梅兰芳依然闭门谢客,深居简出,时刻提防着日伪政府找上门来。几年不演戏,返沪前又是沪港两地生活,还要接济亲友,梅兰

[①] 许姬传、许源来:《忆艺术大师梅兰芳》,中国戏剧出版社1986年版,第156页。
[②] 梅葆琛:《怀念父亲梅兰芳》,中国社会出版社1994年版,第27~28页。

芳的积蓄接近用完。银行界的朋友为了帮助梅兰芳渡过难关，特意在上海新华银行给他立了个信用透支户。梅兰芳不愿意白拿人家的钱，他对友人说："我在银行里没有存款，倒可以一张一张地开支票，这叫什么？这种钱用得实在叫人难过。"① 他把家中的瓷器、古墨、书画等变卖，甚至狠狠心卖掉了北平无量大人胡同的房产，但仍然无法摆脱经济上的困境。

上海中国大戏院的经理，听说了梅家的困难，就来到梅兰芳家说："我们听到您的经济情况都很关心。上海的观众等了您好几年，您为什么不出来演一期营业戏？剧团的开支您不用管。唱一期下来，好维持个一年半载，何必卖这卖那地自己受苦呢？"梅兰芳表示感谢戏院的关心，考虑一下再答复。晚饭后很长时间，梅兰芳坐在客厅的沙发上沉思，时而抬眼盯着天花板，一位朋友忍不住问道："你准备怎样答复中国大戏院？"梅兰芳果断、坚定地大声说："我不干！一个人活到一百岁总是要死的，饿死就饿死，没有什么大不了！"他停顿了一下，然后用手指着嘴上的胡子说："如果我拿掉了这块挡箭牌，以后的事情就多了，南京要我去演戏，怎么办？万一东京要我去演出，又怎么办？明天我准回绝他们。"② 这以后，各方游说者不断。有的劝说梅兰芳演出，有的邀请出席"庆典"，都被梅兰芳拒绝了。有一个汉奸想用金钱打动梅兰芳，说什么"只要梅老板肯出来，百根金条马上送到府上"。对此，梅兰芳不屑一顾。

1942年秋天，汪伪政府"行政院"副院长兼"外交部部长"褚民谊突然来到梅家，并且不顾仆人阻拦，闯进客厅，说有要事找梅兰芳。梅兰芳正好和好友冯幼伟、吴震修说话，听说褚民谊闯进来，很不高兴地走下楼来。

认贼作父、甘当汉奸的褚民谊张嘴就要梅兰芳在12月作为团长率领剧团到南京、长春、东京轮回演出，庆祝所谓"大东亚战争胜利"一周年。

梅兰芳用手摸摸嘴角上边的胡子，冷静地说："我年纪大了，又没有

---

① 许姬传、刘松岩、董元申：《梅兰芳》，湖南文艺出版社1987年版，第76页。
② 许姬传、许源来：《忆艺术大师梅兰芳》，中国戏剧出版社1986年版，第158～159页。

嗓子，早已退出舞台不唱戏了。"

诸民谊看看梅兰芳的脸，眼珠一转，阴险地笑道："小胡子可以剃掉嘛，嗓子吊吊也能恢复的。"

梅兰芳再不愿意跟这个家伙多废话，他冷冷地仍然带着半幽默的腔调说："我听说您一向喜欢玩票，大花脸唱得很不错。我看您作为团长率团去慰问，不是比我更强得多吗？何必非我不可！"①

一席话说得诸民谊没了笑容，脸上一阵红一阵白，欲怒不能，欲劝无辞，十分尴尬，只得起身狼狈离去。冯、吴两位朋友都跷起大拇指，称赞梅兰芳有胆量、有智慧。梅兰芳长叹一口气说："我想他们不会就这样善罢甘休的。"

果然，南京的汉奸臊走了，北平的汉奸又开始活动了。原来，负责日本华北驻屯军文化宣传事务的报道部部长山家少佐，企图胁迫梅兰芳赴北平演出，他和一些甘心为日本人效劳的汉奸们商议时，北平《三六九》画报社社长朱复昌出主意说，梅兰芳说他年纪大了，没有嗓子不能再演出，可以请他讲几句话，他总不能再用什么理由推却吧。

朱复昌受命去找梅兰芳。他知道，如果像诸民谊那样直接去上海，肯定会碰钉子。他打听到梅剧团兼管业务的姚玉芙刚从上海回北平，就直奔安福胡同姚家，非要姚玉芙再坐飞机回上海请梅兰芳来北平。

姚玉芙非常着急，不知道该怎样应付。秦叔忍（梅兰芳姑丈秦稚芬之子）听说后赶到姚家，想来想去，就想到注射伤寒预防针这个办法，因为梅兰芳打了这种针会立刻发高烧，但是有点危险。

姚玉芙回到上海，刚到梅家，梅兰芳心中一惊，因为姚玉芙回北平没有几天。当姚玉芙把敌人的胁迫和秦叔忍的主意说出来后，梅兰芳为了不去北平，也顾不得危险，立刻请他的保健医生吴中士给他打针。打针后时

---

① 梅绍武：《我的父亲梅兰芳》，天津百花文艺出版社1984年版，第184页。

间不长，梅兰芳就发起高烧。

山家少佐在北平闻讯后，不相信梅兰芳会突然生病，便电告驻沪日军部派一名军医去梅家核实。日本军医给梅兰芳量了体温，是42度，又见梅兰芳昏昏沉沉病卧床上，便回电山家，证实梅兰芳确系重病。①

在祖国危难、寇焰嚣张的岁月里，一代宗师梅兰芳保持了高尚的民族气节。丰子恺这样评价梅兰芳：

> 设想日寇侵占上海之时，野心勃勃，气势汹汹，有鲸吞东亚大陆之概。我中国人民似乎永无翻身之日了。于是"士夫"之中，倒戈者有之，媚敌者有之，所欲无甚于生者，不知凡几。梅先生在当时一"优伶"耳，为"士夫"所不齿，独能毅然决然，蓄须抗战，此心可与日月争光！此人真乃爱国英雄。
>
> 茫茫青史，为了爱国而摔破饭碗，不顾生活者，有几人欤？假定当时有个未卜先知的仙人，预先通知梅先生：1945年8月10日日寇一定屈膝投降，于是梅先生蓄须抗战，忍受暂时困苦，以博爱国荣名……然而当时并无仙人通知，而中原寇焰冲天，回忆当日之域中，竟是倭家之天下，我黄帝子孙似乎永无重见天日之一日了。但梅先生不为所屈，竟把私人利害置之度外，将国家兴亡负之仔肩。试问：非有威武不能屈之大无畏精神，曷克臻此？②

迎"春消息"

梅兰芳蓄须明志、拒敌苦斗的爱国情操和民族气节受到国人的称赞，也在国际上引起巨大反响。苏联人民一直惦念着蓄须明志、与日伪斗争的

---

① 梅绍武：《我的父亲梅兰芳》，天津百花文艺出版社1984年版，第181～182页。
② 丰子恺：《威武不能屈》，《文汇报》1962年8月8日。

中国京剧大师梅兰芳。

有一天,一位苏联塔斯社的驻沪记者来到马斯南路梅家。当他见到梅兰芳后,十分欣喜并诚恳地说:"我找您没别的事。总社来电报说,有梅兰芳在沪遇害的传闻,十分关心您的安全,让我调查报告。我今天看到您本人,任务已经完成,不再打搅您了。"说完拿起帽子便起身告辞。梅兰芳感动地握住记者的手说:"请您转告总社,我现在还活着,衷心感谢贵国人民对我的关心!"

早在"九·一八"事变后,梅兰芳举家迁沪,就曾向著名画家汤定之学画。汤定之教梅兰芳画松树、梅花,他的松树画得挺拔苍劲,梅花画得栩栩如生。有一次,汤定之在家画大幅松树,梅兰芳在旁边帮着研磨,一边看老师作画。汤定之根据自己绘画的体会,认为:"画大幅要结构紧凑,不能有松弛之感,画小幅要有寻丈之势见大。"[①] 梅兰芳从中悟出绘画和戏曲表演相通的道理,舞台上的一招一式,大台上要紧凑洗练,小台上要舒展自如,才能获得完美的艺术效果。

梅兰芳的上海居室客厅中间悬挂着金冬心隶书"梅华诗屋"斋额。梅兰芳的绘画老师姚茫父曾临摹金冬心的画,因此梅兰芳自称上海金冬心的再传弟子,他非常喜欢书房里挂着的金冬心的两幅画,即《扫饭僧》和《墨竹》。

画了一段松、梅,梅兰芳又开始练工笔仕女画。他青年时代就曾练过仕女画,那时候初学,画成一张仕女要好长时间。友人吴湖帆送他一套宋人"捣练图"的照片,梅兰芳又搜购了改七芗、费晓楼的墨迹和珂罗版画册。大概是从自己舞台表演、化妆的经验出发,梅兰芳不喜欢宋元两代画家笔下的胖仕女,着色方面也只限于额、鼻、下颏"三白"的画法。他只学古人勾勒人物线条、衣纹的清晰笔力,头饰及脸部的画法、颜色多参考清代

[①] 许姬传、许源来:《忆艺术大师梅兰芳》,中国戏剧出版社1986年版,第222页。

改七芗、费晓楼的作品。梅兰芳笔下的仕女，体态匀称，脸色柔和，美丽动人。1936年初夏，好友冯幼伟的夫人施碧颀40岁生日，梅兰芳特意画了一张仕女为她祝寿，受到朋友们的好评，这幅画是梅兰芳中年的代表作。

谢绝剧院的邀请，拒绝为日伪演出，梅家1942年团聚后的生活渐入困境。北平的房子已经卖掉，玉器古玩也越当越少，梅兰芳又不愿意经常去银行透支。朋友们劝他卖画为生，梅兰芳想想也只能如此。他说："我的画是玩票性质，现在要下海，就非下苦功不可。"① 他主要在仕女、花卉方面练习，并借了朋友们收藏的清代名家陈老莲、新罗山人、恽南田、方兰坻等人的真迹，细心临摹。

据梅葆玥回忆，梅兰芳作画时间多在晚上。那时沦陷区常常有空袭警报，电灯必须罩上黑布，日伪当局"不准使用大支光灯泡，更不许漏光，再加时常停电，停电时只能用一盏汽灯照明。父亲就是在这种极端困难的条件下作画的，而且往往要画到深夜才得休息"。② 有时，朋友们也来观看梅兰芳作画。有一次，许姬传看梅兰芳作画，看着看着困了，就睡在书房的沙发上，待许姬传一觉醒来，天将大亮，梅兰芳仍坐在桌前全神贯注地作画，脸上毫无倦容。见许先生醒来，梅兰芳笑吟吟地说："我当年演戏找到窍门后，戏瘾更大，现在学画有了些门径，就有小儿得饼之乐。"③ 有一次，梅兰芳作画出了神，不小心手指碰到汽油灯，烫起一个泡。当时他有点懊恼，因为手疼一个星期不能作画了，过后他回忆说：

> 你们瞧，这就是我当年画画的成绩，你们还记得吗？那时已经接近胜利，日本鬼子怕轰炸，实行灯火管制，晚上还常常停电。为了赶活儿，我买了一盏汽油灯。有一天正在打气，一不小心，火冒出来把

---

① 许姬传、许源来：《忆艺术大师梅兰芳》，中国戏剧出版社1986年版，第222页。
② 梅葆玥：《追念教诲倍思亲》，《梅兰芳艺术评论集》，中国戏剧出版社1990年版，第605页。
③ 许姬传、许源来：《忆艺术大师梅兰芳》，中国戏剧出版社1986年版，第223页。

手烧着了，至今还留着疤，幸亏伤痕不大，要是烧得厉害，那就上不了台了。①

到1944年初夏，梅兰芳已画了一百多幅画，一天，汤定之、吴湖帆、李拔可等先生来到"梅华诗屋"，梅兰芳拿出他的画向画师们请教，他们认为梅兰芳的画大有长进，可以办个展览会。汤定之说："开展览会总得有二百件画才像样，而展品又必须挑选比较精致的，你还要加工多画。"汤定之和吴湖帆建议梅兰芳可与叶玉虎合画梅竹，陈陶遗建议画中精品可请知名画家在画心上题词，以壮声势。诸位画师、友人的鼓励，使梅兰芳增加了信心，他继续作画八九个月，前后完成二百多幅作品。

1944年冬天的一个晚上，梅兰芳收听无线电短波。一会儿他来到客厅，兴高采烈地对友人说："刚才无线电里报告好消息，日本又吃了一个败仗。"他拿出酒来和朋友共贺中国军队的胜绩，然后十分兴奋地提着汽灯上楼，挥毫画就一幅梅花，并在旁边题上"春消息"三字。这幅画恰与他的另一幅作品，斗方《古松图》一样，展示了梅兰芳坚强、乐观的思想境界。在《古松图》旁边，梅兰芳题写了前人诗句"岂不罹霜雪，松柏有本性"。

姚茫父的《达摩面壁图》是梅兰芳非常喜爱的一幅画，他前后临摹过七八张。在经历了政治上敌伪压迫、经济上生活拮据的困难后，梅兰芳于1945年春天再临摹一张，以洁身自好、坚贞拒敌、期盼胜利的信念，题写了语意双关的四句话："穴居面壁，不畏魍魉。壁破飞去，一苇横江。"

1945年春天，经友人联系，在上海成都路中国银行的一所洋房里举行了梅兰芳、叶玉虎画展。展品共一百七十多件，主要是梅兰芳的作品，

---

① 许姬传、许源来：《忆艺术大师梅兰芳》，中国戏剧出版社1986年版，第224页。

包括仕女、佛像、花卉、翎毛、松树、梅花等,有一部分是梅兰芳和叶玉虎合作的梅竹,还有他与吴湖帆、叶玉虎合作的《岁寒三友图》。

这些展品受到参观者的好评,有的当场即被复定多张,如梅兰芳摹改七岁的《双红豆图》被参观者复定五张,该画上面有吴湖帆的题词:"玉壶双红豆图为蒋生沐所作,梅兄可谓摄神之作。"还有一幅《纨扇仕女图》,吴湖帆题词:"……近作已人六如、老莲门庭骚驳度玉壶前矣,惊叹观止。"有人觉得该作品中人物顾盼神态气质,近似作者的舞台形象,便问梅兰芳是否把自己当作蓝本?梅兰芳轻轻一笑说:"有些画家不知不觉把自己的某种神情画了出来,但并非有意为之。譬如1918年,徐悲鸿先生替我画的《天女散花》是拿我的照片做蓝本的,部位准确,面貌逼真,但一双眼睛,就像他自己。"①

展品大半售出,还有部分未展出的作品、画稿,是抗日战争期间梅兰芳练笔寓意之作,当时并未示人。梅兰芳逝世后,在"梅兰芳艺术生活展览"中陈列他的遗作(包括其他时期),其中有一幅设色牵牛花上的题词,也反映了梅兰芳对抗战胜利充满信心的乐观态度,题词是:"曩在旧京,庭中多植盆景牵牛,绚烂可观,他日漫卷诗书归去,重睹此花,快何如之。"②

---

① 许姬传、刘松岩、董元申:《梅兰芳》,湖南文艺出版社1987年版,第94页。
② 许姬传、刘松岩、董元申:《梅兰芳》,湖南文艺出版社1987年版,第80页。

六　德艺双馨

重登舞台

莫道浮云终蔽日，严冬过后绽春雷。

抗日战争胜利了！

1945年8月15日，日本天皇以广播《停战诏书》的形式，宣布无条件投降。中国人民艰苦卓绝的抗日战争终于胜利了，这是一百年来中华民族抵抗外国帝国主义所取得的第一次彻底的胜利。

梅兰芳听到抗战胜利的消息，激动得流下喜悦的眼泪，总算盼到这一天了。他的朋友聚在梅家，大家正兴高采烈地议论着，忽见梅兰芳从楼上轻步走下来，手里的一把折扇遮住了脸的下部，吴震修刚说："畹华，这回你该找理发师把胡子剃了吧！"梅兰芳猛地把扇子往下一撤，大家才发现梅兰芳的胡子已经刮得干干净净。他笑容满面地说："今天听到日本投降的消息，我首先剃干净胡子，从头到脚换上了八年来没有穿过的新衣新鞋，我今天比小孩子过新年还要高兴。"[①]

---

① 许姬传、刘松岩、董元申：《梅兰芳》，湖南文艺出版社1987年版，第82页。

为了重登舞台，梅兰芳抓紧练功。他每天早上起来到院子里练身段、台步、手的各种姿势，下午吊嗓子，晚上看剧本，还查看了行头衣箱。一天，俞振飞来访，问到他吊嗓子的情况，梅兰芳有些着急地说："嗓子又干又低，又没底气。"俞振飞劝他别着急，拿出笛子让他再试唱昆曲。梅兰芳唱了两段，仍觉不满意。俞振飞安慰他说："唱昆曲还行，我们先唱一个时期，等唱开了，再唱[二黄]。"梅兰芳攥紧了拳头，充满信心地说："对，我有幼功和三十多年的舞台经验，只要下几年工夫，是能够把丢掉的东西找回来的。"① 应《文汇报》稿约，梅兰芳撰写了一篇《登台杂感》的文章，倾述他将要登台表演的欣喜之情：

沉默了八年之后，如今又要登台了。诸君也许想象得到，对于一个演戏的人，尤其像我这样年龄的人，八年的空白在生命史上是一宗怎样大的损失，这损失是永远无法补偿的。在过去这一段漫长的岁月中，我心如止水，留上胡子，咬紧牙关，平静而沉闷地生活着。一想到这个问题，我觉得浑身充满着活力，我相信我永远不会老，正如我们长春不老的祖国一样。前两天承几位外籍记者先生光临，在谈话中问起我还想唱几年戏，我不禁脱口而出道："很多年，我还希望能演许多年呢。"

……胜利后当我试着向空气中送出第一句唱词的时候，那心情的愉快真是无可形容。我还能够唱，四十年的朝夕琢磨还没有完全忘记。可是也许生疏了，能满足观众的期望吗？这一切大概不成问题。因为我这一次的登台，有一个更大的意义，这就是为了抗战的胜利。

……

我必须感谢一切关心我的全国人士。这几年来你们对我的鼓励太

---

① 许姬传、刘松岩、董元申：《梅兰芳》，湖南文艺出版社1987年版，第82页。

大了,你们提高了我的自尊心,加强了我对民族的忠诚。请原谅我的率直,我对于政治问题向来没有什么心得。出于爱国心,我想每一个人都是有的吧?我自然不能例外。假如我在戏剧艺术上还有多少成就,那么这成就应该属于国家的。平时我有权力靠这点技艺来维持生活,来发展我的事业,可是在战时,在跟我们祖国站在敌对地位的场合下,我没有权力随便丧失民族的尊严,这是我的一个简单的信念,也可以说是一个国民最低限度应有的信念。社会人士对我的奖饰,实在超过了我所能承受的限度。《自由西报》的记者先生说我"一直实行着个人的抗战",使我感激而且惭愧。

1945年10月,梅兰芳在兰心剧场参加抗战胜利的庆祝会,和程少余演出《刺虎》。那天,马斯南路梅宅来了许多中外记者,客厅里架着水银灯,记者们拍照、采访,梅兰芳显得十分兴奋,同时心里多少有点紧张,毕竟他八年没登台了。他化完妆,问身边的人:"你们看我扮出来像不像?敢情搁了多少年,手里简直没有谱了。"① 等到梅兰芳一出场,全场立刻发出由衷欢迎的长时间的掌声。人们不仅喜欢梅兰芳的艺术,更尊敬和热爱这位在民族危难的岁月里保持了高尚的爱国主义气节的艺术家。

梅兰芳演戏的消息传出,各行各界和广大群众都希望看到他的戏,梅兰芳也迫切希望尽快和观众见面。但因抗战刚刚胜利,梅兰芳剧团多数演职员尚在北平,交通一时尚未恢复,怎么办呢?正巧姜妙香、俞振飞和"传"字辈的几位昆曲演员和场面都在上海。梅兰芳便按照俞振飞的建议,请人代租美琪电影院上演《刺虎》《断桥》《思凡》《游园惊梦》和《奇双会》五个剧目。昆曲在当时已较衰落,梅兰芳和朋友们演出前有点担心上座情况。谁知戏票开售后,三天的票,很快就售光了。有的人向售票员请求:

---

① 许姬传、许源来:《忆艺术大师梅兰芳》,中国戏剧出版社1986年版,第161页。

"我们是特地从外地赶来看梅兰芳的,无论如何请卖一张票给我。"①翌年4月,梅兰芳在上海南京大戏院和刚步入中年的老生演员王琴生合作,演出了《宝莲灯》《汾河湾》《打渔杀家》《御碑亭》《法门寺》《四郎探母》《武家坡》《大登殿》等戏。

虽然梅兰芳比王琴生大二十岁,却很尊重王琴生;王琴生演出前特意向徐兰沅请教,徐告知当年与谭鑫培、王凤卿合作演出《汾阿湾》和《宝莲灯》的方法和艺术处理。王琴生感到与梅兰芳合作受益很多,很容易激起创作热情和对表演艺术的责任感。王琴生认为:"梅兰芳同志在台上的部位,唱、念、做、打,甚至一呼一吸的尺寸,都是十分精确的,他在表演中目不空发、手不虚指、一招一式都是经过精心设计的,都能给人以美的享受。"②

梅兰芳、王琴生在上海西藏路皇后大戏院合作演出时,还遇到一次风险。有流氓因为没有买到票,企图制造混乱,从舞台下场门二楼扔下一个小瓜型的炸弹,幸而没有爆炸,剧场当时有点乱,正在台上演《汾河湾》的梅兰芳却没有慌,待险情排除后,他镇静地继续演唱下去,获得观众的赞扬。

艺传弟子

从1919年经罗瘿公介绍,梅兰芳收第一弟子程艳秋(即程砚秋),到1961年他收关门弟子毕谷云,先后共培养、教授学生一百零九人。

而在抗日战争后期至新中国成立前,梅兰芳教授了很多弟子,其中像"四小名旦"(即李世芳、毛世来、张君秋、宋德珠)、言慧珠、李玉茹、

---

① 许姬传、刘松岩、董元申:《梅兰芳》,湖南文艺出版社1987年版,第82页。
② 王琴生:《良师益友——与梅兰芳同志同台演出回忆》,《梅兰芳艺术评论集》,中国戏剧出版社1990年版,第502页。

杜近芳、杨荣环、丁至云、陈正薇等，都是他最为满意且在京剧界造诣较高的弟子。

梅兰芳最喜欢的徒弟是李世芳。

李世芳的父亲李子健是晋剧名演员，受家庭熏陶，李世芳幼年时喜爱戏曲表演，入学于富连成科班，工青衣、花旦。他嗓音甜润，扮相俊美，犹喜爱梅兰芳的表演风格，故在表演中一招一式均以梅兰芳为楷模，颇有梅之风范，时有"小梅兰芳"之称，为富连成"世"字班高才生，主演《霸王别姬》《碧游宫》《盘丝洞》等戏。

1936年春，梅兰芳由沪来平，特别到虎坊桥富连成科班拜访，问主事叶龙章："听说师弟有个徒儿李世芳，人称呼他是'小梅兰芳'，我今天特约齐如山、姚玉芙、徐兰沅各位老先生一同前来，想要见见他。"叶龙章就叫来李世芳见过几位先生。梅兰芳连看了两场李世芳演唱的《霸王别姬》和《贵妃醉酒》，再到富连成科班向叶龙章致谢，并说李世芳的表演风格确实同自己有相似之处。几天后，梅兰芳托齐如山、姚玉芙、李春林再到科班，向叶龙章提出想收李世芳做徒弟。叶龙章为造就更多的人才，挑选出毛世来、李元芳、刘元彤、张世孝、冀韵兰和李世芳一道拜梅兰芳为师。拜师仪式在绒线胡同的国剧学会举行，程砚秋、尚小云、荀慧生、杨小楼、王瑶卿、萧长华、郭春山、余叔岩、谭小培、徐兰沅、姜妙香等数百人到会。

李世芳得到梅兰芳的言传身教，进步很快，于同年秋当选为北平的"童伶主席"。不久，又名列"四小名旦"之首。

抗战八年，师徒相隔甚远；抗战胜利后，师徒又聚在一起，研究京剧表演艺术。梅兰芳常常事先不告诉李世芳，而到剧场观摩他的演出，然后在家里指出他哪场戏有毛病，李世芳听后非常感动，心想老师这样关心自己，自己更应勤奋练功，才能在舞台上少出差错。有一次，梅兰芳认真地对李世芳说："你可曾每场都来看老师的戏？你应该多看我的演出，因为这就等于在给你上课。我每次演出可以给你留上一张票。"①梅兰芳还常教李世芳怎样待人接物，如何珍惜时光，洁身自好，使李世芳深受教益。

当时上海经济萧条，物价上涨，人民生活较为困苦。李世芳在上海的演出上座较差，他很着急。梅兰芳便鼓励他："你不要因此而气馁，这种情况是任何人都会碰到的，不足为奇，你也不用灰心，要振作精神，继续练功、吊嗓、唱好戏。"②

为了向上海观众介绍李世芳的艺术，梅兰芳多次和李世芳同台演出《金山寺》，由李世芳扮青蛇。李世芳也虚心地向梅兰芳请教，表演水平有了明显的提高。

1947年1月5日，李世芳乘飞机回北平，途经青岛遇大雾，飞机撞山，李世芳罹难。

噩耗传来，当晚正在中国大戏院后台化妆的梅兰芳几乎晕过去。尽管身边有人安慰说："这消息不一定可靠。"梅兰芳还是精神恍惚，他强压住内心的悲痛，勉强打起精神，把戏演完。回家在自己房中，梅兰芳看着李世芳的照片：26岁，多么年轻、多么有才华有发展的青衣演员啊！真不敢相信，短短几天已是隔世之人。第二天一早，梅兰芳就拨通了飞机场的电话，当对方证实飞机失事、李世芳遇难确有其事时，梅兰芳再也无法抑制内心的悲痛，大哭了几次，以后很长时间不愿意排演《金山寺》。

伤痛之余，梅兰芳决定在中国大戏院演出6场义务戏，以悼念李世芳的不幸逝世，并用演出所得6 000元，接济李世芳家属。演出的剧目有程砚秋、俞振飞合演的《弓砚缘》，梅兰芳的学生言慧珠、李玉茹、顾正秋、李蔷华、曹慧麟、海碧霞、秦慧芬和女儿梅葆玥演出的《八五花洞》，梅兰芳在纪念会上讲了话。

毛世来、宋德珠在拜梅兰芳为师前，分别工花旦、武旦，得到梅兰芳

---

① 梅葆琛：《怀念父亲梅兰芳》，中国社会出版社1994年版，第31页。
② 梅葆琛：《怀念父亲梅兰芳》，中国社会出版社1994年版，第32页。

的传授后，两人均从梅派艺术汲取了丰富的营养。毛世来的《玉堂春》《虹霓关》、宋德珠的《霸王别姬》《刺蚌》，皆为梅兰芳真传。梅兰芳在传艺时，常对他们说："你们学我演的戏，可以。但不要学我，要根据你们的特长，演你喜欢的剧目和人物。"两人遵从梅师教导，并未死学梅派表演艺术，而是把梅派艺术的特点融入自己花旦、武旦的表演艺术中，成为优秀的具有自己表演风格的流派演员。

1937年，17岁的张君秋和马连良在上海演出全部《红鬃烈马》，梅兰芳看了这场演出。张君秋见是梅大师来看戏，心里一紧张，把唱词唱重复了。散戏后，张君秋心里很难过，梅兰芳热情地安慰他说："别难为情，当初我年轻演戏时，听说老前辈来看戏，心里发慌，也唱错过。心里紧张，难免出错，不算什么，别往心里去。"梅兰芳见这位面目清秀的男孩子表演艺术的可塑性很强，便收张君秋为徒，并传授了《宇宙锋》《霸王别姬》《奇双会》《生死恨》等梅派剧目。梅兰芳有时教戏，累得满头大汗，也不肯休息，他指着在旁边年幼的梅葆玖对张君秋说："你看我今天教你，将来他长大了，还盼望你教他呢！"

多年后，张君秋在总结、学习梅兰芳的革新精神时，指出两个重要前提："一个是他的传统表演艺术的积累，一个就是他在艺术创造中勤于思考。"[①]也正基于这两点，张君秋同样在学习梅派艺术的基础上，发挥自己的特长，也发展和丰富了梅派艺术，成为新中国成立后京剧旦行的佼佼者之一。

1947年，杜近芳第一次随李少春、袁世海赴上海演出。她与姜妙香合演《玉堂春》，和袁世海合演《霸王别姬》，演出受到上海观众的好评，但她心里期望着拜梅兰芳为师。

这个愿望终于实现了。在梅兰芳家里，杜近芳恭敬地递给梅兰芳一张

[①] 张君秋：《梅兰芳先生的革新精神》，《梅兰芳艺术评论集》，中国戏剧出版社1990年版，第442页。

她演虞姬的戏装照,梅兰芳看着照片,对夫人福芝芳说:"这是我哪年照的?项链上的几颗珠子怎么没弄好?"①杜近芳忙说这是她的戏照,此次赴沪有这个剧目,希望得到梅老师指教。梅兰芳当即答应杜近芳的要求,知道她是个穷学生,便出钱举办了拜师仪式。

杜近芳初演《霸王别姬》时,觉得虞姬姿势优美,这出戏又是梅兰芳的代表剧目,所以在演唱、身段上力求准确地模仿梅兰芳,但又觉得把握不准,表演上缺乏深度。梅兰芳看了杜近芳的演出后,并没有简单地讲解唱做,而是从人物和剧本出发,细心地为杜近芳分析《霸王别姬》的历史背景、虞姬的性格特点及与项羽的关系。虞姬不仅是项羽的爱妃,也是他的臣子、军事参谋。梅兰芳结合虞姬的思想感情,再指出杜近芳表演中的出场、念白等不足之处。梅兰芳说:"你的表演必须建立在对人物深刻的理解上,你所表演的程式动作不仅是技巧,而且包含着丰富的内容。这段戏的表演有一定的难度,要好好地学。很难设想,一个演员如果没有发自内心的真实的感情,没有为表现这种感情的恰当的表演,又怎能感动台下的观众。"②梅兰芳的教诲使杜近芳茅塞顿开,自此她每演一出戏,都先从人物出发,用人物统率表演,成为新中国成立后优秀的梅派传人之一。

1948年年初,14岁的陈正薇拜梅兰芳为师。拜师仪式上,梅兰芳拉着陈正薇的手充满感情地说:"我童年就失去双亲,饱尝人间辛酸,对没有老家(指父母)的孩子,是有痛切了解的。想当初,你父亲陈大悲和我交往甚厚,可惜他过早地去世了。孩子,好好学吧,把你父亲的事业继承下来。"③梅兰芳的 席话,使在座的人深受感动。原来梅兰芳怀念故友,

---

① 杜近芳:《梅兰芳先生教我演虞姬》,《梅兰芳艺术评论集》,中国戏剧出版社1990年版,第469页。
② 杜近芳:《梅兰芳先生教我演虞姬》,《梅兰芳艺术评论集》,中国戏剧出版社1990年版,第471页。
③ 陈正薇:《慈父·严师:忆从梅兰芳大师学艺》,《梅兰芳艺术评论集》,中国戏剧出版社1990年版,第489页。

怜悯孤儿，破格收陈正薇为徒弟。

梅兰芳对陈正薇格外耐心，言传身教，不厌其烦，经常因为她一个行腔、一个动作唱做不到家而示范多次，有时还用通俗的比喻启发陈正薇。有一次梅兰芳在室内修表，听屋外陈正薇练唱中尺寸不准确，便把她叫到跟前，指着表内的零件说："这表里的零件铸造都非常精密，不容稍有差错，否则就会影响走时的准确。吊嗓练唱也一样，要一丝不苟，不能有半点马虎；唱时板头快要准，慢要稳，懂吧？"为了提高陈正薇的念白质量，有一段时间，梅兰芳让正薇读报给他听，并告诉正薇怎样分段落，如何运用语气和校正字音。学《天女散花》时，梅兰芳指点陈正薇："天女应掌握的神气是'庄严妙相'，绸舞一定要符合剧情——在行云路中'云端观景'，切忌火爆与轻飘，否则有失天女的身份。"[1]

1948年春，杨荣环到上海拜梅兰芳为师。梅兰芳知道杨荣环家境贫寒，不但拜师不要杨花费，而且担负了他在上海学艺期间的生活费用，还多次资助杨荣环北平家里的生活费用。

杨荣环住在梅家，一边学戏，一边看老师演出。他向梅兰芳学了《王宝钏》《汾河湾》《宇宙锋》《醉酒》《别姬》等戏，梅兰芳说戏非常细致，往往从剧情说到人物，对人物的身份、环境、性格、思想情感和品质都做出具体分析和评论，有时还讲艺术的继承和创新的理论。

有一次，杨荣环看梅兰芳演出《洛神》，琴师拉错了一句。散场后，琴师非常懊悔，觉得对不起梅先生，影响了演出。梅兰芳没有埋怨琴师，反而微笑着安慰琴师："今天是我唱错了，下次咱们多注意就行了。"[2]

梅兰芳演过夜场戏休息很晚。杨荣环和梅葆玖的老师王幼卿住在二楼

---

[1] 陈正薇：《慈父·严师：忆从梅兰芳大师学艺》，《梅兰芳艺术评论集》，中国戏剧出版社1990年版，第490页。

[2] 杨荣环：《艺术美来自心灵美：纪念梅兰芳先生逝世二十周年》，《梅兰芳艺术评论集》，中国戏剧出版社1990年版，第453页。

小客厅，有时尚未睡熟，发现梅老师轻手轻脚地走过来，轻轻地掩好窗纱和蚊帐，又拿起喷壶，"哧哧"地打"滴滴涕"除蚊。杨荣环感到就像在自己家里一样温暖，怕惊动老师，就一动不动，任感激的泪水淌在枕巾上。①

曾在北平获得票友比赛大会旦角第一名的丁至云，也是1948年在上海拜梅兰芳为老师的。梅兰芳见了丁至云，让她先唱两句，丁至云紧张得张不开嘴，梅兰芳看了看客厅里间的客人，站起身笑着说："你别紧张，我把门给你拉上，屋里只有我一个人听，让王少卿先生给你拉琴。"②梅兰芳轻轻关上门，打开录音机，让丁至云唱《凤还巢》里的原板。丁至云唱了"本应当随母亲离京避难"四句。梅兰芳听了，称赞她嗓音宽亮，然后指出她在发音和口型上的毛病。演员在台上唱戏，口型很重要，多么吃劲的地方，也不能忘记保持口型的美，演唱上要刚中有柔，柔中有美。

一周以后，丁至云正式拜梅兰芳为师。从此将近一年多的时间，丁至云几乎每天到梅兰芳家学戏。学过一段时间后她在兰心戏院演出，梅兰芳每次都去看戏。有一次被观众发现了，围了很多人请求签名留念，事后梅兰芳不安地对家人说："这样不好，我影响她唱戏了。"③

第二天再逢丁至云演出，梅兰芳等到开场后观众专心看戏时，才悄悄走进戏院，坐在靠边的座位上看。丁至云听说后心里很不平静，她感受到梅先生的关心和体贴。

结合丁至云的舞台演唱，梅兰芳给她着重讲授了《凤还巢》《玉堂春》《霸王别姬》《贵妃醉酒》《西施》等戏。每天从下午开始，先说、唱、念，然后到后院草地上练功。无论跑圆场，还是各种身段、脚步，梅兰芳都一招一式地做示范。丁至云学《生死恨》中韩玉娘从尼姑庵逃出一段，摔得

---

① 杨荣环：《艺术美来自心灵美：纪念梅兰芳先生逝世二十周年》，《梅兰芳艺术评论集》，中国戏剧出版社1990年版，第453页。
② 丁至云：《长者·良师·楷模——深切怀念梅兰芳老师》（焕文整理），《剧坛》1984年第5期。
③ 同上。

"屁股座子"总不"到家",梅兰芳就一连三次示范。第三次做完,丁至云于心不忍,把梅先生搀起来说:"您别摔了,让我自己练吧!"梅兰芳气喘吁吁地说:"我累点儿不要紧。过两天,你就演这个戏了,我一定把这个地方给你说瓷实了。"①

即便是旦角化妆中的贴片子,梅兰芳要求也很严格。梅兰芳告诉丁至云:这是出脸形的关键,一定要讲究。脑门中间的片子更重要,贴高了,显得脸长;贴低了,脸就会显短。还有两边的片子,也关系到脸形的胖瘦长短。

梅兰芳一贯把理解戏情、掌握人物性格作为演戏的先决条件,并告诉丁至云:上场前帘内的五步之外,就要进入到人物中去,这样出来亮相才像剧中人;如果临出场才身上带戏,就不像那么回事了。戏中的技巧,也不能离开人物。像《凤还巢》戏中,程雪娥挣脱程雪艳拉她的手,用右手掸左臂,往后撤步躲雪艳,右手翻上来,左手向外翻,再向里翻个水袖花,最后掏出垂下来。这个水袖花要掌握住幅度和快慢,既不能拖泥带水,又不能一味求快,以花哨追求噱头。②还有《宇宙锋》的水袖,也有劲头、节奏符合人物气质、情感的问题。梅兰芳让丁至云反复练习这两处的水袖,直到师徒都满意为止。

据梅葆琛回忆,梅兰芳曾对他说:

> 我既然收了这么多的徒弟,决不能只图个虚名,而要真正把我艺术上的点滴经验传授给他们,哪怕在一个身段、一句唱腔上,也决不能马虎从事;我要把对人物的神态、身段的要领、唱腔的运气和我塑造的舞台人物的经验等,用来帮助和启示学生,使他们正确地运用和创造戏曲表演程式,并使他们所掌握的艺术在各方面都能发挥自如,

---

① 丁至云:《长者·良师·楷模——深切怀念梅兰芳老师》(焕文整理),《剧坛》1984年第5期。
② 同上。

真正做到"青出于蓝而胜于蓝",这是我最大的愿望。①

梅兰芳教授徒弟时并不是故步自封,完全要弟子按照自己的表演方法。他经常到剧场观摩弟子的演出,然后经过仔细地思考琢磨,一方面指出他们的不足之处,一方面肯定他们的改造或创造。1946年李世芳在上海首场演出《霸王别姬》时,梅葆琛陪梅兰芳去看戏,李世芳在演虞姬舞剑时有一个身段很优美,梅兰芳十分欣赏地给梅葆琛讲解。第二天,梅兰芳叫李世芳到家中把舞剑的身段再演一遍,并对李世芳说:"姿态很美,你就不要改了,就这样演吧!"此后,梅兰芳在演出《霸王别姬》的舞剑时,也用了李世芳这个优美动作。梅兰芳不仅重视把表演艺术传授给弟子,同时更重视提醒和指点他们的行为礼仪,期望把弟子们培养成德才兼备的演员。

有两件事情给梅葆琛留下了深刻的印象:

梅兰芳有一位在中国戏曲学校读书的女弟子,经常在星期日到梅家向梅兰芳汇报学习情况,并把在戏校所学的戏走一遍,请梅兰芳指点。有一天,她进院后,看见许姬传先生仰靠在藤躺椅上休息,便向许先生问好,然后也仰靠在旁边的另一张躺椅上,一边与许先生聊天,一边等候梅兰芳。一会儿,梅兰芳走出北屋,看到弟子的坐姿,马上指出:"年轻人不要这样坐,这对演员的身体发育有影响。如损伤腰部,又怎样能练好功呢?我平时就注意这些细节,做到'坐如钟、站如松、卧如弓',所以我是从来不坐靠躺椅的。"②

还有一次,梅兰芳正在院子里陪同客人说话,梅葆琛陪父亲的一位徒弟从北屋出来。徒弟对梅兰芳说:"先生,我走了。"说完就向外院走去。梅兰芳马上招手让梅葆琛叫她回来,只听父亲对她说:"你还没有给这位

---

① 梅葆琛:《怀念父亲梅兰芳》,中国社会出版社1994年版,第74页。
② 梅葆琛:《怀念父亲梅兰芳》,中国社会出版社1994年版,第75~76页。

长者打招呼呢！年轻人要有礼貌。"女徒弟脸色微红，有点不好意思，但立刻恭恭敬敬地对客人说："先生，再见！"她边走边对梅葆琛说："先生真是想得周到，这是我失礼之处，先生的提醒，我要永远记住。"①

养身之道

1922年，28岁的梅兰芳首次赴香港演出，香港各报对他的表演艺术给予高度评价，其中《大光报》这样评论他的嗓音：

> 以声论，则婉转滑烈，近于流莺，吐音之际，一字百折，存如柔丝一缕，摇漾晴空，且忽然扬之使高，则其高可上九天，忽然抑之使低，则其低可达重泉，上如抗，下如堕，可谓极其能事。及曲终之际，则余韵悠然，古所谓余音绕梁三日者，斯为得之。

抗战胜利，梅兰芳在上海重登舞台，他刚一出场亮相，全场立刻掌声如雷。演出结束后，他笑容满面地向蜂拥到台口的热情观众点头答谢，退场时，观众们议论道："梅先生可真不容易，五十多岁的人了，八年没有演出，今天再次登台，功夫不减当年，可真是了不起！"

1959年，66岁的梅兰芳演出了为庆祝国庆十周年的献礼节目《穆桂英挂帅》，著名京剧艺术家于连泉（筱翠花）观戏后，撰文《老当益壮》，于同年10月12日在上海《文汇报》刊出，称赞道：

> 梅兰芳的艺术已到炉火纯青的地步，六十多岁的人了，还是嗓子是嗓子，扮相是扮相，腰腿灵活，身上，脸上，一招一式，坦坦然然。

---

① 梅葆琛：《怀念父亲梅兰芳》，中国社会出版社1994年版，第76页。

水袖清清楚楚，跑起圆场来，脚底下轻、稳、快，叫人看了舒服松心，确实难能可贵的。①

梅兰芳从十几岁到六十几岁，五十年如一日，永葆艺术青春，固然离不开他青少年时在冰地上踩跷、跑圆场、向武功教师学习刀枪把子、业余通过养鸽练眼神、练臂力（舞动两丈长的竹竿）、绘画、练字；也离不开抗战期间他蓄须明志，罢演八年，亦在家"复习"，曲不离口、拳不离手，还常打羽毛球，保持身体矫健，但更重要的是他终生恪守的"养身是对观众负责"的艺德，而观众就是他的"上帝"。按吴性裁的说法，一般的演员演戏都盯着戏馆，一旦戏馆赚了钱，他们总觉得自己吃了大亏，如果他们先前"那个戏码上了座，便不肯多唱，好似给了好戏码，就剜了他的肉一般"。而梅兰芳"唱营业戏和别人正相反，唯恐馆子不赚钱——他和馆方也有争执，可是争执的不是包银多少，而是要争取票价卖得低，使经济力量不足的人，都可以看到他的戏"。②

正是遵循"养身是对观众负责"的宗旨，梅兰芳非常注意保养自己的嗓子，锻炼身体，生活规律。梅兰芳从不喝酒，烟抽得也不多，但他觉得抽烟对身体、拉嗓子总是不好，曾在晚年劝告青年演员不要向他看齐。

饮食方面，梅兰芳认为："谷类、肉类、蔬果类都是需要的，但过于油腻及有刺激性的东西，要适当节制——含有维生素C的果品如橘子——对于嗓子很有益处。"他常告诫弟子演出期间禁忌冷饮，"唱热的嗓子不能马上吃生冷，那一下子就会哑的"，就像凉杯子倒进热开水一样，杯子会爆裂，嗓子会变哑。梅兰芳认为，"饱吹饿唱"是有科学道理的，演出前不宜吃得太饱，一来唱做表演会感到吃力，二来如遇开打的戏有迸发肠胃病的危险。他曾说："如果吃得过饱，万一在台上吐了，那简直是不堪设想。"

---

① 于连泉：《老当益壮》，《文汇报》1959年10月12日。
② 槛外人（吴性裁）：《京剧见闻录》，宝文堂书店1987年版，第38页。

梅绍武回忆道："父亲在家中吃饭或参加宴会，一向只夹近前的菜肴，从不欠身'过河'夹远处的菜，不管那边的菜是多么美味可口，这当然一方面是因为他讲究席面上的礼貌，另一方面也是因为他饮食有节，不挑剔饭菜的优劣，嘴不贪馋。"这个习惯一直延续了几十年，据梅葆玥的儿子范梅强回忆，外祖父逝世后，外祖母福芝芳在梅家吃饭时，一是按照旗人的习惯，福芝芳坐在饭桌一侧的中间，两边是梅葆琛、梅绍武、梅葆玥、梅葆玖和各家的孩子们均按长幼排序坐好；二是每个人吃饭时只夹近前的菜，不能"过河"。

为了保证演出，减少生病，梅兰芳特别注意在春夏或秋冬之交季节变化时室内的温度和衣服的增减，尤其在没有冷暖设备的剧场演出，更要小心预防中暑或感冒。他进入后台化妆室，不是马上就脱去衣服换装；演完戏后，用毛巾擦干身上的汗，室内温度低时，就干脆不擦，让汗自落；离开后台时要戴上口罩，脖子上围好围巾，护住发热的喉部和肺部不使受寒；盛夏酷暑时不在化妆室安装风扇吹风，以免引起感冒。

练嗓和锻炼身体方面，梅兰芳有三个基本功夫，即喊嗓、遛弯儿、吊嗓。

喊嗓是梅兰芳从少年学戏时的习惯而来的，只要没有演出任务，他仍然起早，漱洗毕，就"咿、啊"地喊几声闭口音和张嘴音。他要求弟子们清晨到树木茂盛、空气新鲜的地方也做喊嗓的练习，坚持"夏练三伏，冬练三九"，遇到大风天气，不要迎风喊嗓，而夏天可以乘早凉练习，长期坚持，为嗓音的演唱打下深厚基础。

遛弯儿的时候，要沉住气，缓步徐行。梅兰芳认为："内行称走路为'百炼之祖'，这意思是说：什么功夫都打走路开始的。而且不必选择时间、地点，想到就能办，对于丹田、气海的培养，都有很大的帮助。"

吊嗓子是梅兰芳更常见的习惯，他根据自己青年、壮年和老年的身体状况和嗓子条件来安排吊嗓。一般逢夜间有戏，他下午必定吊几段，试试嗓音，但不使过于吃力。他不赞成有的演员在登台前担心嗓子不亮而苦吊不已，认为应该养精蓄锐，把嗓音的最佳效果表现在舞台上，而使观众得到愉悦。梅绍武曾回忆："他有时在家吊嗓子，我站在一边倾听，声音真是响得震耳欲聋。他一生从没有在台上使用过麦克风，而歌喉却能达远，即使像上海天蟾舞台那样大的剧场，三层楼后排的观众也能听得十分清晰。这一方面是因为他有一副得天独厚的嗓子，另一方面恐怕也是因为他坚持锻炼的结果吧。"

梅兰芳还很关心弟子们的"倒仓"问题，认为这是戏曲演员的一个重要关头。演员在这个阶段仍须练习吊嗓子和演出，但不宜疲劳，避免声带受伤。老生演员在这个阶段更须注意，如果勉强向高音挣扎，还会变成左嗓。少年时期应重视嗓子的锻炼，既不能在"倒仓"时练得太狠，也不要贪图省力，养成一种惰性，等上了岁数，嗓子一低下来，就够不上调门，只能抱憾告别舞台。

为了保证平常练功和登台演出，演员的休息，特别是足够的睡眠也是很重要的。梅兰芳晚年回忆道：

> 如果一个演员没有足够的睡眠，到了台上就不可能唱到酣畅淋漓、神完气足的程度。可是睡得过多，或者睡到距离出台的时间太近，也会造成嗓音发闷的现象。这些都需要每个人根据自己的习惯来安排掌握（幼年、壮年、老年三个时期对于睡眠需要的程度也是不同的）。像我是六十多岁的人了，必须有足够的睡眠，午睡的营养，更为重要。[①]

梅绍武回忆：20世纪50年代中期，某省一位副省长中午来拜会梅兰芳，适逢梅兰芳午睡，秘书没有把他叫醒，副省长心中不悦，认为梅兰芳架子大。梅兰芳知道后甚觉不恭，再次遇到副省长时连忙表示歉意，并解

---

① 梅兰芳：《梅兰芳文集》，中国戏剧出版社1962年版，第140~141页。

释因当晚有演出,自己年纪大了,要演好晚上的戏,恐精力不支,就太对不起观众了,故需中午的适当休息,且演员演完夜戏后,精神大都比较亢奋,脑际萦回方才的表演,生活起居习惯不同于一般人,不易于躺下就入睡,希加谅解,这才解除了误会。

其实,梅兰芳在青年、中年时,即使当晚有演出,有时白天也参加一些文化交流和公益活动。如20世纪30年代初,梅兰芳在上海参加了一次文艺界欢迎国际知名歌唱家夏里亚平的茶会,席还未终,他起身道歉说要先走一步,夏里亚平大为惊讶地说:"怎么?今天你有演出,还来参加这个茶会。我的习惯是演出的前夕就不参加宴会,连说话都尽量减少,这样到了歌唱时,可以保证精神饱满,发音清亮。"外国艺术家对艺术的认真、执着给梅兰芳留下了深刻的印象。

梅兰芳还认为,演员的修养和保护嗓音也有关系。如遇到不如意的事,大动肝火,嗓子就会发干,气都浮在上面。演员必须养成一种全神贯注、心无二用的习惯,演出前要把一切烦恼的事都丢在脑后。梅兰芳的书桌上写着"制怒"两个字,提醒自己要经常保持乐观情绪。梅兰芳一生心胸豁达,性情温和,待人和蔼,他所取得的辉煌艺术成就和他较为完美的艺术修养有很大关系。

梅兰芳对保养嗓子和锻炼身体,有一个48字的概括小结,即:

精神畅快,心气平和。饮食有节,寒暖当心。
起居以时,劳逸均匀。练嗓保嗓,都贵有恒。
由低升高,量力而行。五音饱满,唱出剧情。

正是因为梅兰芳有这种"养身是对观众负责"的精神和较为完美的艺术修养,所以他的艺术生命较长,并且始终把高质量的戏曲表演精粹贡献给广大观众。正如梅兰芳晚年其友人吴性栽所评论的那样:

梅的天赋好，嗓子宽亮，有膛音，有韵味，身材扮相，都符合最理想的尺度，有了这些基本条件，再加以他视舞台为第二生命，孜孜以求，自强不息，所以他到今年六十八岁，嗓音不塌中，还有小嗓子，在舞台上仍是声容并茂，受人爱戴，盛名不衰，这在京剧乃至于整个舞台戏剧史中，可以说没有前例的。他对于京剧的爱好，已不是职业的了，这和天鹅顾影而舞的寓言相似，离开了舞台，他的生命将失去意义。具体地说，五十年前我知道他患着高血压症，那时，国内还没有专治高血压的特效药，他不止一次地告诉我，他发现，在演戏之后血压会降低的，最初在家中量了血压，到戏演毕，回家再量，证明血压降低；后来带了医生到后台去，在上演之前量好血压，一下台立刻再量，更准确地证实了。如说演戏对降低血压有特效，这说法是不科学的，如说他个人对演戏之爱好和期待，有如小孩子爱好和期待新年一样，演戏是他的享受，是他生活的解放，是他生命力的表现，能使他的神经松弛，因而降低了血压，这是可以解释的。他在舞台上追求一种艺术和人生的完美境界，孜孜不休，乐而忘倦。①

博采众长

一个演员，除了将自己的表演艺术贡献给观众，更重要的，是要具备好的戏德。梅兰芳正是艺术精湛、戏德高尚的典型代表。

萧长华曾说："戏班里有这样一句话：'脾气随着能耐长'。兰芳在京剧艺术上可以说是'能耐'最高的，按说他的脾气应该最大，可是他却一生虚心求进，严格律己。这是因为他认识到演戏是自己对社会的职责，因此，

---

① 槛外人（吴性栽）：《京剧见闻录》，宝文堂书店1987年版，第31页。

他永远忠于艺术，忠于工作，锐意求进，精益求精，才博得了广大群众的尊重和爱戴。"①

南京京剧名宿王琴生认为："梅先生有一个特点就是脱俗，他在我们京剧界几十年当中非常的脱俗，他没有我们旧戏班里那种习气。他给人的印象是个艺术家，不是个艺术匠，不是个唱戏匠。"

《戏剧报》曾刊载评论说：

> 梅兰芳重戏德的美名，是梨园行中和观众中有口皆碑的……无论在生活中，在演戏的时候，他从不要求别人来迁就自己，不为自己的方便而妨碍别人，处处为别人打算。他严以律己，乐于助人。一向是体贴别人，关心别人，尊重别人。他的合作者出了什么差错，他也从不加以斥责，而是鼓励人改正缺点，对于与他合作过的老艺人，他从不因为他们老病不能再演而一脚踢开；对于生活上有困难的同行，他总是尽一切力量来帮助……②

有关梅兰芳热心公益、帮助同行的事，本书第四部分已述及，而他谦虚谨慎、从善如流、关心他人的事迹太多了，仅举几例。

梅兰芳青年时演戏出现过忘了台词（1912年与王凤卿、王瑶卿等合演《儿女英雄传》）、掉枪（1918年与王凤卿、姜妙香等合演《银空山》带《大登殿》）、错过一板开唱（1919年与余叔岩合演《南天门》），此后在演唱较熟的戏，如《奇双会》，在一段"一言诉不尽……"的唱腔中，有两句"所生下……"与"奈家下……"的词，"下"字相同，腔调相仿，梅兰芳出过两次错。他在《舞台生活四十年》中总结说："演员在台上'唱'和'念'，本有'死口'与'活口'两种习惯。两者比较起来，活口固然

---

① 萧长华：《畹华的高尚品质》，《梅兰芳艺术评论集》，中国戏剧出版社1990年版，第424页。
② 《梅兰芳同志永垂不朽》，《戏剧报》1961年15~16合刊，第9页。

灵便了点，可是也容易犯疏忽大意的毛病。死口的演员，只要大家按着准词儿念，是不会出大错的。一个肯对观众负责任的演员除了台词要熟之外，而且每次演出前必定要有充分的精神准备。因为常年不断在台上表演的演员，随时都有各种不同的出错机会。"①

有时梅兰芳或同台演员偶尔出现了失误，他并不慌乱，通过即兴表演来掩饰过失，使台下观众未看出破绽。梅葆琛回忆父亲一次演出后回家说起的事情：

> 记得有一次在北京大众剧场演《贵妃醉酒》，萧长华先生演高力士，第三场贵妃醉酒之后，在八岔牌子中与高力士的帽子戏耍时，贵妃将高力士的帽子取下顶在自己的凤冠上，此时我一不留神将帽子甩落在地，这是一时的失手，但是我不慌不忙地做了个非常美的醉态身段，用手指着地上的帽子，叫高力士给拾起来，这样的处理，使观众看后认为我又在改这出戏了。演出结束回到后台，我即向萧先生道歉，可是萧老却说："梅先生您真有火候，当时我都急出一身汗。"②

在演出中，如果是同台演员或者场面和其他工作人员出了错，梅兰芳从不急躁，而是冷静沉着地去应付，演过戏还劝慰对方。

梅兰芳青年时，有一次上演《嫦娥奔月》，管道具的刘师傅因家里有病人，思想不集中，忘带了花镰花篮，事前没有检查，到嫦娥要出场时才想到忘在家中，后台顿时乱作一团，离上场只有几分钟了，梅兰芳沉着地说："刘师傅，你马上坐我的汽车回家去拿，大家不要着急，场上由我应付！"刘师傅取来花镰花篮已经过了20分钟，梅兰芳正唱到慢板第三句"翠袖霓裳已换罢"，工作人员遵照梅兰芳的嘱咐，把花镰花篮暗地里送到场

---

① 梅兰芳：《舞台生活四十年》合集，中国戏剧出版社1987年版，第307页。
② 梅葆琛：《怀念父亲梅兰芳》，中国社会出版社1994年版，第87页。

上桌的正中,梅兰芳接唱末句:"携篮独去采奇花",边唱边用手指着花篮,接着表演下去。这场演出没有按老演法嫦娥一出场便用花镰挑起花篮,观众也没有看出破绽。

据杨荣环回忆:有一次梅兰芳演《洛神》,琴师拉错了一句,影响了演出效果。散戏后,琴师十分不安,梅兰芳不仅没有埋怨,反而含笑安慰琴师:"今天是我交代不够清楚,下次咱们多注意合就行了。"①

梅兰芳剧团1952年在青岛演《龙凤呈祥》,小太监上场只说一句话:"太后有旨,请郡主前去拜堂。"扮小太监的青年演员孙鸣凯从未与梅兰芳这样的大艺术家同台演过戏,心情一紧张,脱口念出:"太后有旨,请娘娘前去拜堂。"他把尚未结婚的孙尚香错叫成了娘娘,台下顿时响起倒好。回到后台,孙鸣凯觉得很对不起梅兰芳,有些懊丧。梅兰芳安慰他说:"别难过,下次再演,小太监还是由你来扮,一定就不会念错了!"②

1947年,梅兰芳与他的入室弟子程砚秋在上海无意中唱了对台戏,梅兰芳在中国戏院,程砚秋在天蟾舞台。梅兰芳每天都要询问程砚秋上演的剧目,相同时就主动更改戏码,不与程砚秋的戏码重复,在票价上也定得尽量不超过程砚秋。

新中国成立前,梅兰芳与马连良、周信芳、姜妙香、盖叫天、袁世海在上海参加一次义演,剧目是《龙凤呈祥》。演出前一天晚上,盖叫天和梅兰芳对戏时说:"我演的赵云是梆子派的,戏路跟您的很不同。"按梅兰芳的声望,孙尚香、刘备和赵云三人跑圆场,"编辫子"那场戏应照梅兰芳的戏路演,但梅兰芳毫无异议,微笑着对盖叫天说:"行啊,就照您的路子走吧。"

说着,他便跟在盖叫天身后走了一趟,演出时两人配合很默契,赢得

---

① 杨荣环:《艺术美来自心灵美:纪念梅兰芳先生逝世二十周年》,《梅兰芳艺术评论集》,中国戏剧出版社1990年版,第453页。
② 梅绍武:《我的父亲梅兰芳》,天津百花文艺出版社1984年版,第237页。

了满堂彩。袁世海回忆道:"这件事给我印象极深,梅兰芳那种尊重别人的谦虚精神,至今我也忘不了。"①

解放初期,梅兰芳有一次和谭富英、陈永玲(梅的弟子)合演《御碑亭》,梅饰嫂孟月华,陈饰小姑王淑英。演出前两人在后台对戏,有一场,小姑把嫂子在御碑亭口占的那首诗念给哥哥听,陈永玲发现自己学的和老师念的不一样,他现学又怕记不住,有点为难。梅兰芳说:"不要紧,你说你的,我照你学的词儿念。"梅兰芳边化妆边反复背诵陈永玲学的那两句:"一宵雷雨正喧天,危坐碑亭不敢眠。"后来陈永玲告诉梅绍武:"按理学生应该学先生的台词念,可先生为了照顾年轻一辈,怕我在台上临时出错,影响舞台效果和演员声誉,就情愿自己担带起来。先生这份恩情叫我毕生难忘。"②

从青年时代起,梅兰芳就十分注意倾听内外行的意见,改进丰富自己的表演艺术。如看到齐如山的信,增加了《汾河湾》中柳迎春的身段表演获得观众好评。到上海演《穆柯寨》,朋友们指出他在台上有时低头,减弱了穆桂英的风度,梅兰芳也感觉到了这一点,他想或许是从未扎过靠旗所致,低了头眼神也会受影响,从而影响穆桂英这个舞台形象,他曾和朋友相约在演出时以轻轻拍掌为号,提醒他克服这个毛病。

有一次,梅兰芳演过戏,征求家里工作人员的意见,梅葆玥的奶妈说:"大爷!您今儿台上的脸色怎么那么红?"梅兰芳微笑着说:"这才是真正的观众意见呢。"他再演时化妆就淡了些。后来,梅兰芳率团到日本演出,座谈时日本艺术家也说中国京剧的化妆太红,梅兰芳认真地对梅葆玥说:"还记得吗?当年你奶妈提的意见是很有道理的吧!所以我们一定要虚心听取群众的意见。"

梅兰芳在青少年时代和中年时代,就注意从昆曲、绘画、养花中汲取

---

① 梅绍武:《我的父亲梅兰芳》,天津百花文艺出版社1984年版,第235~236页。
② 梅绍武:《我的父亲梅兰芳》,天津百花文艺出版社1984年版,第234~235页。

艺术营养。

新中国成立以后,梅兰芳虽已步入老年,但他仍然特别留意学习地方戏曲,借鉴它的长处;同时,他善于观察生活,从绘画、观画、观影、剧、观察雕塑等方面吸收养料,使他的表演艺术愈到晚年愈加炉火纯青,凝练精美。

1952年10月,第一届全国戏曲观摩演出大会期间,梅兰芳看了川剧《秋江》,饰演陈妙常的阳友鹤曾看过梅兰芳的《贵妃醉酒》,十分钦佩,登门求教。梅兰芳见川剧名家来访,非常高兴地说:"川戏好啊,有戏情戏文戏理,剧本文学性高,富有生活气息……特别是行船的动作好,看了《秋江》,我们那个《打渔杀家》都不用演了。"[①]又问到阳友鹤踩跷的动作,并叫儿子梅葆玖来学习。梅兰芳介绍了自己演《醉酒》的一些体会和动作要领,又问川剧《醉酒》有哪些特点。阳友鹤演唱了一段"悔当初,入皇宫,倒不如嫁一个田舍翁,也落个早相见晚相依……"梅兰芳欣赏这段唱腔,向阳友鹤提出要这个戏的剧本,阳友鹤托人抄好送给梅兰芳。

梅兰芳也很喜欢另一出川剧《柳荫记》,并参加了剧组的座谈会。他认为演祝英台的陈书舫表演自然、真切,但每演到祝英台听到梁山伯病逝的噩耗时,都控制不住自己痛哭起来似为不妥,经梅兰芳指点,陈书舫掌握了情感和理性相适合的尺度。梅兰芳还谦逊地指出,最后一场化鸟,如果不用许多纸扎的鸟儿上场,效果是否更好?导演刘成基听后受到启发,后来采用了以手向空中指鸟的象征手法,极为简练,又使人富于联想。

汉剧与京剧有不少相通之处,梅兰芳每看汉剧都感到亲切,他看了汉剧老艺人李春森与人合演的《审陶》。陶大的过场,台词只有一个"走"字,李春森却从扮相到身段动作,生动表现了陶大的老辣奸诈;"审陶"时,陶大边念边窥测问官的神情,李春森运用腰腿劲,做出各种描绘陶大复杂

---

① 阳友鹤:《初相见,永难忘》,《四川日报》1962年8月15日。

心态的动作，既符合剧中人物身份，动作又极灵活优美，梅兰芳很佩服。梅兰芳还爱看陈伯华的《宇宙锋》，陈伯华在第一届全国戏曲观摩会上演这个戏时，还没下妆，梅兰芳已来到后台，谦虚地向她请教在《金殿装疯》一场中抛蟒、扔凤冠的身段，令陈伯华感动。

1956年，梅兰芳观摩了有"一出戏救活了一个剧种"之誉的浙江省昆苏剧团演出的《十五贯》，梅兰芳认为这个戏的改编和表演都非常成功，"周传瑛和王传淞，一生一丑两个不同行的演员，他们共同的优点是都能注重内心的修养来创造角色，继承和积累了优秀演技，运用明确的眼神和松弛的筋肉，把情绪传达得鲜明细致，而且又不让积累的经验变成机械的形式"。①

同年，梅兰芳看了广东粤剧团红线女、马师曾主演的《搜书院》后，认为这个戏编、演出色，表现力强。他特别指出："观众从这一出戏的表演方法上，可以看出粤剧的形成和发展是曾经以高腔、昆腔为本，逐渐吸收汉调、梆子、西皮、二黄，并结合本地的生活语言创造出来的一个独立剧种。例如长短句的唱词，及歌唱身段紧密的配合都有昆腔演法的痕迹；打击乐器常常使用大铙则是受了高腔的影响；表演处处显示出特别鲜明的节奏性，也是古老剧种所共有的特征。"②

梅兰芳到南方巡回演出时，曾观摩了蒲仙戏，并和演员们座谈，回京后写信询问蒲仙戏的演出和剧本整理情况。蒲仙戏戏剧家黄文逊经过几年的采访、研究，写成《蒲仙戏传统科介》著作，在该书将要出版时，梅兰芳为这本书科介图解题诗：

蒲剧科介，传统芬芳。有图有解，新见发扬。

---

① 梅兰芳：《论昆剧〈十五贯〉的表演艺术》，《梅兰芳文集》，中国戏剧出版社1962年版，第313页。
② 梅兰芳：《动人的喜剧〈搜书院〉》，《北京日报》1956年5月6日。

> 斯编荟萃，生旦净丑。形态不同，形态富有。
> 后生善学，高举能到。党培养下，勿忘创造。①

和许多北京观众一样，梅兰芳喜欢看评剧，特别爱看《刘巧儿》和《祥林嫂》。他曾对主演这两个戏的新凤霞说："演现代戏这一点上是你们的长处，也是你们的优点。一个剧种，一个演员，都要看到自己的优点，想到自己的长处，都应当好好地发挥。你演现代戏运用传统程式动作很自如，看上去一点也不生硬。"②

有一次新凤霞演过评剧《凤还巢》后，和梅兰芳谈起来，说在程雪娥偷看穆居易这场戏中加了一段唱。梅兰芳肯定地说："为了发挥各剧种的长处，是应当按照自己剧种的特点，运用多种手段。你们'洞房'一场加了大段的唱，给程雪娥就很合适。移植一出戏，进行艺术上的加工，增加新的唱段是可以的。我看加的几段唱都是为了更好地表达程雪娥的内心情绪，加得好。不要认为我是小锣上没有唱，你们也不唱。我看你们处理得很顺当。"③后来梅兰芳还收了新凤霞这个评剧演员做徒弟。

1956年，梅兰芳曾看过姚璇秋主演的潮剧《陈三五娘》。后来姚璇秋曾几次向梅兰芳请教潮剧青衣的表演和指法，梅兰芳一面向她介绍京剧青衣的各种指法，一面分析潮剧青衣指法的特色，指出潮剧中"开手"这种程式很美，并且是潮剧独有的。他告诉姚璇秋："戏曲演员必须善于吸收其他剧种的表演艺术，不要故步自封；但是千万不能忽视自己剧种的传统的表演艺术，因为各个剧种都各有自己独特的艺术风格，应当按照自己剧种的特点，出神入化地加以吸收，不要生搬硬套。"④梅兰芳帮助姚璇秋设

---

① 朱振华、吴迎、梅葆玖：《德艺双馨：艺术大师梅兰芳》，山东大学出版社1994年版，第71页。
② 新凤霞：《怀念梅兰芳老师》，《梅兰芳艺术评论集》，中国戏剧出版社1990年版，第559页。
③ 新凤霞：《怀念梅兰芳老师》，《梅兰芳艺术评论集》，中国戏剧出版社1990年版，第558页。
④ 姚璇秋：《忆梅师，悼梅师》，《羊城晚报》1961年9月5日。

计了以潮剧"姜芽指"为基础、吸收京戏"兰花指"的一些手法的指法，使姚璇秋在演出实践中深感受益匪浅。

不论梅兰芳去什么地方演出，从不放弃观摩该地方的戏曲表演，并且慢慢变成他每到一地必须的日程安排。他曾对长子梅葆琛说：

> 我在石家庄观看了河北梆子剧；在山东看了梆子戏；在山西看了北路梆子和晋剧；在江西南昌看了高腔系统中古老的弋阳腔；在湖南长沙观看了祁阳戏，还有花鼓戏和常德高腔；在武汉观看了汉剧和楚剧；在西安看了有悠久历史的古老剧种秦腔等等。还有徽剧和豫剧……我观摩这么多的兄弟剧种，是想通过相互学习、交流经验，把不同剧种的好东西吸收过来，再经过自己的一番融化，适当地引用到自己的艺术创作中去，这样做既不会丢掉自己的艺术风格，而且又能增添进别人的艺术风采。[①]

梅兰芳早年从绘画艺术中揣摩京剧舞台形象的造型、服饰和身段动作，他的绘画艺术也达到相当高的水平。他还经常到各地观摩绘画、雕刻。1957年冬，梅兰芳在洛阳观赏龙门石刻，他从这些石刻的造型、敷彩、刀法、部位、线条、比例等分析北魏时期造像的衣纹和莲台的式样，并且能够看出当时这些西域工匠的创作痕迹——比较厚重的衣纹线条棱角；参观奉仙寺（唐代武则天时所建）时，梅兰芳认为，雕刻人物的衣纹线条已比北魏时有所发展，服饰色彩也较为明快艳丽，带有中原文化的味道了。

1958年春，梅兰芳在太原演出时游览了晋祠，观赏了宋代"鱼沼飞梁"古桥、圣母殿、明代书法家傅青祖题写的"难老泉"和周代古木齐年柏。在宋塑宫女群像前，梅兰芳站立良久，叹为观止。群像中的王后、太监和

---

① 梅葆琛：《怀念父亲梅兰芳》，中国社会出版社1994年版，第123页。

诸多宫女，惟妙惟肖，栩栩如生，宫女中"三个年岁较长的，露出抑郁苦闷的神情，其余的宫女，大都正在青春妙龄，有'闺中少女不知愁'的感觉，一种愉快的样子，从各种不同的姿态中透露出她们的热情和希望。这群塑像，生动、准确地表现了古代宫廷妇女的日常生活和内心感情，这些立体的雕塑可以看四面，比平面的绘画对我们更有启发，甚至可以把她们的塑形直接运用到身段舞姿中去"。①

正是基于多少年的学习、观察、借鉴、模仿，梅兰芳一生创造了许多优美的舞蹈身段，并且常常在看似平常的老程式中美不胜收，仅他创造的各种优美、逼真的手姿，就有五十三种之多。据齐如山《梅兰芳艺术一斑》的介绍，梅兰芳的手姿，"如'陨霜'（倒持扇式，《贵妃醉酒》中有之）'吐蕊'（持细物式，《汾河湾》中柳迎春持金印时即系此式）'伸萼'（持马鞭式，《虹霓关》中东方氏用之）'迎风'（虚指式，《宇宙锋》中赵女说'我要上天'时即用此式）'露滋'（自指颊式，《宇宙锋》中越女唱'抓花容'时用此式）'蝶损'（持笔式，陈妙常写词时用之）'雨润'（气指式，《武家坡》中王宝钏骂'狠心的强盗'时即用之）'怒发'（剑诀式，《霸王别姬》中舞剑时用之）'承露'（托盘式，《战蒲关》中徐艳贞上场即用此式）'弄姿'（托盘式，《红线盗盒》中红线托茶上场时，即用此式）'垂丝'（叉腰式）'并蒂'（拍手式，《宇宙锋》中赵女疯笑时恒用之）"等等。②

20世纪30年代中期，梅兰芳曾和赴沪演出京韵大鼓有"鼓王"之誉的刘宝全进行过一次长谈。刘宝全谈了他学艺的体会，且在保护嗓子和艺术修养等方面给梅兰芳以启发，还讲述了怯大鼓变为京韵大鼓的源流。刘宝全京韵大鼓艺术表演体系的形成，得力于吸收京剧的表演艺术。同样，刘宝全的演唱方法、技艺（唱腔、用气运嗓的方法），也为许多京剧名家学习、借鉴。后来梅兰芳和陈富年总结归纳了刘宝全鼓书艺术的表演体

---

① 梅兰芳：《舞台生活四十年》合集，中国戏剧出版社1987年版，第511页。
② 梅绍武：《我的父亲梅兰芳》，天津百花文艺出版社1984年版，第245～246页。

系，计六点："(一) 艺术生活化。他的唱腔，大部分系生动的对话，并从对话中听出人物的身份、性格以及喜怒哀乐的情绪，给人以艺术生活化的真实感。而身段、神情也形象地、恰如其分地配合了他的说唱，同时，鼓板、弦子、四胡、琵琶的伴奏，还从音响中艺术地表现了生活，综合起来成为一套完整的表演体系。(二) 吸取姊妹艺术并加以丰富创造。他的唱腔，不仅吸取了京剧的口法，还旁收博采其他姊妹艺术……(三) 鼓套变化运腕灵活。大鼓书的鼓套子，以前受程式的局限，变化是不大的，刘先生打破了这种局限，创造了许多新套子……(四) 开门见山、余音袅袅。刘先生的段子，往往开头七言八句或者四句就单刀直入，提出本题。如《草船借箭》，开口即是'汉高祖灭秦楚龙争虎斗，传到了汉献帝那三国分头'（而不照传统老词，从'一治一乱圣人留，争名夺利几时休'）……虽然他主张套言不叙，开门见山，但却喜欢用款慢的唱腔作结，令人感到余音袅袅，回味无穷。(五) 创作改编的得失。他会唱的段子，约有七八十个，常唱的只有二十几段。这些包括文武的段子，在唱腔、表演方面，都经过精雕细刻，脍炙人口……(六) 声乐创造的卓越成就。他自己揣摩出的一套发音规律，能从最低一气喊到最高，由本嗓转入半假嗓，直到假嗓的'立音'，中间听不出转换痕迹，争不出孰真孰假……做到了'音堂相聚'。因此他一生保持着低音珠圆玉润、高音响遏行云的标准水平。这里重要关键在'气'与'音'的配合。"[①]鼓王刘宝全的这些成就、收获，为梅兰芳练嗓、护嗓和京剧演唱提供了极宝贵的经验，直到晚年，梅兰芳仍然保持了一副好嗓子。

梅兰芳的友人吴性栽评议：

他在《舞台生活四十年》中说自己是个极笨的人，从某一角度看，

---

① 梅兰芳：《鼓王刘宝全的艺术创造》，《梅兰芳文集》，中国戏剧出版社1962年版，第286~292页。

也许他说这话并非自谦，但我认为这只是由于他的乐业精神所至，因乐业而敬业，因敬业故对所学习的细枝末节，非到至精至微，不肯放松，看来他的学习进程很慢，实则他比人家学得踏实到家。即使如此，他也从不把自己所学习的，看做一成不变的。他学习，不固执已有的成就，只要在他认为别人的批评有理，他不惜重新来过，这种刻意求精、学到老、学不倦的精神，在他《舞台生活四十年》的字里行间处处可见。他的虚心学习、请人批评的诚恳态度，使人无从怀疑这是出于他的礼貌或世故。他的不自满足，并非没有自信，他只是认为艺术表演无止境，他山之石，可以攻玉，任何人的意见都能使他的表演更进步。由于他求教的诚恳，人家对他自然知无不言，言无不尽。所谓"河水不涓细流，成其大；泰山不让土壤，成其高。"梅兰芳今日的成就和他悠久的艺术生命，都非偶然幸致的。[①]

---

① 槛外人（吴性栽）：《京剧见闻录》，宝文堂书店1987年版，第31—32页。

七　姹紫嫣红

人民演员

1949年5月，上海解放了。

6月，梅兰芳接到邀请，赴北平参加第一届中华全国文学艺术工作者代表大会，梅兰芳夫妇带了梅葆玥、梅葆玖、化妆师顾宝森、管箱郭岐山、演员王少亭等，和周信芳随南方代表第二团登车北上。车到南京，刘伯承设宴欢迎梅兰芳和代表团。火车到浦口上了渡轮，一位老工人看出有梅兰芳，主动过来握手问候。火车到了浦口继续北开，车头前面的两面五星红旗中间，挂上了梅兰芳的《天女散花》剧照，同车代表向梅兰芳开玩笑："现在火车成了您的专号了。"车到蚌埠，因铁路桥正在抢修，代表团临时下车休息，梅兰芳到一家饭馆吃饭，很快有人认出并传开，饭馆门前和附近的街上一下子聚满了人，大家热烈鼓掌要求看梅兰芳。梅兰芳走到二楼窗口，向人们挥手致谢，人们又齐声要求梅先生唱几句，梅兰芳看到人们如此热烈的欢迎，便唱了一段《女起解》的流水板："苏三离了洪洞县……"后来工作人员一再对人们说梅先生旅途劳累，需要休息，人们才静下来。代表团有位作家李青崖即兴口占一绝：

桥断长淮觅渡忙，撑天火伞焰方张。
心情解放终难锁，空巷人民看艺王。①

车到济南，已是午夜，站台上仍有欢迎的人群欢呼："欢迎梅兰芳先生！"

梅兰芳受到这样的欢迎，心情非常激动，认为这是新社会的新气象，和过去时代各地戏院里观众对他喝彩的情况大大不一样了。

6月26日晚，火车到达北平，车站月台上挤满了欢迎的人群，京剧名家尚小云、荀慧生、谭富英、萧长华、姜妙香、李少春、叶盛兰、裘盛戎、叶盛章、袁世海、筱翠花、李宗义、刘连荣共百余人及西北戏剧学校学生在欢迎人群前列，梅兰芳、周信芳下车后和人们热烈握手，梁小鸾、云燕铭、杜近芳、林蕴华代表北平戏剧界向代表团献花，人们欢呼梅兰芳的归来，并长时间地鼓掌。

7月初，第一届文代会在北平的怀仁堂正式召开。梅兰芳和文学艺术界的代表尽情交流，畅谈戏曲改革的前景，他们受到毛泽东、周恩来的接见，梅兰芳演出了《霸王别姬》。有一天回到招待所，梅兰芳兴奋地对福芝芳说："今天我见到了毛泽东主席、周恩来副主席。毛主席是那样和蔼可亲，令人敬爱。周副主席对每一位代表都十分关怀。他对我说：'三十年前，南开校庆，我们排演了话剧《一元钱》，北京文艺界曾邀我们来京演出。'他说到这里，我想起来了，就说：'您在《一元钱》里演一个女子，演过之后，好像我们还开了座谈会。'周副主席笑着说：'对，虽然那是青年时代的事，但我们可以说是同行'。"

---

① 许姬传：《谒梅兰芳先生墓感赋》，《许姬传艺坛漫录》，中华书局1994年版，第223～224页。

各界代表在文代大会上发言，畅谈感想，梅兰芳也做了一次简短的发言：

> 这次参加文代大会，我的心情非常愉快而兴奋。在会场中所看到的是光明、团结，一片祥和之气笼罩着整个会场，产生了一种活生生新鲜的力量。我受到了鼓励，我自己感觉到，这短短一个月的学习，把我逝去的青春找了回来，我不觉年轻了许多。许多首长、专家对于我们所演的戏剧是这样的重视。对于梅兰芳个人几十年来在社会上一点微薄的贡献一再称许、勉励、启发，我更觉得惭愧。
>
> 我今后要根据我这次学习所得，很虚心地跟着毛主席的思想脚踏实地向前迈进，以达到为人民服务的目的。①

同年9月，梅兰芳出席了第一届全国人民政治协商会议。10月1日，梅兰芳作为文艺界代表登上天安门城楼，参加中华人民共和国开国大典。

1950年春，梅兰芳从上海回北京定居，住护国寺街甲1号。

时代不同了，梅兰芳同许多艺术家一样，对新中国充满了新鲜感和信任感。在经历了清末、北洋、国民党几个时期后，梅兰芳深深感到新中国在各方面所产生的巨大变化，感到共产党和国家对自己的信任、期望，他决心用努力演出、积极参加戏曲改革的实际行动来回报祖国和人民。

梅兰芳开始回忆、总结自己几十年的舞台艺术生活，由他口述，许姬传手录、整理，出版了《梅兰芳舞台生活四十年》第一、二集（第三集在梅兰芳逝世二十年后出版）。

据许姬传《〈舞台生活四十年〉出版前后》一文记载，在许姬传按照梅兰芳口述开始写作这部书稿前，梅兰芳曾定下六条原则：

---

① 梅兰芳在第一届文代会上的发言，《人民日报》1949年7月20日。

一、要用第一手资料，口头说的和书本记载的详细核对，务求翔实。

二、戏曲掌故，浩如烟海，要选择能使青年演员和戏校学生从这桩故事里得到益处的。

三、不要自我宣传。

四、不要把党、政、军重要人物的名字写进去，这样会使人感到借此提高自己的身份。

五、不要空发议论，必须用实例来说明问题。

六、我们现在从清代谈起，既要符合当时的社会背景，又要避免美化旧时代的生活，下笔时要慎重。

梅兰芳夫人福芝芳也曾回忆：

> 兰芳一向谦虚谨慎，新中国成立以后更是努力学习党的优良作风。他生前常同家属谈到毛主席和周总理对他的关怀，并再三嘱告："写文章不要把毛主席、周总理和我的对话写进去，那样，自我宣传，不好。"所以在兰芳发表的将近二百万字的文章中，很少提到毛主席、周总理。但是，每当我想到兰芳，不由得便想起他生前同我们讲述毛主席、周总理的时候那种幸福激动的神态。①

梅兰芳以饱满的热情，参加全国戏曲工作会议，白天参加会议，发言、讨论，听取代表们的意见；晚上，在大众剧场演出《穆柯寨》《枪挑穆天王》。

他刚被任命为中国戏曲研究院院长，便率领剧团去武汉演出《贵妃醉酒》《霸王别姬》《龙凤呈祥》《奇双会》等剧。

从1950年至1954年，梅兰芳度过了他一生中最有意义也最紧张的演

---

① 福芝芳：《回忆党教育下的梅兰芳同志》，《梅兰芳艺术评论集》，中国戏剧出版社1990年版，第573页。

出生活。如果说，过去几十年他在京津沪等城市的观众较为固定——中下层知识分子和一般市民居多的话，那么这几年，"我的观众圈子比过去扩展了几十、上百倍，不但观众的数量有了空前的扩展，而且工人、农民和战士占了观众中极大的比例"。① 到梅兰芳逝世前的十多年中，他的足迹遍及长城内外、大江南北的二十多个省市和地区。

在辽宁鞍山，梅兰芳参观了鞍钢工人的劳动生活，见到了孟泰、张明山、王崇伦、李凤恩等劳动模范，孟泰热情地和梅兰芳握手说："梅先生，这么些年了，我一直在盼望着看到您的戏，而今终于达到了目的，我们要感谢共产党和毛主席！"梅兰芳心里也非常激动，他想："同志，我一直想演戏给我们祖国最优秀的人看，想不到我也真正实现了这个愿望！"②

1952年7月，梅兰芳在北京劳动人民文化宫为首都工人演出，天不作美，演出日期推后了几天，但还是经常下雨。到了演出这天，从门头沟、琉璃河、长辛店和市内各厂来了四千左右工人，音乐堂内存有几天的积雨，主持演出者对工人们说，今天仍然有雨，大家如果不怕下雨就开锣。工人们都说不怕雨，希望马上开戏，梅兰芳在舞台幕后听到很受感动。等到《霸王别姬》开场后，雨越下越大。到虞姬舞剑时，舞台毯子的外缘，完全被雨点打湿了，梅兰芳为了防止滑倒，只能在靠里边桌前的一块干燥的台毯上表演。台下的工人一直在雨中看戏，聚精会神，纹丝不动，就好像天上根本没有下雨一样。

以后几年，梅兰芳在天津、上海、青岛、石家庄等地为工人演出。梅兰芳在天津工人文化宫演出后，几位工人给他写信，表达他们看了演出后的喜悦和满足的心情，决心以努力生产完成计划的实际工作来感谢梅兰芳；在上

---

① 梅兰芳：《劳动人民使我的艺术创造有了新的生命》，《梅兰芳戏剧散论》，中国戏剧出版社1959年版，第1页。
② 梅兰芳：《劳动人民使我的艺术创造有了新的生命》，《梅兰芳戏剧散论》，中国戏剧出版社1959年版，第2页。

海文化广场演出时,每场都有近两万名工人看戏,他们准时来到,排队入场,看戏当中非常安静,遇到高潮或梅兰芳的优美唱腔时,报以热烈的掌声。

1958年年初,梅兰芳随中国文联组织的文艺工作者访问了京西煤矿。他穿上矿工服,戴上矿工帽、矿工灯参观了井下巷道和作业区,和矿工们谈心,一位矿工对梅兰芳说:"我们干得好,把您引来了,您一来,我们干得更好!"①梅兰芳没带行头,便给门头沟、城子两矿工人清唱了两段,受到大家的热烈欢迎。

这一年的6月7日,正在太原访问演出的梅兰芳参加了山西省、太原市文艺界宣传党的总路线的文艺宣传游行活动。游行前,梅兰芳在迎泽宾馆门前向群众讲话:"我们文艺界都已动员起来了,纷纷用诗歌、散文、歌唱、表演各种文艺形式来宣传总路线精神。今天我们戏曲队伍中许多主要演员都化妆扮演了各种角色,准备在游行时流动演出。"②梅兰芳和晋剧名演员丁果仙、北京人民艺术剧院名演员叶子、梅剧团老艺术家姜妙香等乘车参加了游行。

有一次,梅兰芳在石家庄演出《霸王别姬》,那天台下的群众多数是农民,梅兰芳刚一出场,许多农民忽然把头上的毛巾摘了下来,一会儿,他们又把毛巾扎在头上。梅兰芳心里有些纳闷,戏终,梅兰芳出来谢幕时,农民们又都站起来摘掉毛巾,向梅兰芳鞠躬致礼,梅兰芳这才明白农民们出于礼貌摘毛巾,心里颇为感动。

1957年冬,梅兰芳随中国戏曲研究院的同事们到北京东郊农村访问。他们参观了和平乡农业生产合作社,听社主任介绍农业生产和使用新式农具的情况、社员生活和经济、教育状况,社主任说:"社里虽然有各种文娱活动,但大家喜欢的还是京戏,我们常常有业余演出,就是行头不全,

---

① 梅兰芳:《矿井中的温暖》,《北京日报》1958年1月21日。
② 梅兰芳:《难忘的一天》,《文汇报》1958年8月3日。

有些戏演不了。"① 梅兰芳还到社员家和下放干部的宿舍，和农家妇女、下放干部谈心。

1953年10月，梅兰芳接到通知，让他参加第三届中国人民赴朝慰问团。梅兰芳非常兴奋地对家人说："这是我早已许下的心愿，今天总算要实现了，我一直想演戏给我们祖国最可爱的人看，我能到朝鲜慰问他们，我的心情确实是非常激动的。"②

在朝鲜的土地上，赴朝慰问团受到朝鲜人民和朝鲜政府的热烈欢迎，金日成元帅接见并观看了梅兰芳的演出。梅兰芳随同慰问团来到前线，亲眼看到中朝两国军队为保卫世界和平并肩作战。在一次慰问大会上，当梅兰芳看到罗盛教烈士的父亲罗迭开和被罗盛教救出的朝鲜少年崔滢拥抱在一起时，他竟不由自主地流下热泪；罗南市一位朝鲜老大娘激动地说："中国人民在我们最困难的时候，派了最优秀的儿女援助我们，现在又派代表团来慰问我们。我即使把满头白发拔下来，编成草鞋送给你们，也不能完全表达我感激你们的心情。"③

慰问团受到志愿军战士们的热烈欢迎，战士们为慰问团突击盖起了新房，有的房子还贴上春联，上联是：高高山上盖礼堂；下联是：迎接亲人进新房。横幅是：战地宿舍。走进一间宿舍，梅兰芳看到他床边的墙壁上，在一层白纸上粘贴着梅兰芳和斯坦尼斯拉夫斯基的合影，梅兰芳心里一热，再往旁边看去，还有自己在抗日战争时期留须的照片和《醉酒》《奇双会》的彩色剧照，这显然是志愿军战士们特意从《人民画报》上剪下来的。

梅兰芳、周信芳、程砚秋、马连良所在的演剧第二队开始了紧张的演出工作。人员少，大家不辞辛苦，每场平均演四出大戏，有些原来不登台

---

① 梅兰芳：《访问农村》，《光明日报》1958年1月10日。
② 梅葆琛：《怀念父亲梅兰芳》，中国社会出版社1994年版，第67页。
③ 梅兰芳：《在和英雄的朋友和亲人相处的日子里》，《梅兰芳文集》，中国戏剧出版社1962年版，第212页。

的后台工作人员也扮装出现在舞台上,有一次二十几个人先后扮演了六十多个角色。有的人在四个戏里面扮演五个角色,大家在舞台上演过戏,却从来没有在风里雨里演出过。尽管演出艰苦,但演员十分努力、认真,因为这是给祖国最可爱的人演戏呀!

有一天晚上,第二队在广场上为志愿军演出,舞台是志愿军用木板木柱连夜赶搭起来的,上面没有顶,只挂了几幅横幕,北风吹来,幕布声音很响。高矮不齐的电灯架矗立在舞台前面,广场密密麻麻,早已坐满了人,一直挤到舞台的前沿。

这天演剧队准备的剧目是《收关胜》《女起解》《金钱豹》,最后一出是梅兰芳、马连良的《打渔杀家》。《收关胜》开演不久,风刮得大起来,吹卷了"关胜"的靠旗,吹乱了髯口,身段动作也受到一些影响,但演关胜的演员不怕干扰,精神抖擞地挥舞大刀,和对手开打。

《收关胜》还未演完,雨淅淅沥沥地下了起来,演员坚持演完了这个戏。雨下得更大了,打湿了台毯和幕布。这时技工组在台侧支起帐篷,让乐队继续伴奏。梅兰芳一回头,看见儿子梅葆玖已经扮好了《女起解》的苏三,红色的罪衣罪裙穿得齐齐整整,站在镜前发愣。梅兰芳对梅葆玖说:"你赶快出去,站在幕后,等候出场,虽然雨下得这么大,但也不能让两万多位志愿军同志坐在雨里等你一个人。"梅葆玖正要往外走,两位志愿军负责干部走进来,拦住他,对梅兰芳说:"现在已经九点半,雨下得还是这么大。我们考虑到你们还有许多慰问演出工作,如果把行头淋坏了,影响以后的演出,我们主张今天的戏就不演下去了。刚才向看戏的同志们说明了这个原因,请他们归队,但是全场同志们都不肯走,他们一致要求和梅先生见一面,对他们讲几句话。"梅兰芳激动地说:"只是讲几句话,太对不起志愿军同志们,况且他们有从二三百里外赶来的。这样吧,我和马连良先生每人清唱一段,以表示我们的诚意。"梅兰芳就和马连良走出化妆室,来到台口,梅兰芳站在扩音器前,对全场的志愿军同志们说:"亲爱的同志们,今天我们慰问团的京剧队全体同志抱着十分诚意向诸位作慰问演出,可是很不凑巧,碰上天下雨,因此不能化妆演出,非常抱歉。现在我和马连良先生每人清唱一段。马先生唱他最拿手的《借东风》,我唱《凤还巢》,表示我们对最可爱的人的敬意。最后,我向诸位保证,我们在别处慰问完成后,还要回到此地来再向诸位表演,以补足这一次的遗憾。"① 讲毕,台下响起长时间的掌声和欢呼声。志愿军战士们端坐在风雨中听了梅兰芳、马连良的清唱,两位艺术家也感动地流了泪,风声、雨声、台上、台下、雨水、泪水融汇在一起。

一天晚饭后,老舍和周信芳散步时听到一间屋里有胡琴的声音,便来告诉梅兰芳,梅兰芳又约了马连良、高元钧一同到那间屋里,说一齐开个临时清唱晚会。梅兰芳说:"刚才听见胡琴响,就请拉胡琴的同志给拉一下,更有意思。"原来拉胡琴的是牟绍东、王占元两位炊事员,他们忙说:"怕我们托不好你们的腔。"梅兰芳说:"不要紧,我们会凑合你的。"马连良先唱了《马鞍山》和《三娘教子》,接着周信芳唱了《四进士》,老舍唱了《钓金龟》,梅兰芳唱了《玉堂春》,高元钧说了几段山东快书,又说了一段《武松打虎》。第二天,牟绍东找到梅兰芳,拿了一本纪念册请梅兰芳写几句话,梅兰芳写道:"《玉堂春》我有十几年没有在舞台上表演了,你这次替我拉这个戏,真是值得我纪念的一件事。"②

1954年2月,梅兰芳参加了全国人民慰问中国人民解放军代表团,赴广州慰问解放军指战员。梅兰芳、李再雯、王玉蓉、小王玉蓉、梅葆玥等演员在广州越秀山体育场为部队模范人物授纪念章、赠送锦旗礼品,然后演出了评剧《秦香莲》片断和京剧《贵妃醉酒》。因为这个体育场很大,坐在最后面的观众距离舞台近一里地,那里的观众看清台上的表演实为困难,为了使这部分观众看得清楚,梅兰芳就尽量把表演动作加以夸张放

---

① 梅兰芳:《雨中清唱》,《新观察》1954年第3期。
② 梅兰芳:《为兵服务——从朝鲜到广州》,《戏剧报》1954年9月号。

大，他后来回忆：

> 在这个台上表演，与一般舞台上的部位、身段都有些出入，需要灵活运用，勇于创造。贵妃的出场，照平常的惯例是胡琴的过门拉到一半时才出来的，但这个露天平台比起室内的舞台要大几倍，就不能仍按惯例出场。因此，我听见胡琴一响，跟着就走了出来，站在适当的地位，开始做那两个左右抖袖的身段。中国古典戏剧传统的表演方式，在舞台上要找中心，舞姿要左右对称。《醉酒》里面的闻花、衔杯的身段都是左右对照着做的，如果演员在比普通舞台大的舞台上不能环绕着舞台中心表演，那就会破坏舞台画面的完整，观众看了是会感到不舒服的。又如看飞雁的身段，是从左面转到右面的台口，用扇子指着远处，一边唱一边倒退到左面的上角。这种身段也要事先看好地位，配合音乐节奏，多一步或少半步都会感到不协调。过玉石桥的步伐，跟舞台的大小也有关系，像在越秀山体育场的台上，这座石桥就放长了，必须多走几步，否则观众老远望过来，就会感觉到桥的长度与舞台的面积不相称，也失去了戏剧给人的真实感。①

俭朴随和

作为驰名中外的京剧艺术大师，梅兰芳一生从不铺张自傲，而是俭朴随和，平易近人。梅家的生活习惯是老北京的习俗，特别是福芝芳与梅兰芳成家后，福家是旗人，便沿袭一些旗人的习惯。据梅葆琛回忆：

> 我们兄妹四人自幼都是由外祖母福苏思老人抚养照管的，由于管

---

① 梅兰芳：《为兵服务——从朝鲜到广州》，《戏剧报》1954年9月号。

教很严，生活也比较简单，她给我们立了个规矩：小孩子在上小学念书以前，不准上桌子与大人一同吃饭。在饮食上午饭经常吃炸酱面，这个老北京的传统，一直从"九·一八"事变举家南迁到上海，也没有改变。新中国成立后，父亲在北京定居，中午饭还常常吃炸酱面。父亲看到我们身体发育很结实，曾风趣地对我说："看你们长得又白又胖，应归功于你们吃炸酱面的功劳。"①

梅兰芳在饮食方面并不讲究，爱吃素菜和鱼虾，从不吃零食。每逢晚场有演出时，他中午吃得较少，午睡后到四点钟吃点面包或烤馒头、鸡蛋一类的点心，然后于五点多钟去剧场化妆，梅葆琛问父亲为什么只吃一点东西就去演出，梅兰芳说："俗语说'饱吹饿唱'，也就是说，凡是在场面上吹奏者必须在演出前吃饱了，而在舞台上演唱者不能吃得太饱，如果对付不当，就会影响舞台演出时的效果。"所以，梅兰芳只是演出结束后，才回家吃上一顿较为丰富的夜宵，来补充演出时的身体消耗。

在穿着方面梅兰芳也很朴素，除了外出开会、访友、赴宴时才换上西服或中山服，平常在家穿得很普通，天热时常穿一身棉布的格子衣裤，天凉时常披一件破旧的小夹袄，1930年梅兰芳出访美国时就曾穿着这件夹袄，梅兰芳喜欢穿着它在院子里练功。天气冷时，梅兰芳早晨在院子里散步，常穿一件深紫红绒的带里子的晨衣，脖子上围一条白毛巾。据梅葆琛回忆，1946年他从重庆回到上海时就看见父亲穿着这件晨衣，新中国成立后许多年，父亲到外地巡回演出时，仍穿着这件晨衣。梅兰芳告诉家人，要处处以节俭为原则，"对任何衣物都要爱惜，只要还能穿用，就不应弃旧换新。"到了寒风凛凛的冬天，梅兰芳坚持在院子里散步、练功，常穿一件黑色对襟的中式皮袄，外套一件蓝布的罩衣，看上去朴素大方。

---

① 梅葆琛：《怀念父亲梅兰芳》，中国社会出版社1994年版，第77～78页。

梅兰芳逝世后，福芝芳让体质欠佳的梅葆琛穿上这件皮袄。葆琛回忆：

> 当我穿上皮袄时，总感觉闻到一股腥味，我翻开衣里仔细一看，原来皮桶子是未经加工的生羊皮，这种皮子价钱便宜，穿在身上分量又重。按经济条件，父亲不是买不起一件质量好的皮袄，但他讲求的是经济实惠，能御寒就可以了。我将这件皮袄视为至宝，每当冬天我就穿着它上下班，不管西北风有多大，父亲的遗衣穿在身上，暖在心里。穿了几个冬天，领子和袖口都已经磨破，但是经我爱人的修补又穿了几个年头。现在我已将这件珍贵的皮袄收入箱内，妥为保存，以留作纪念。①

梅兰芳的卧室内有一张老式的红木写字桌。一天，梅葆琛和女儿卫文到梅兰芳屋里，爷爷看到孙女进屋来玩，心里高兴，说笑着打开桌子的一只抽屉，从里面拿出一条鲜艳的红色镶有金丝边的尼龙纱带，问孙女："你喜欢不喜欢，爷爷给你扎在头发上，打个蝴蝶结一定很漂亮。"卫文很喜欢，问："爷爷，您怎么会有这样漂亮的头带？"爷爷说："这是我从纪念品的盒上取下来的，我看很好，就收在这抽屉里，是准备给你的。"②梅葆琛在一旁听着祖孙两人的对话，顺眼看到这只拉开的抽屉里，收藏着各种各样的包装纸和包扎绳，看到父亲如此节约和细致，不禁肃然起敬。

这条尼龙纱带，成了卫文珍贵的纪念，她只在过年时扎了一次头发，便保存起来。悠悠岁月，不能湮没孙女对爷爷的怀念之情，一直到现在，卫文想起爷爷就拿出来，仿佛在尼龙纱带上映出爷爷慈祥的微笑与和蔼的神情。

梅兰芳一生待人处事都非常随和，没有艺术家的架子。他每天早晨在院子散步、练功，见到家人、炊事员等服务人员，他总是先打招呼问

---

① 梅葆琛：《怀念父亲梅兰芳》，中国社会出版社1994年版，第79页。
② 梅葆琛：《怀念父亲梅兰芳》，中国社会出版社1994年版，第79～80页。

好。大家说：先生真是一点架子也没有，在他身边工作感到亲切温暖、心情愉快。

1950年9月，梅剧团赴天津演出返京后，梅兰芳回家对梅葆琛说："这次去天津在中国大戏院演戏，由交际处接待和安排全团的住宿。我住在利顺德饭店，事有巧合，这家饭店正是我三十年前到天津演戏时住过的。进入大厅后，有不少老服务人员热情地欢迎我，大家一见如故，我一一与他们握手，他们好似见到亲人一般地向我问好，这种情景真使人感动。三十年前的情谊还是这般的深厚，使人难以置信……有一位老职工，三十年前每晚我演出后回到饭店时，他总是坐等到深夜给我们开门。这次又重逢，我和老人都喜出望外，都很激动。他高兴地对我说：'今天我还是在看大门，可是您这位有名声的艺术家还认识我这个普通的工人，您还是那样关心人，您真是一位没有架子的大艺术家呀！'由此可见，一个人的品德是多么重要，我在三十年前给人们留下好的印象，今天又重逢，才知道这情谊还牢牢记在人们的心中，这是为人处世最重要的事，希望你也要做到这一点。"①

据梅葆琛回忆：一天深夜，服务人员刘德钧突患急病，立即送到医院，诊断为急性阑尾炎，马上做了手术。梅兰芳忙让梅葆琛和林映霞去医院看望，并转达他的嘱咐："要听医生的话，安心治病，一切费用我会缴付的。"刘德钧不幸在手术后心脏病突发，于天亮时去世了，梅葆琛、林映霞夫妇在老刘的遗体前鞠躬行礼，回家告知父亲，梅兰芳悲痛惋惜，在院子里靠北屋的两棵盛开的海棠树前默立良久。原来这两棵海棠树是1951年4月3日为纪念中国戏曲研究院成立、梅兰芳特意让老刘到护国寺花店买回来种在院子里的。经老刘多年精心培植，海棠树长得枝繁叶茂，每逢春季，满树花朵馨香扑鼻，到了秋天果实累累。如今睹树思人，梅兰

---

① 梅葆琛：《怀念父亲梅兰芳》，中国社会出版社1994年版，第98~99页。

芳十分感慨，他告诉葆琛夫妇："在你们幼年时他已与我在一起了，他是看着你们长大的，1930年我赴美国演出，他也随团去了。以后对待其他人员也是一样，要尊重他们。"①

梅葆琛的两位朋友很想见见梅兰芳，又顾虑梅兰芳是否愿意见他们，梅葆琛说："你们放心大胆地来吧！见到我父亲后，你们的一切顾虑就会打消的。"结果两位朋友到梅家后，梅兰芳与他们热情交谈，两位朋友后来对梅葆琛说："刚到你家时，心里挺紧张，也很矛盾，首先是很想见到你这位闻名中外的大艺术家的父亲；但另一方面唯恐真见了面，不知对他说什么，不知从何启口？但现在我们真正感受到你父亲是一位热情、和蔼、关心年轻人的长者。他使我们肃然起敬。"②

在震旦大学校友会北京分会的一次春节联欢会上，林映霞原在协和医院工作的老同事、后来改行唱歌的男高音歌唱家楼乾贵，和梅葆琛、林映霞夫妇说起看过他们回忆梅兰芳文章的感想，他说：

> ……我又想起了在1953年参加第三届中国人民赴朝慰问团时，在生活中与你父亲接触的几件事。那时我还年轻，只有三十一岁，慰问团里文艺界的老艺术家很多，在从北京到朝鲜的这段生活里与他们有了接触的机会，给我留下印象最深的，要算是你们的父亲梅兰芳先生了。记得在开往平壤的火车上，梅先生正在餐车用餐，当我走过他身边的座位时，梅先生见到了我，马上放下餐具，并站起来跟我打招呼，我顿感惊讶，又觉不安。我是一个年轻人，又素不相识，他却是这样彬彬有礼、平易近人地对我，真给我留下了难忘的印象。还有一天梅先生有演出任务，我突然想请梅先生签名留念，就拿着日记本，直奔后台，当时梅先生正在化妆，我什么也不顾就请梅先生给我签个

---

① 梅葆琛：《怀念父亲梅兰芳》，中国社会出版社1994年版，第82～83页。
② 梅葆琛：《怀念父亲梅兰芳》，中国社会出版社1994年版，第99～100页。

名。他听后，立即停下妆来，很认真地在本上签了梅兰芳三个字，我真是欣喜若狂，连谢谢也没有说就走出后台。事后我才知道，按规矩，演员化妆时，也是在酝酿感情的时候，一般是连句话也不说的，更何况是要停下妆来签名。但梅先生出于对年轻人的爱护，破例地为我签名。[①]

1959年国庆十周年前夕，梅兰芳在排演《穆桂英挂帅》的时候，突然发现自己的下颌部位不够丰满，担心影响穆桂英的形象，便和林映霞（在协和医院口腔科任医师）商量，能否做副假牙来弥补这个缺陷，并由林映霞陪同去协和医院检查，又请来负责修复技工的王子鸣技师一起检查、研究，决定做一副义齿。

在与王、林（映霞）两位大夫的合作中，梅兰芳耐心细致地提出设想：希望假牙既要使下颌部位垫高，又要将凹凸不整齐的门牙上覆盖上一层薄薄的塑料牙面，且要求在启口时不能露出金属的牙钩。这副义齿制作的技术要求相当高，存在一定难度，经过两位大夫的努力，几个月后义齿制作成功。在《穆桂英挂帅》的首场演出中，梅兰芳戴上义齿登台，下颌部位显得丰满，演唱张口时露出一口洁白整齐的牙齿，效果极佳。据林映霞回忆：梅兰芳十分珍惜大夫的劳动，也很爱护这副假牙，用银制的小盒盛满清水，将假牙浸泡在内。某年梅葆琛去看望王大夫，王大夫仍感念此事："几十年我不住地在心里想念与梅先生合作时的感情，他谦虚好学、尊重医师、平易近人的作风，是多么难能可贵啊！"[②]

"杨门女将"

梅兰芳一生爱演穆桂英的戏。1913年他随王凤卿第一次赴上海演出，

---

① 梅葆琛：《怀念父亲梅兰芳》，中国社会出版社1994年版，第100～101页。
② 梅葆琛：《怀念父亲梅兰芳》，中国社会出版社1994年版，第102页。

就以文武兼重的《穆柯寨》唱红上海滩。

1953年,梅兰芳在上海看了豫剧演员马金凤主演的《穆桂英挂帅》,觉得很有特色,又连着看了三场。最后一场演过,梅兰芳特意请马金凤到上海家中叙谈,梅兰芳告诉马金凤:"我很喜欢穆桂英这个角色……但我没有演过老穆桂英。这次看了您的四场《挂帅》,真正感到豫剧是一个有发展的剧种,蕴藏着许多我所要学习的东西。"① 两人谈了许多穆桂英在京剧、豫剧中的剧目、表演特点、服饰、化妆等问题,谈得十分投机。

以后几年,梅兰芳始终惦记着这个事,多次考虑把豫剧的《挂帅》移植过来,改编成京剧。他对长子梅葆琛说:"在移植兄弟剧本时,我在思想上很明确,那就是要根据京剧的特点和风格来加以变动和修改,绝不能不经过自己的融化而生搬硬套地去模仿。我要尝试用京剧的程式和表演手法来表现穆桂英的这一段动人的故事,我虽然演了几十年的穆桂英,但这是三十年来第一次准备排练的新剧目,我已六十开外,要演好中年穆桂英的英姿,肯定会遇到不少的困难,但是我有信心要移植成功,虚心向豫剧学习。"②

在确定1959年国庆十周年献礼节目时,梅兰芳选定了《穆桂英挂帅》。中国京剧院请陆静岩、袁韵宜创作京剧本《穆桂英挂帅》,并确定郑亦秋任导演。

剧本写佘太君归隐乡里后,闻西夏侵宋,命曾孙杨文广、曾孙女杨金花赴汴京探听。兵部尚书王强欲荐其子王伦为帅,寇准保荐杨家将,王不允,乃定校场比武。王伦连胜几人,杨文广兄妹不服闯入校场,不几回合杨文广刀劈王伦。宋王听说是杨家后代,令请穆桂英挂帅。穆桂英见子女捧印回家,想起宋王刻薄寡恩,怒责杨文广,不愿出征;经过佘太君相劝和激励,穆桂英为抵御外侮,慷慨誓师,挂帅出征。

---

① 梅葆琛:《怀念父亲梅兰芳》,中国社会出版社1994年版,第125页。
② 梅葆琛:《怀念父亲梅兰芳》,中国社会出版社1994年版,第126页。

全剧共分八场，穆桂英的戏有三场，即"乡居"、"接印"、"发兵"。梅兰芳和导演郑亦秋研究剧情与穆桂英唱、做的结合，和徐兰沅一起研究唱腔。

这出戏的高潮在第五场"接印"，穆桂英从不愿挂帅到基于爱国毅然接印出征有一个思想转变过程，梅兰芳考虑到这个地方不应过渡得太快，应该有一些思想活动，但是在送走佘太君后，进行大段演唱和独白都不合适。这时梅兰芳看了河北梆子跃进剧团青年演员演出的《穆桂英挂帅》，在《接印》这折戏中，她把穆桂英思想转变的过程用了左右两冲的身段，使梅兰芳受到启发。他联想到京剧《铁笼山》的姜维观星，《一箭仇》的史文恭战罢回营，都采用低着头揉肚子的身段，完全可以借用过来。于是，梅兰芳大胆地采用了[九锤半]的锣鼓套子，用哑剧式的表演，靠舞蹈身段来加强戏剧效果。

1959年5月25日，《穆桂英挂帅》在北京人民剧场进行首场演出，演员阵容很整齐，梅兰芳演穆桂英，李少春演寇准，李和曾演杨宗保，袁世海演王强，李金泉演佘太君，青年演员夏永泉演杨文广，杨秋玲演杨金花。首都观众用掌声和喝彩声对梅兰芳等艺术家的表演给予充分的肯定。后来，在梅兰芳剧团演出《穆桂英挂帅》时，由家中的父子饰演剧中的母子，梅兰芳饰穆桂英，梅葆玖饰杨文广，梅葆玥饰杨金花；排练时，梅兰芳教梅葆玖、梅葆玥身段、动作，父子同台演出，传为梨园佳话。

连着演了几场，梅兰芳和同台演员、家人都沉浸在喜悦之中，但是回到家静下来后，梅兰芳仍然认真地琢磨，思考自己表演的得失。一天晚上他问长子："葆琛，你看我这几天的演出有什么意见没有，因为是新戏，可能在台上还有不理想的地方"。①梅葆琛没想到父亲会突然问有什么不足，想了想说："我只觉得当看到'捧印'一场时，我琢磨不透在剧情发

---

① 梅葆琛：《怀念父亲梅兰芳》，中国社会出版社1994年版，第126页。

展中您的有些身段是如何创作出来的,在过去编演的戏中没见过……在金鼓号角齐鸣中,您一转身脸上的表情突然变得精神振奋,表现出穆桂英对国家安危怀着责无旁贷的真实感情,唱出'我不挂帅谁挂帅,我不领兵谁领兵。'捧印亮相,直到下场后,锣音虽停,但是台下观众仍沉醉在剧情中。"①听了梅葆琛的话,梅兰芳很高兴,因为儿子说出了这个戏创作的难点,同时肯定了他的表演,梅兰芳对梅葆琛说:

  对"捧印"这场戏,我是琢磨了很长的时间,你也看到了,在我青衣本行的身段中,却找不出合适的身段来表达出穆桂英的复杂心理和决心,于是我只好在其他剧种和行当中去找。我想到武生的锣鼓经中的"九锤半",它是表达剧中人物在思想混乱时期及考虑如何办时(一般是武戏中使用的)用以配合身段表达心情的。"九锤半"是无台词的表演动作所专用的,所以我就先以它做试验,你不知道我在客厅的大镜子前,在夜深人静时独自一人心中背着锣鼓经,一次又一次地把穆桂英的心情用身段表演出来。我花了很多心血和时间,最后才决定借鉴武生杨小楼演出时的各种身段,使之融化在青衣的身段中,这是戏能演得成功的关键之一。对于穆桂英的性格,我真费了不少时间,动了不少脑筋去塑造,要演出她既稳重又大方,而又有报国之心的豁达气度。②

  尤其是当我唱到"二十年抛甲胄未临战阵"时,我的感情发生了很大的变化,此刻我不禁想起了八年抗战后又重登舞台时,我对自己的嗓子、扮相、身段等各方面会出现的问题,心里产生了矛盾,这不是与穆桂英二十年又重振旗鼓、挂帅出征时的心理矛盾是相同的吗?所以在"捧印"时,我已忘却了自己是在舞台上,我的

---

① 梅葆琛:《怀念父亲梅兰芳》,中国社会出版社 1994 年版,第 126~127 页。
② 梅葆琛:《怀念父亲梅兰芳》,中国社会出版社 1994 年版,第 127 页。

感情已经升华到生活中去，演出也就较为真实和成功了。当时我也像穆桂英一样，"抖擞老精神，重新挂帅上阵。"①

梅兰芳在排演中勤奋排练，不管是人物的地位、表情、语气，还是手势、动作，都是反复排练，力求准确。郑亦秋认为梅兰芳在排演中除了虚心听取意见、博采众长外，还有几个特点："一、理解深透，内心线索清楚。二、外部技巧运用自如，节奏鲜明，可以说是'得心应手'。三、善于积蓄力量，劲头用在最要紧处，因而高潮突出，震撼人心。四、在别人表演中，适应别人的节奏，相当和谐。"对"捧印"这场戏，郑亦秋这样评价：

> 梅兰芳同志这段戏表演处理得非常好……目送佘太君下场后，双手微弹水袖，面上顿时光彩焕发，表现出这位女元帅不甘蛰伏，重执兵符的内心喜悦。
>
> 唱道"一家人闻边报雄心振奋，穆桂英挂帅印再度出征"这两句时，梅兰芳同志的表演是凛然屹立，使我们觉察到她的心弦跳动，外弛内张，静中有动。等唱到"二十年抛甲胄未临战阵"后，水袖转动，转身从台右内方，走到台左的前方。两手翻袖，左右挥动，表现跃马疆场的动作；两手在面部一晃，感到自己不似当年青春时代了。再静一下，从台左起，撩起水袖，坚定地走到台右，表示年事虽高，英武尚在，决心出战。继之左右一看，想到旧日部将多已凋零，有些感慨。倏然间，觉得自己冲锋陷阵有足够的信心，于是一抖水袖，上肢微微震动了一下，接着精神抖擞地唱"难道我竟无有为国为民一片忠心"。梅兰芳同志这段表演是层次分明、干脆利落；音调高亢清

---

① 梅葆琛：《怀念父亲梅兰芳》，中国社会出版社1994年版，第127～128页。

越,非常有力。①

剧作家景孤血认为梅兰芳"捧印"这场是"一个人演满台",景孤血有一段相当生动的描述:

在梅兰芳唱过"穆桂英二十年未临战阵"以后,台上气氛突变,随着打击乐的音响提高,顿时把戏引入一种"铁骑突出刀枪鸣"的意境里面,使人人感到风云变色,山雨欲来,我们再看梅兰芳,变了!他完全变了!他虽然仍是梳着大头,穿着蓝花帔,可是已经变成了一位"娬媚将军"!他那眉头由敛而舒,面容由嗔作喜,麾舞长袖,比划出刀枪式子,一来一往,掠影翩翩,就好像在旌旗丛中驰骋大漠。他的唱腔韵味也变了!一段流水板,有如珠走玉盘,却是每个字都像剑锋般地锐利。应当特别指出:此时他的一只手还在拿着黄布包装的印盒,实际上只用单袖麾舞;最后,他连那只拿着印盒的手指也变了样!从他那拿印盒的手姿和手劲上也可看出:先前看成是身外之物的"印",此时却变成是血肉相连了;而那手式之美也就是说连手上都有了更多的"戏",无怪当他把那黄布包装着的印盒从掌心上高高擎起的时候,台下已是再一阵地掌声如雷了。这一场戏,假如说梅兰芳是一只凤,他就像给空台上布满了彩云;假如说梅兰芳是一条龙,他就像给空台上激满了海水。而实际上台却还是空台,只凭他那飒飒浃浃的演技,不但是充满了台,而且还使满台欲动。②

穆桂英第三次出场,是全剧的最后一场《发兵》。穆桂英披蟒扎靠,戴帅盔,插翎子,抱着令旗宝剑。当杨文广受到夸奖,发出藐视敌人的言论时,穆桂英为了警示儿子,当即假意传令问斩,杨宗保和众将再三求情,穆皆不允,最后寇准讲情,才饶了他。这时梅兰芳借用了程继仙

---

① 郑亦秋:《〈穆桂英挂帅〉排演随笔》,《文汇报》1959年10月12日。
② 景孤血:《"一个人演满台"写在观摩梅兰芳〈穆桂英挂帅〉》,《北京晚报》1959年5月26日。

演《群英会》中周瑜打黄盖时，偷看诸葛亮的做派，在众将求情中，穆桂英在［乱锤］中掏双翎，"向外亮住，先不抖双手，用眼偷看寇准，然后抖右手看右边，转过脸来再抖左手看左边。意思是说，穆桂英首先想窥探寇准的态度，他究竟识破她的用意没有？等看到寇准若无其事地坐在一旁，知道这位老于世故的寇天官已经懂得她的意思，他必然会来讲情的。"①

为了准确、细腻地表达穆桂英二十年后再次升帐点将的心情，梅兰芳在这场戏中设计了［西皮导板］转［原板］、再转［南梆子］、再转回［原板］的唱法，十分新颖。

于连泉也曾谈起《穆桂英挂帅》："这一出戏是很难演的，要有扮相、有嗓子、有基本功夫，还要有元帅的气度，起先要含蓄，之后要放开，而且还不能离开青衣的范围，要演得既稳重又大气，才合乎中年穆桂英的身份。"②

《穆桂英挂帅》是梅兰芳晚年的代表作，诚如周总理对梅兰旁所说："你这个戏很好，看得出是你舞台生活四十年的集中表演，也是你老年的代表作。"

故乡之行

1956年春天，梅兰芳率剧团正在南京演出，突然接到泰州市梅秀冬的来信，信中说他是梅兰芳的兄长，家乡的人们都很想念梅兰芳，希望借此次演出机会顺道回家乡认亲。梅兰芳看过信喜出望外，心情久久难以平静，祖辈与家乡断了音讯已过半个世纪，终于能够回到故乡探亲了，多高兴呀！

---

① 梅兰芳：《我怎样排演〈穆桂英挂帅〉》，《梅兰芳文集》，中国戏剧出版社1962年版，第89页。
② 于连泉：《老当益壮——看〈穆桂英挂帅〉》，《文汇报》1959年10月12日。

3月7日下午，梅兰芳剧团到达江苏泰州，梅夫人福芝芳、儿子梅葆玖也随团抵泰。泰州人民听说梅兰芳回来了，奔走相告，欣喜万分，人们涌上街头，夹道欢迎梅兰芳归来。

　　梅兰芳没有想到故乡人民这样热烈地欢迎自己，心里非常激动，频频把身子探出窗外，向群众招手、点头。保卫人员见群众涌过来，怕出意外，请司机把车开快点，梅兰芳却一再请司机把车再开慢点，他说："这是家乡人民对我的厚爱，我应该和大家见见面。"①

　　汽车在税务桥刚一停下，泰州市领导、人民代表向梅兰芳献上鲜花，当介绍到梅秀冬时，梅兰芳紧紧握住梅秀冬的手说："大哥，今天我终于回到家乡来了，我看望您们来了。"②

　　梅秀冬也十分激动，握着梅兰芳的手，许久说不出话来。梅兰芳住进乔园内的因巢亭，这里是泰州最古老的文化建筑，为明代建造，又名三峰园。

　　当晚，泰州市政府和各界代表一千余人在人民剧场举行欢迎大会。梅兰芳在答谢词中说："返乡是我多年来的一个愿望，今天居然达到了我的目的，怎能不叫我感到高兴！这次来泰州前，南京市陈副市长对我说，泰州是老解放区，在抗日战争和解放战争中，泰州人民英勇斗争，立下了汗马功劳。我听了感到非常骄傲和光荣，因为我也是个泰州人！"③与会代表对梅兰芳充满深情的这番话报以长时间的热烈的鼓掌。

　　第二天，梅兰芳来到梅秀冬家，两人问候、寒暄，格外亲热。梅秀冬拿出《梅氏家谱》给梅兰芳看，并讲述当年梅巧玲随寡母远走天津、北京的情况。梅兰芳将梅巧玲戏装像一幅赠给梅秀冬，并题词："我的祖父巧玲公的戏装像，饰《雁门关》肖太后，系老画师沈蓉圃所绘，赠予秀冬大

---

① 居湧：《万人空巷看艺王——梅兰芳先生返乡纪实》，《中国戏剧》1989年10月号。
② 梅葆琛：《怀念父亲梅兰芳》，中国社会出版社1994年版，第130页。
③ 梅绍武：《梅兰芳泰州寻根记》，《人物》1994年第5期。

哥,以资供养。"①

两天后,梅兰芳、福芝芳、梅葆玖由梅秀冬陪同,来到鲍家坝祖坟祭扫,敬献了花圈。

梅兰芳在泰州共演出6场,主演了《贵妃醉酒》、《奇双会》、《宇宙锋》、《凤还巢》、《霸王别姬》。只有1 000多个座位的人民剧场场场座无虚席,剧场门外搭起华丽的彩门,高挂宫灯,引人注目。除泰州外,江都、扬州、兴化、高邮、泰兴、泰县等地观众也前来购票,有的人为买到一张票头天晚上就排队。泰州城北有位老太太曾两次专程去上海购戏票,想看梅兰芳的戏,因未买到戏票失望而归;这次梅兰芳在泰州演出,老太太终于买到一张戏票,她高兴地对邻居说:"这回可好了,梅老板把戏送到家门口了,在我有生之年还能看到梅先生的演出,死了也闭眼了!梅先生要不是泰州人,恐怕我这辈子也看不到他的戏啊!"②

更多的观众购不到戏票,市广播站就在市中心装上了高音喇叭,进行实况转播,每场都有许多观众兴致勃勃地在街头收听,感到非常过瘾。

在泰州,梅兰芳祭扫了革命烈士祠,游览了泰山公园、岳王庙,并为公园画了一幅水墨梅花。梅兰芳还特意品尝了泰州土产大炉烧饼,品尝了功德林素食馆厨师做的素菜,连声称赞家乡的菜好吃,家乡的厨师手艺高。

3月15日,梅兰芳结束了在故乡的访问演出,带着泰州人民的深情厚意,依依惜别。汽车开动的一瞬间,许多乡亲热泪盈眶,挥手相送;梅兰芳的眼睛也湿润了,他默念着:祖父,我终于回到您的家乡,并为乡亲们演了戏,乡亲们,再见了,我还要回来看望你们的。

梅兰芳逝世后几年,十年动乱使北京梅家和江苏泰州亲属断了联系。直到1981年,梅家子女先后再回泰州故乡,与家乡人民团聚。

---

① 《梅兰芳与泰州》,江苏《泰州文史资料》第4辑。
② 居涌:《万人空巷看艺王——梅兰芳先生返乡纪实》,《中国戏剧》1989年10月号。

1981年5月,梅绍武和夫人屠珍到扬州开会后,顺道访问故乡,打算探望梅秀冬伯父一家,并借阅梅氏家谱。到家后,才知道梅秀冬老人已经逝世。九十多岁的梅伯母及其子女见到梅绍武夫妇非常高兴,梅伯母拉着梅绍武的手,指着墙上挂着的多幅照片,激动地说:"这都是你父亲当年和我们一家欢聚时照的,前些年说什么也舍不得让人毁掉,一直偷偷藏了起来,如今终究又挂了出来。"梅绍武问及家谱时,才知那部珍藏的典籍早已在"文革"中被焚毁,无法披露于世。

1985年10月,梅绍武应江苏省副省长张绪武的邀请,参加了南通市纺织博物馆的开幕典礼,拜谒了张謇先生的陵墓,参观了梅欧阁,与张绪武一家重叙了世交友谊,然后第二次访问了泰州。泰州市副市长陆镇余为梅绍武放映了"梅兰芳诞辰九十周年"纪念活动的全部录像,参观了梅兰芳剧院和梅亭。

梅葆玥、梅葆玖姐弟曾于1982年10月下旬来到泰州访问演出,26年后再一次回到故乡梅葆玥倍感亲切。梅葆玖向姐姐介绍泰州的风土人情,与梅秀冬的家人亲切交谈。梅兰芳"重返故乡演出"的夙愿,终于由梅葆玥、梅葆玖姐弟实现了。他们后来撰文写道:"在泰州演出的半个月中,我们把能演的梅派戏全都演了,乡亲们也以最大的热情欢迎我们和爱护我们。""我父亲的老搭档——七十多岁的名须生王琴生,想起他当年陪我父亲来泰州演出的盛况尤为高兴。"

梅葆玥、梅葆玖还特意为泰州福利院的老人上门送戏。95岁高龄的江友兰和80岁的张桂林看过戏后十分激动,送别梅葆玥姐弟时潸然泪下:"旧社会我们这些孤寡老人流落街头无人过问,而今,梅大师的一双儿女却给我们送戏,这是过去做梦也想不到的啊!"

1984年秋,泰州举行"梅兰芳诞辰九十周年"纪念活动前夕,梅葆琛和夫人林映霞从南京来到泰州。梅葆琛夫妇在陆镇余副市长的陪同下,参观了梅兰芳剧院、市文化局等处,拜谒了梅氏祖先墓地,并参观了在建的梅兰芳纪念亭。10月6日,梅葆琛夫妇游览泰州公园,来到梅兰芳塑像的雕刻现场,刚刚转出过道,见到一米多高的梅兰芳塑像,两人异口同声说:"很像!很像!"林映霞便向梅葆琛提议:"我们和'父亲'一起照张相吧。"于是他们一左一右紧挨着尚未干透的石膏塑像,请泰州文化馆的栾学志为他们拍了照,并和主持雕塑的张执中等人合影留念。梅葆琛后来撰文深情地回忆:"我们在故乡的时间虽短暂,但家乡人民的盛情是难以忘怀的,这深情厚谊主要是我父亲在1956年回乡认亲并为家乡父老演出时播下的种子,今天得以开花结果。"[①]

1984年10月,江苏省文化厅、中国戏剧家协会江苏分会和泰州市人民政府在泰州隆重举办"梅兰芳诞辰九十周年"纪念活动。梅葆玥、梅葆玖和梅绍武夫人屠珍与会。10月8日的大会上,梅葆玖代表梅家发言。

1994年,"梅兰芳诞辰一百周年"纪念活动在泰州举行,梅兰芳的曾孙、梅葆琛的孙子梅玮随梅剧团赴家乡演出梅派名剧,彩唱《贵妃醉酒》《凤还巢》片段,清唱《霸王别姬》《穆桂英挂帅》选段,受到家乡人民好评。

1999年秋,纪念"梅兰芳诞辰一百零五周年"学术研讨会由泰州市梅兰芳研究会和泰州市梅兰芳纪念馆联合举办,来自北京、河南、辽宁、江苏各省和新加坡的梅派艺术研究者与会。梅兰芳的长孙梅卫平夫妇参加了研讨会。

故乡人民永远怀念京剧艺术大师梅兰芳!

[①] 梅葆琛:《怀念父亲梅兰芳》,中国社会出版社1994年版,第194页。

八　蜚声海外

艺满天涯

从 1919 年 4 月至 1960 年 2 月，梅兰芳多次出访日本、苏联，还访问过美国、波兰、德国、法国、比利时、意大利、英国、奥地利、朝鲜等国家。虽然梅兰芳到过的国家只有十几个，但他是第一个把中国京剧艺术介绍给外国观众的京剧艺术家，他精湛的表演艺术受到日本、美国、苏联等国家戏剧家的高度评价。著名话剧家黄佐临把梅兰芳同苏联的斯坦尼斯拉夫斯基、德国的布莱希特并列为世界三大戏剧体系代表，认为梅兰芳戏剧体系是三大戏剧体系中最生动、丰富的戏剧体系。

三渡扶桑

辛亥革命后，梅兰芳排演的古装新戏和时装新戏，引起各国宾客的极大兴趣，特别是同中国一衣带水的日本来宾，他们到北京来几乎很少有不看京剧的。在这些来访者中，对中国京剧的研究者、喜爱者很多，如日本明治时代著名戏剧家福地樱痴的长子、地质学家福地信世，从1917年开始创作戏剧素描，十年间画了几百幅画，他挑选出173幅，装订成四册素描簿，其中以梅兰芳的剧装像最为出色。

福地信世的朋友若林弥一郎曾写《福地君轶事》一文，文中说：

> 当时北京梅兰芳等名角如云，鄙人每天都被福地君约去看戏。有时一天看日夜两场。福地君拿着铅笔，似睡非睡地画着类似素描的写生画。到第二天早晨，准能完成几幅五彩缤纷的非常好看的图画。
>
> 有一天他到梅兰芳家登门拜访，得知梅在舞台上的娟娟姿容同台步有很大关系。我亲眼目睹了他模仿梅的台步。除此之外，他向梅问了许多专业性的问题。梅兰芳把当时在《思凡》里用的云帚赠送给他。①

1918年，日本帝国剧场董事长大仓喜八郎到北京旅游，经福地信世的介绍，在冯幼伟的陪同下，观看了梅兰芳的《天女散花》，他没有想到中国竟有这样优美的歌舞剧，大加赞赏，并邀请梅兰芳访日演出。

梅兰芳这时已经接到好几个国家的邀请，他考虑到中国和日本有比较接近的文化传统，中国古典戏剧在日本更容易让人接受，同时也可借访日之机了解、研究日本的歌舞伎和谣曲，决定先赴日本访问。

梅兰芳剧团一行二十多人于1919年4月21日启程，25日晚到日本东京，5月1日开始演出。梅兰芳的表演受到东京观众的热烈欢迎，最受欢迎的剧目是《天女散花》和《御碑亭》。

凡鸟在5月3日的《国民新闻》上撰文《显示了天赋的艺术风貌，梅兰芳第一天的演出》，评论说：

---

① ［日］福地言一郎编追悼集《香语录》（1943年3月），转引自［日］吉田登志子：《梅兰芳1919、1924年来日公演的报告》，《梅兰芳艺术评论集》，中国戏剧出版社1990年版，第641~642页。

梅最精彩的地方就是他扮演的天女踏上缥缈的云路时的舞姿，真是举世无双。他很重视一举一动的定形，这点很酷似日本舞俑。而且从一个定形到另一个定形的过程是用柔软的动作和手势衔接起来的，不知该怎么形容它才好……他那自如的动作和大方的舞台技巧有着第一流演员的风范，给人的印象愉快。特别是散花的身段，极尽轻松活泼之能事，姿态妙趣横生。①

仲木贞一的文章《梅的"御碑亭"》认为：

梅扮演的孟夫人很美，很温柔，能表现出贞淑的女性特征，特别好的是姿容清秀而可爱。遗憾的是我完全不懂唱词，所以不能欣赏《御碑亭》里最紧要的地方。在这出戏里用鼓让观众听雨声，用钟表示深更半夜的凄凉，这非常有日本味。②

《御碑亭》演出场次不及《天女散花》，却收到意想不到的效果，日本观众非常喜爱这出戏。有"中国通"之称的戏剧家波多野乾一对梅兰芳说："《御碑亭》演出时，观众的反映也异常强烈，有些女观众掩面而泣，因为像王有道休妻的事在日本是屡见不鲜的，她们有身世之感，所以流下同情之泪。"③

梅兰芳在演出中结交了一些日本歌舞伎的朋友，如中村雀右卫门、尾上梅幸、守田勘弥、河合五雄、菊五郎、市川猿之助等。他们同台演出，

---

① 转引自[日]吉田登志子：《梅兰芳1919、1924年来日公演的报告》，《梅兰芳艺术评论集》，中国戏剧出版社1990年版，第648页。
② [日]仲木贞一：《梅的"御碑亭"》，《读卖新闻》1919年5月14日。转引自[日]吉田登志子：《梅兰芳1919、1924年来日公演的报告》，《梅兰芳艺术评论集》，中国戏剧出版社1990年版，第649页。
③ 转引自[日]吉田登志子：《梅兰芳1919、1924年来日公演的报告》，《梅兰芳艺术评论集》，中国戏剧出版社1990年版，第650页。

交流经验。梅兰芳见面容瘦削的中村雀右卫门化妆上台后面庞丰腴适中，便向中村请教，中村告诉梅兰芳："我用两个棉花团塞到嘴里，用手指推到两面腮帮部位，就鼓起来了。"[①]后来，梅兰芳在化妆方面也仿照并采用了日本歌舞伎的部分画眉、眼窝的方法。

梅兰芳剧团未公演前，熟悉梅兰芳的福地信世在《中央公论》4月号上写了一篇《支那戏剧的话》，指出：

……他把唱词设计成清新悦耳的腔调，又把舞蹈身段加了点西洋舞姿，服装是按照当时古老的服饰样式设计的。他的表情不是以往的旧支那剧那样常见的呆板，而是从内心自然显示出来的富有深情的表演……这就是梅兰芳独有的东西。目前有人担心支那戏剧同当前的世界趋向不相适应，成为日本能乐那样一种艺术古董，远离现实社会，但是我觉得梅的新尝试能与正在进步的社会步调一致，同它一起前进，将来是有希望的。我想，梅来到日本看了日本的剧目、舞俑，这对他来说，也许会具有更多的吸收。[②]

梅剧团于5月17日晚离开东京，又先后到大阪、神户演出了8天。梅兰芳于5月26日回国前，发表了访日感想：

我国戏曲与其说是供观看，不如说是在听的方面更受重视。所以对我们来说，这次访日受到了各方面的刺激。首先我觉得以往的京剧不但跟时代没有联系，而且在布景、服装方面考虑得不够。应该从这些方面加以改良，否则京剧不能进步。另外，日本戏剧尽管

---

① 许姬传、许源来：《忆艺术大师梅兰芳》，中国戏剧出版社1986年版，第18页。
② 转引自[日]吉田登志子：《梅兰芳1919、1924年来日公演的报告》，《梅兰芳艺术评论集》，中国戏剧出版社1990年版，第651～652页。

有旧剧、新派剧、喜剧的区别，但在艺术上同我们的比较起来，更注重技巧，我们则只用身段来表示喜怒哀乐。所以，看了他们精致巧妙的表情，使我们惊诧不已。但这些情况也都是由于我国对戏曲的要求有所不同，才被引导到今天的这一步。①

1923年9月1日，日本东京因关东大地震引起大火，东京市内中心部分顷刻间化为灰烬，死伤和失踪者达十三万余人，剧场几乎全部毁掉。梅兰芳听说后，在北京联合京剧界举行了义演，把全部收益一万余元捐献给日本红十字会。

1924年东京帝国剧场重新修复，大仓喜八郎董事长再次邀请梅兰芳访日，庆祝剧场隆重开幕和大仓的八十八岁寿诞。

梅兰芳接受了邀请，率梅剧团一行四十余人于10月9日启程，12日到日本门司，14日到东京。梅剧团此次赴日演出的剧目有《麻姑献寿》《红线盗盒》《廉锦枫》《奇双会》《贵妃醉酒》《黛玉葬花》等。

《万朝报》10月29日的晚报登载中内蝶二的《帝剧所见·最精彩的是梅兰芳》一文，极为赞赏梅兰芳的表演艺术，认为：

> 作为纪念剧场改建的演出，大家都认为梅兰芳的表演是最精彩的，对帝剧的专属演员来说，这是个很尖锐的讽刺。从他们的立场看问题，这可以算作受了侮辱；在旁观者的眼中，则会说他们没有志气。
>
> ……
>
> 梅兰芳第一天的剧目是《麻姑献寿》。虽然这是一出祝贺喜庆的戏，只要文雅与美丽就行；然而一看到梅兰芳的那种端庄优美的姿容和恰到好处的顿挫有节奏的动作，再听到他那用纤细尖新的嗓音

---

① 转引自[日]吉田登志子：《梅兰芳1919、1924年来日公演的报告》，《梅兰芳艺术评论集》，中国戏剧出版社1990年版，第664页。

唱出来的美妙唱腔，人们就像邀游于另一个天地之中，这里有盛开着的美丽的香花，有漂亮的禽鸟彼此和鸣，这里是如此温馨，令人感到无比快乐。①

同梅兰芳上次访日一样，梅兰芳1924年的访日，福地信世仍然起到极为重要的作用：从协助大仓喜八郎和波多野乾一斡旋梅剧团访日，到选择剧目，撰写《支那戏曲说明》，评论梅兰芳的表演等等；并于梅剧团抵达东京后，在银座售票代理处举办了十天福地信世京剧素描展览会，展出包括梅兰芳在内的中国京剧艺术家的素描一百多幅。

在东京演出期间，梅兰芳到本乡座观摩了日本演艺界演出的《劝进账》等剧；到市村座看了舞俑《鹭娘》《渔师》等。

11月5日，梅剧团离开东京前往大阪。11月7日至11日，梅剧团在大阪宝冢大歌剧院演出五场，梅兰芳主演了《红线盗盒》《贵妃醉酒》《洛神》等剧。

《大阪朝日新闻》1924年11月10日的晚报刊登了玖珉盘题为《宝冢的梅兰芳》一文，评论说：

> 梅本人的风格是端丽的，以演"青衣"擅长，所以他演的都是贞淑的妇女。像杨贵妃这样……原是"花旦"应工的代表人物，照理说对梅的一贯风格也许不太合适……然而，梅扮演的杨贵妃虽然很艳丽，却并不妖媚，其醉态的确可爱，却丝毫不含邪念。演这种花旦戏而风度居然如此高雅，这是梅的特点之一。②

---

① 转引自[日]吉田登志子：《梅兰芳1919、1924年来日公演的报告》，《梅兰芳艺术评论集》，中国戏剧出版社1990年版，第672~673页。
② 转引自[日]吉田登志子：《梅兰芳1919、1924年来日公演的报告》，《梅兰芳艺术评论集》，中国戏剧出版社1990年版，第680页。

11月12日，应日本帝国电影公司的邀请，梅兰芳和姜妙香、朱桂芳等几个人去小阪电影制片厂拍摄《红线盗盒》《廉锦枫》（梅饰廉锦枫，朱桂芳饰蚌形，只拍"刺蚌"一场）《虹霓关》（梅饰东方氏，姜妙香饰王伯当，只拍"对枪"一场）三部无声黑白片。本来十几分钟的片子，由于现场请人翻译、练习、重拍或等摄影师调动镜头等原因，整整拍了一天才完成。

连日的劳累，加上拍完影片，日本朋友请梅兰芳吃"鸡素烧"，引起胃部不适。接着梅兰芳参加了11月13日京都市的观摩演出，终于引起胃痉挛，腹痛得厉害，并且发高烧，昏迷不醒。梅兰芳的朋友急忙请来京都名医今井泰藏，经过今井泰藏的细心调治，耐心护理，梅兰芳很快恢复了健康。回国前，今井泰藏把梅兰芳请到家里，设宴饯行。中国的京剧大师和日本的医师结下深厚的友谊。

几十年后，梅兰芳在《我的电影生活》中回忆这段往事，仍然充满怀念之情，他回忆说：

……我回国之前，送他医药费，他坚决不收，还请我到他家吃日本饭，饭后同今井先生和他的夫人、女孩一起照了相。今井谈起中国用翡翠做衬衫的扣子很美观，我答应送他一副。但后来因为国际形势的变化，我和日本朋友就失去了联系。事隔三十多年，1956年的夏天，我参加中国访日京剧代表团访问日本，带了一副翡翠扣子到京都，准备送给今井先生，不想今井先生在十三年前已去世了。我找到他家里，把这副扣子献在他的遗像面前，作为我对这位曾经挽救过我的生命的老友的一种敬意和悼念。[①]

[①] 梅兰芳：《我的电影生活》，中国电影出版社1984年版，第22页。

1956年5月,梅兰芳作为中国访日京剧代表团团长,受周总理和祖国人民的嘱托,率欧阳予倩、马少波、孙平化、李少春、姜妙香、李和曾、袁世海等共八十多人赴日本,这是梅兰芳历次出国演员阵容最整齐、规模最大的一次。

代表团于5月26日下午到达东京,下榻在帝都饭店,这里对面是皇宫,环境幽静。饭店经理见到梅兰芳,兴奋地问:"您还记得我吗?"梅答:"面善得很。"经理说:"当年您到美国去的时候坐的是日本邮船'秩父丸',我就在那只船上担任事务长,我在船上,还看到您的戏,可是那只船在第二次世界大战中沉掉了。"①

第二天,梅兰芳见到了几位老朋友,其中有当年梅兰芳两次访日演出时帝国剧场经理山本久三郎,有酷爱京剧、绘制多幅老辈京剧艺人戏装画的戏剧家波多野乾一,日本著名园林学专家、梅兰芳的朋友龙居濑三的儿子龙居松之助。波多野乾一赠给梅兰芳一本专著《支那剧大观》。谈起杨小楼、龚云甫、郝寿臣等艺术家的表演,波多野乾一仍像当年那样津津有味;龙居松之助则与梅兰芳谈起中日园林学的不同特点,并把他写的《日本之庭园》一书赠给梅兰芳,龙居松之助说:"日本的庭园经飞鸟时代(相当于我国唐高宗时代)一直到近代,始终是生活中不可缺少的东西。关于庭园的布置也和文学艺术作品一样都是受了中国的影响,并且有些名园就是中国造园的名手到日本来修建的,日本庭园的结构意境,一般都带着些中国宋元山水画的风格,一丘一壑,一树一石,小桥流水,楼阁亭台,无不疏落有致,位置得宜……"梅兰芳认为:"中国的园林有悠久的历史,从乾隆以后才逐渐衰落下来,最近我们正在竭力设法使许多名园恢复旧观,像苏州的几个有名的园林,已经初步地整

---

① 梅兰芳:《东游记》(许姬传记),《新观察》1956年第17期。

理修葺，但在这方面我们的经验是不够的。这本书带回去，会给我们很多益处。"龙居松之助说："我们的文化交流，应该从戏剧艺术推广到园林艺术。"①

5月29日，日本各界在东京会馆举行鸡尾酒会，欢迎中国访日京剧代表团。著名演员村田嘉久子回忆三十年前她同守田勘弥在中国访问演出时，曾得到梅兰芳的许多帮助。一位日本演员说："虽然我们没有复交，但我们两国人民的心却紧紧地连在一起了。"一位日本老音乐家说："我要向梅兰芳先生道歉，因为当年我没有征得他同意，就把《天女散花》的音乐曲调用到我们的《西游记》里去，以后凡是神话中仙女出场，我都使用这个牌子。"②

5月30日，中国访日京剧代表团的首场演出在东京歌舞伎座开幕。朝日新闻社代表白石凡和中国京剧代表团副总团长欧阳予倩讲了话，然后开戏，剧目是袁世海、李和曾的《将相和》，江新蓉、江世玉的《拾玉镯》，李少春、谷春章的《三岔口》，梅兰芳的《贵妃醉酒》。最后这出戏由姜妙香、孙盛武分饰裴力士、高力士，侯玉兰、江新蓉、徐玉川、梅葆玥、张雯英、陈丽华、严慧春、吴素英饰八宫女。

当梅兰芳扮演的杨贵妃刚一登台时，剧场的三层楼上有人怪叫一声，撒下许多传单，梅兰芳马上定住神，心想这肯定不是赞誉的传单，且不理它，专心演戏。回到后台，梅兰芳从副团长孙平化手中接过一张传单，上面写道："抗日的梅兰芳先生为何来到日本？"梅兰芳不屑地一笑，撕碎了传单，随手扔进便桶中。适逢记者到后台采访，梅兰芳严肃地说："传单是对我蓄须明志极大的诬蔑！当年我蓄须是为了不为侵略中国的一小撮法西斯反动军阀演出，如今这些人已遭到历史的惩罚；今天访日是为日本人民演出，日本人民和中国人民一样，都是战争的受害者，我正是肩负着

---

① 梅兰芳：《东游记》（许姬传记），《新观察》1956年第17期。
② 同上。

周恩来总理交给我的联络中日两国人民友谊、沟通中日文化的使命来日本演出的。"① 次日,《读卖新闻》晚刊登出评论:"有些坏小子向梅兰芳的舞台上扔反共传单,这些混蛋像垃圾一样,在任何角落里总会有一些的。"②

一小撮企图恢复日本军国主义的极右分子的破坏、捣乱过去了。日本更多的报刊报道、评论中国京剧代表团的首场演出,日本各界观众对中国京剧艺术家的表演报以热烈的掌声、喝彩声,"他们虽然不懂中国话,但对剧情和京剧特有的上马、开门、过桥、登楼的虚拟的动作,大部分是能够理解的。如《将相和》里面廉颇向蔺相如负荆请罪的一场;《拾玉镯》的做活、哄鸡;《三岔口》的摸黑(开打);《醉酒》的过桥、看雁、闻花、衔杯……的身段都有强烈的反应。"③

6月2日,三笠宫亲王和王妃看了中国京剧团演出的《空城记》《秋江》《猎虎记》《霸王别姬》四出戏,三笠宫看完戏后向梅兰芳祝贺演出成功,并说:"看了贵国杰出艺术家的演出,使我很高兴,你们的表演和服装都很美,你们的艺术是古典的而又是有青春气息的,使我非常佩服。"④

6月3日下午,中国京剧代表团冒雨来到日本著名戏剧家市川猿之助家里做客。市川猿之助和家人早早就打着雨伞在门口等待,代表团一到来,市川猿之助就紧紧拉住梅兰芳和欧阳予倩的手,一同走进屋子。他特意准备了中国菜,招待中国代表团成员,在欢声笑语的友好气氛中,市川猿之助高举酒杯致欢迎词:"去年我们在北京分手的时候,就盼望在东京见到你们,这一天居然来到了。今天能够在我家里招待各位,我心里的高兴,简直是无法形容的。我感谢各位给我们全家带来的极大的快乐。我感谢各位把优秀的京剧艺术介绍给日本人民,并祝贺各位已经获得的巨大成

---

① 朱振华、吴迎、梅葆玖:《德艺双馨:艺术大师梅兰芳》,山东大学出版社1994年版,第125页。
② 梅兰芳:《东游记》(许姬传记),《新观察》1956年第17期。
③ 同上。
④ 同上。

就。"梅兰芳也高举酒杯,感谢市川的盛情,并祝愿中日两国人民的文化交流日益发展,两国人民的友谊松柏常青。欧阳予倩说:"今天的聚会是中日两国艺术家和两国人民友谊的集中表现。我想,真挚的感情,不是一道'银河'(指日本"七夕带"故事)可以阻挡得住的。"①

饭后,市川猿之助为中国艺术家表演了日本古典舞"浦岛"里面的钓鱼身段,市川生动、细腻、富有生活气息的表演深深吸引了大家。

临别,市川猿之助送给中国京剧代表团八十六件和服式睡衣,市川夫人还亲自教女演员穿和服的方法,中国演员们认为这一天过得特别愉快。

6月4日下午,朝日新闻社在帝国饭店招待中国访日京剧代表团。中日人士谈起梅兰芳当年访日演出的盛况,谈论为什么《御碑亭》在日本观众中格外受欢迎,是因为日本妇女在家庭中没有地位,所以当年许多女观众看了这出戏流下同情的眼泪。一位莅会的外国使馆的朋友端详着梅兰芳,有点惊讶地说:"二十年前就看过您的戏,想不到您还是那么年轻,请谈谈您的驻颜术。"梅兰芳一笑,说:"这几年我们国家比过去强盛,大家生活安定,我心里畅快……我已经六十二岁了,还喜欢和青年人在一起,我们这次同来的演员,大半是二三十岁的青年人,这对我来说也是有影响的。演员如果离开舞台,很快地就会变样子,颓唐下去;我现在每年在舞台上还保持一百场到一百二十场的演出记录,这也是不见衰老的原因之一吧。"

有几位日本朋友谈起中国政府教育、释放战犯的事情,他们诚恳地向梅兰芳表示,日本当年曾侵略过中国,屠杀中国人民,给中国和中国人民带来深重的灾难,他们感谢中国政府的宽大仁慈和崇高的人道主义精神,希望中日两国永不再战,中日两国人民世世代代友好下去。

---

① 梅兰芳:《东游记》(许姬传记),《新观察》1956年第17期。

这一天，中国京剧代表团在河竹繁俊博士陪同下，参观了早稻田大学的演剧博物馆，该馆是为了纪念"戏剧之父"坪内博士而修建的。博物馆存有日本戏剧板画、日本名演员的照片和画像、服装、道具等等。

欧阳予倩虽然腰、腿关节不好，还是以极大的热情为早稻田大学三千余名师生作了题为"关于中国京剧"的演讲。

梅兰芳率中国访日京剧代表团在东京演毕，又到福冈、八幡、大阪、名古屋、京都等地进行演出。

在八幡，八幡制铁厂工人听说梅兰芳来演戏，非常高兴，上午九点就有不少人在体育馆门前等候入场。日本戏剧界朋友大木、长谷川、藤浪赶来帮助布置舞台。到下午三点，体育馆门外的长队排了一里地之遥。中国京剧代表团的谷春章中暑了，但他吃过药坚持上场，和李少春演出了《三岔口》。

在大阪，朝日新闻社等单位在中国京剧代表团下榻的饭店对面高楼当中，升起几个大红气球，每个气球下面的彩色绸带上写着："欢迎中国京剧代表团梅兰芳先生一行八十六人。" 6月16日下午，梅兰芳访问了已故日本戏剧家中村崔右卫门的夫人，谈起当年梅兰芳访日时中村和梅兰芳的交往，中村夫人还把用彩色丝织品做成的中村崔右卫门的戏装造像赠给梅兰芳。到大阪几天后，梅兰芳见到前来拜访的八十八岁的日本傀儡戏演员吉田文五郎。梅兰芳、欧阳予倩应邀参加了在大阪举行的中日儿童画展开幕式，日本小朋友西村贞一说："我们愿意从童年起就和中国小朋友结下纯洁而深厚的友情。"

7月4日，中国京剧代表团准备离开大阪时，五名爱国华侨因制止个别右翼分子散发传单和用扩音器说侮辱代表团的话，被日本警方拘留。听到这个消息后梅兰芳非常生气，他严肃地对大家说："我们不走了，大阪警察不把这五个人放出来，我们就不能离开这里。"在新闻记者招待会上，梅兰芳再次揭露这个阴谋，他说："大阪警察局这种做法是非常不友好的，也是非法的。一天不把非法拘留的爱国华侨放出来，我们代表团就一天不离开这里！"①当天下午，被拘留的华侨全部被释放了出来。

在京都，梅兰芳和姜妙香演出了《奇双会》，日本观众很喜欢这出戏。梅兰芳为使剧情更为紧凑精练，删去《写状》一场的一段道白。朝日新闻社记者冈崎俊夫问梅兰芳："我看了《奇双会》很满意，因为我都看得懂；就有一点不能理解，为什么赵宠不知道他太太的名字，要到写状时才知道她叫桂枝？"梅兰芳答："这个问题，不独是日本朋友不能理解，在中国也有许多青年观众写信来问我，其实在中国的旧时代里，丈夫不知道妻子的名字是极普通的情况……赵宠和桂枝是成婚不久的新婚夫妇，所以借写状的机会，问出她的名字，这是很自然的……我觉得通过戏剧让现在的青年知道一些古代人民的生活习惯，是并没有什么不好的。"②

访日期间，代表团考虑到梅兰芳除了演戏外，还有许多社交活动，有些场面(如《醉酒》宫娥上下场)可由旁人代替，但他不答应，他认为这样做演出时会合不上拍子，影响整台戏的效果。梅兰芳对每次排演都很重视，"在排演当中，他总是那么认真和不怕麻烦。有一个人的动作不够熟练跟不上时，他就耐心地跟着一遍一遍地再来。这样严肃的创作态度和尊重别人的劳动精神，深深地感动了每一个共同工作的成员。"③

中国访日京剧代表团的演出，受到日本各地观众的热烈欢迎和高度评价。日本松竹会社社长大谷竹次郎称赞说："我从事戏剧事业六十年了，从没见过任何一个剧团有你们这样的轰动。这一次京剧在日本的演出，出现了日本舞台上六十年来空前未有的盛况！"④日本戏剧界人士认为："新

---

① 欧阳山尊：《忆梅先生》，《戏剧报》1961年第15、16期合刊。
② 梅兰芳：《东游记》（许姬传记），《新观察》1956年第17期。
③ 欧阳山尊：《忆梅先生》，《戏剧报》1961年第15、16期合刊。
④ 梅兰芳：《中日两国人民的深厚友谊》，《梅兰芳戏剧散论》，中国戏剧出版社1959年版，第248页。

中国的京剧最显著的特点就是舞台形象高度的统一。"[1]有一位叫小谷刚的小说作家,抱着专挑毛病的成见来看戏,中国演员精彩的表演却使他赞叹、流泪,后来他在报纸上发表了赞美京剧艺术的文章。

京都大学教授、汉学家吉川幸次郎看过中国京剧代表团的演出,特写"南座观剧绝句"五首:

锣鼓喧天歌绕梁,重来三岛问沧桑。
人民中国乾坤辟,齐放百花斗艳芳。
不闻锣鼓之声久矣,梅兰芳团长,远别日本,逾三十年。其间,三岛饱经桑海,而大陆中国拨云见天。毛泽东主席所示"百花齐放,推陈出新"之伟论,亦于京剧革新中见之。
歌声当日彻云霄,旧梦宣南尚可招,
铜狄堪摩人未老,羡君风度愈迢迢。
余始观梅氏《洛神》一剧,在北京宣武门外某剧场,已二十年前事,绕梁余韵,犹记渭城。而世事变迁,乃如梦幻。梅氏此来,翩翩风度,不减当年,又孰信其为六十以外人也。

何如唐代踏谣娘,鱼卧衔杯亦擅场,
莲步蹒跚尤夺魄,可怜飞燕醉沉香。
梅氏之《贵妃醉酒》,与唐代古舞如何,固不可知,然如"卧鱼"、"垂手"、"衔杯"、"醉步",种种姿态,令人神往于李太白清平调"可怜飞燕倚新装"及"沉香亭畔倚栏杆"之佳句也。

由来百戏汉京能,平子赋存犹足征,

---

[1] 梅兰芳:《中日两国人民的深厚友谊》,《梅兰芳戏剧散论》,中国戏剧出版社1959年版,第250页。

差喜延年后人在，跳丸挥霍尽飞腾。

欧阳予倩副团长云，武剧源流出于汉代百戏，张平子《西京赋》已及之。然则李少春之《三岔口》，腾跃多姿，岂李延年之苗裔欤。

好事当年记品梅，东山墓石长莓苔。

贞元朝士雕零尽，陈氏道人句倘裁。

大正八年梅氏初次访日。内腾湖南、狩野君山、滨田青陵暨京都之学者名流，竟作观剧文字，当时曾由汇文堂书店辑为《品梅记》行世。今则耆旧凋零，汇文堂旧主逝世后，由陈道人接手经营，此次亦为南座观剧之座客，不审能继承前人、再度刊行品梅专集否。

临回国前，梅兰芳两次拜访了围棋大师吴清源，吴清源送给梅兰芳一本《吴清源围棋全集》和一只果绿色七宝烧的花瓶；梅兰芳也把自己的著作《舞台生活四十年》《梅兰芳剧本选集》《〈宇宙锋〉、〈醉酒〉画册》及一些戏装照片赠给吴清源，京剧大师和围棋大师坐在一起合影留念。

7月12日，中国访日京剧代表团圆满结束了对日本的友好访问，满载着日本人民的友好情谊，梅兰芳率代表团飞回了北京。

赴美演出

1929年秋，梅兰芳开始做赴美国访问的准备：齐如山改写了《中国剧之组织》，编写了《梅兰芳的历史》；徐兰沅、刘天华、汪颐年等合作编印《梅兰芳歌曲谱》；编印戏剧说明书，绘制戏剧图案，确定剧目。

剧目虽然定了，但是每场演出的剧目串换、时间安排，齐如山感到颇费脑筋。他去请教张伯苓的弟弟、早年曾在美国哥伦比亚大学学习、既熟悉中国京剧又熟悉西方戏剧的南开大学教授张彭春。张彭春果然语出惊人，他说："《刺虎》（全名《费贞娥刺虎》）这出戏非演不可，因为他不但是演明代的兴亡，并且贞娥脸上的神气，变化极多，就是不懂话的人看了，也极容易明了。"[①]谈到演出时间问题，张彭春认为："恐怕每晚得有四出才好，为的是变化观众的眼光，使他们不至于感到厌倦。可是戏码一多，时候太久了，怎么好呢？能不能把梅君的各种舞抽出来，单演一场？那样时间不过几分钟，观众的精神，就觉得活动多了。"[②]齐如山感到张彭春颇有见地，于是把这些剧目中梅兰芳的各种舞蹈，又抽出来编排了一次。他又听取梁社乾的意见，加了一出能演踩跷功的《辛安驿》。

1930年1月，梅剧团一行二十余人从上海乘英国加拿大皇后号轮船出发，经日本、加拿大到美国西雅图。

梅兰芳剧团的首场演出在美国首都华盛顿。中国驻美公使伍朝枢在公使馆举行梅剧团演出招待会，梅兰芳在招待会上演出了《千金一笑》（即《晴雯撕扇》），朱桂芳、刘连荣、王少亭演出了《青石山》。

正巧张彭春应美国某大学邀请赴美国讲学，也应邀观戏。他到后台来看梅兰芳，梅兰芳忙问："今天的戏，美国人看得懂吗？"张彭春答："不懂，因为外国没有端阳节，晴雯为什么要撕扇子，他们更弄不清楚。"梅兰芳紧握住张彭春的手说："张先生照您的说法要另选剧目，请您帮忙代我重新组织安排一下。"张彭春说："我愿意帮忙，但讲学若延期，必须得家兄伯苓的同意。"[③]

梅兰芳立刻打电报给张伯苓，张伯苓很快复电同意。梅兰芳便请张彭春担任剧团总导演，这是梅兰芳剧团第一次建立导演制，也是懂得戏曲的话剧行家第一次做京剧导演。在商议剧目安排的会上，张彭春谈了自己的

---

① 齐如山：《梅兰芳游美记》，岳麓书社1985年版，第29～30页。
② 齐如山：《梅兰芳游美记》，岳麓书社1985年版，第30页。
③ 许姬传、许源来：《忆艺术大师梅兰芳》，中国戏剧出版社1986年版，第21～22页。

看法:"外国人对中国戏的要求,希望看到传统的东西,因此必须选择他们能够理解的故事。中国戏的表演手段唱、做、念、打,这些都是为剧情服务的,外国人虽不懂中国语言,如表情动作做得好,可以使他们了解剧情,每次演出剧目要多样化,如同一桌菜肴,具备不同的色、香、味,才能引人入胜。我主张以传统戏为主,武打古装戏作为片段,服装化妆要搭配。帔、褶、蟒、靠、彩鞋、厚底靴、长胡子、净脸、花脸、大头、贴片等,要注意色彩图案的调和。"①

考虑到演出时间不宜过长,梅兰芳每场戏主演四出戏中的三出,当中隔着幕间音乐、休息、叫帘(观众请演员再开幕露面)、梅兰芳换装等因素,张彭春、齐如山和梅兰芳共同商量,每场戏演四个剧目,规定两小时,把报幕、演出、叫帘、休息的时间安排好,并选定了三组剧目:

第一组:《汾河湾》《青石山》、"剑舞"(《红线盗盒》片段)、《刺虎》。

第二组:《贵妃醉酒》《芦花荡》、"羽舞"(《西施》片段)、《打渔杀家》。

第三组:《汾河湾》《青石山》《别姬》(只演《巡营》一折)、"杯盘舞"(《麻姑献寿》片段)。

为了保证演出时间准确,梅兰芳剧团反复排练,张彭春看着手表计算钟点,《汾河湾》规定27分钟,《青石山》9分钟,《红线盗盒》舞剑5分钟,《刺虎》31分钟。琴师徐兰沅后来曾对许姬传说:"《汾河湾》里薛仁贵在窑外的大段唱工全删,只唱两句散板就进窑;《刺虎》里费贞娥的主曲[滚绣球]也删去,其他唱词和身段也精简,演出时间的准确使美国人感到非常惊讶;梅剧团在美国纽约、芝加哥、旧金山、洛杉矶、檀香山演了一百场戏,没有唱过一句慢板。"②

2月16日晚,梅剧团在纽约进行首场演出,地点在百老汇第四十九街剧院。九点整,身穿礼服的张彭春走到舞台中间,向观众介绍中国京

---

① 许姬传、许源来:《忆艺术大师梅兰芳》,中国戏剧出版社1986年版,第22页。
② 许姬传、许源来:《忆艺术大师梅兰芳》,中国戏剧出版社1986年版,第24页。

剧的特点,梅剧团在美国邀请的华侨杨秀①女士用流畅的英语报幕,她首先介绍《汾河湾》的剧情:"薛仁贵因为一只鞋,就怀疑妻子柳氏品行不端。柳氏知道鞋子是儿子的,就借机气他,后来说明情由,薛仁贵再三赔礼,柳氏不理,后来到适当时候,才赶紧笑脸相迎,夫妻和好。"②观众听了,觉得这戏的情节挺有意思,就议论起来。梅兰芳一上场,全场马上报以热烈的掌声,然后就静下来看梅兰芳演唱。梅兰芳优美的扮相和演唱、形象传神的身段姿态,深深吸引了很多第一次看京剧的美国观众,柳迎春进窑这场演完,观众鼓掌,"叫帘"五次。接着是朱桂芳和刘连荣合演的《青石山》,两个人的对打,特别是朱桂芳耍大刀下场,很受欢迎,美国人称为"大刀舞",叫帘三次。第三出梅兰芳的舞剑,虽然只有五分钟,观众却感到非常新鲜,叫帘五次。最后一出《刺虎》,梅兰芳更以他丰富的表情演出费贞娥复杂的心态,完全征服了美国观众,叫帘竟达十五次之多。

梅剧团在纽约的首场演出是成功的,尽管绝大多数美国人听不懂演员唱的是什么,但他们从梅兰芳等演员生动形象的表演中,能够体会到剧中人物的思想感情并为之吸引,能够通过以往完全不同的角度,来欣赏东方文化艺术的经典之作,感受她特殊的艺术魅力。

第二天纽约报纸发表了许多评论文章,评论家吉尔伯特·赛尔迪斯(Gilbert Seldes)看过首场的演出,他认为美国观众能够欣赏到的,是梅兰芳无与伦比的精湛的演艺。他说:

> 这位演员特殊的体质,他对身躯绝对有把握的掌握和控制能力,他那对异常敏感的眼睛和一双灵巧的手,他那完整的表演特色,和他那一直深入角色的情绪。尽管样样似乎都是陌生的,其中一样至少是

---

① 梅绍武:《五十年前京剧艺术风靡美国》一文称杨素,见梅绍武:《我的父亲梅兰芳》,天津百花文艺出版社1984年版,第66页。
② 梅绍武:《我的父亲梅兰芳》,天津百花文艺出版社1984年版,第59~60页。

陌生的，因为它在我们国内不常见，那就是艺术上的端庄正派。尽管你对他的剧情和表演了解不多，可是你会觉得梅先生在表演上从来没有降低要求，从来没有不适当地加以渲染，或者舍弃他为自己所制定的高标准。①

梅剧团演出两周后，改到纽约国家戏院，演职员看到十几天来演出效果不错，美国观众对京剧挺感兴趣，都铆足了劲，保证每场的演出质量。虽然能正式登台的演员只有梅兰芳、王少亭、刘连荣、朱桂芳、姚玉芙、李斐叔六个人，乐队有徐兰沅、孙慧亭、马宝明、霍文元、马宝柱、何增福、罗文田、唐锡光八个人，化妆师韩佩亭，服装李德顺、雷俊，但全团配合得非常好，如徐兰沅在《打渔杀家》中兼演教师爷，韩佩亭等常常跑龙套。

每逢散戏，观众都来到后台谈他们看京剧的感受。这个说："《汾河湾》最好，近情近理，人人能懂！"那个说："《舞剑》的姿势最好看！""中国剧的高雅，实与希腊古剧相同。""中国戏的规矩真妙，比方演到相当的时间，我们觉得这时似乎应该唱了，果然台上就起了唱工，真令人看着舒服。"②

演出之余，纽约各界人士和华侨热情欢迎梅兰芳。纽约美术界、音乐界都举行茶话会，赞扬梅兰芳沟通了中美文化艺术。纽约交际界的沃佛兰女士很喜欢梅兰芳的戏，三周内看了十六次，梅剧团离开纽约前几天，她邀请梅兰芳到她家吃饭，为了纪念梅兰芳赴美演出，她得知中国的这位艺术大师那年正是36岁，便买了36株梅树，请梅兰芳破土，种在别墅的园子里，并取名"梅兰芳花园"。纽约一家大花厂，也把试制成的一种新花叫"梅兰芳花"，并请梅兰芳站在花旁照了一张相，几天后举办花展，厂家把梅兰芳的照片和花摆在一起，吸引了许多参观者。

梅兰芳剧团还受到纽约侨胞的热烈欢迎，剧团一到纽约，当地公立华

---

① 梅绍武：《我的父亲梅兰芳》，天津百花文艺出版社1984年版，第70页。
② 齐如山：《梅兰芳游美记》，岳麓书社1985年版，第137～138页。

侨学校的学生唱起新编的"欢迎梅兰芳歌"。剧团演出期间,侨胞和中国留学生主动帮忙,有的在后台跑龙套;有的去各处联系接头,并代为翻译;有的帮助购买零用东西。梅兰芳参加了纽约梅氏公所一次二百多人的欢迎会,会长充满感情地发言:"中国与外国发生交往这些年,彼此来往的人很多;可是中国人到外国宣传文化的,这却是第一次。不料第一次就是我们的同宗,这于我们梅家的同胞,有多么大的光彩啊!既是畹华给我们添了许多光彩荣幸……倘若畹华有用着我们的时候,我们应该热诚地帮助他,这不但是帮梅姓全体,因为畹华成功,于我们全体都极有光荣,并且是帮助我们中国。"①发言博得全场长时间的掌声。

美国著名戏剧评论家斯达克·杨(stak Young)在梅剧团离开纽约前,和梅兰芳谈了四个小时。斯达克·杨说:"看了你的做工表情,我联想到古书里谈到的希腊的古老戏剧,因为没有看过这种表演,难以捉摸它的组织和形式,从你的演出里,许多疑问得到解答,使我喜出望外。"②

他又对演出的剧目提出了具体的看法:

《刺虎》里费贞娥的自刎身段非常好看,自刎后与一只虎同躺在台上的距离、方向、样式都有研究,含有美学观点,看了几次《刺虎》,觉得第一次贞娥自刎的身段比后来的好看;《汾河湾》柳迎春二次出场用帚扫簸箕里的土迷薛仁贵的眼睛的身段,非常好看。但第一次只扫一下,以后有扫两三下的,其实据我看扫一下就够了,中国戏是写意的。中国有句名言:"画龙点睛"最能说明问题。③

不久,斯达克·杨在《戏剧艺术月刊》上发表了《梅兰芳》一文,对

---

① 齐如山:《梅兰芳游美记》,岳麓书社1985年版,第154~155页。
② 许姬传、许源来:《忆艺术大师梅兰芳》,中国戏剧出版社1986年版,第27页。
③ 同上。

梅兰芳在京剧舞台上艺术性地再现中国古代妇女形象的精湛表演，给予高度的评价：

> 梅兰芳并没有企图摹仿女子，他旨在发现和再创造妇女的动作、情感的节奏、优雅、意志的力量、魅力、活泼或温柔的某些本质上的特征，而从这些方面来扮演一个人物，稳妥地富有女性的特征，而以舞蹈方式再现，诗意盎然。①

梅剧团离开纽约，又先后在芝加哥、旧金山、洛杉矶、檀香山等城市访问演出。

5月12日，梅剧团到达洛杉矶，市政府代表、各国领事与中国华侨前来迎接，美国著名电影演员范朋克夫人玛丽·璧克福也派来了代表和摄影队在车站等候。梅兰芳到市政府拜访了市长，然后和齐如山坐上玛丽·璧克福配备的汽车，前往"范福别墅"。为了让梅兰芳更好地休息，玛丽·璧克福让梅兰芳、齐如山住进别墅，她临时迁入自己的另一处住宅。在这期间，梅兰芳参观了范朋克夫妇合办的联艺公司和新发明的录音设备，还观摩玛丽·璧克福拍摄影片，梅兰芳也请玛丽·璧克福到剧场看京戏。梅剧团离开洛杉矶前两天，范朋克从英国回来，他教梅兰芳打高尔夫球，还特地举行一次茶会，梅兰芳启程去檀香山那天，范克朋夫妇到码头欢送，两人相约以后北平再见。②

在洛杉矶的欢迎酒会上，经友人介绍，梅兰芳结识了美国著名的喜剧大师卓别林，当他惊喜地和卓别林握手时，卓别林高兴地说："我早就听到你的名字，今日可称幸会。啊！想不到你这么年轻。"梅兰芳也很高兴，但他总无法把电影屏幕上见过的幽默、滑稽的艺术形象同眼前这位风度翩

---

① 梅绍武：《我的父亲梅兰芳》，天津百花文艺出版社1984年版，第70页。
② 梅绍武：《我的父亲梅兰芳》，天津百花文艺出版社1984年版，第100～101页。

翩、具有绅士风度的电影大师联系起来。

两个人谈得十分投机。梅兰芳说:"你在无声电影里完全依靠手势和面部表情,细腻地体现内心的活动来表达剧情,而且让观众看得懂,确实是一种难能可贵的哑剧艺术。"卓别林说:"我早年也是舞台演员,后来才投身电影界的。请你谈谈京剧艺术中丑角的表演技术好吗?"梅兰芳回答:"中国京戏里丑角的表演也有很高的艺术,可惜这次带来的剧目当中,这类的角色不多。我的老前辈有一名丑萧长华先生,在国内享有很高的声誉,希望你有机会访问中国时能看到他的表演。"① 他们像久别的老朋友一样,互相交流表演技巧,然后合影留念。

梅兰芳在美国的访问演出,受到美国教育界的高度重视,他们认为梅兰芳是沟通中美文化艺术的使节,哥伦比亚大学、芝加哥大学、旧金山大学和夏威夷大学等学校特别为梅兰芳举行了欢迎会或座谈会。

梅剧团在洛杉矶演出时,波摩拿学院院长晏文士召集全体校董教授开会,建议借此机会授予梅兰芳文学博士的学位,大家一致赞同,原定于该校6月16日毕业典礼时同时颁发。院长征求梅兰芳同意,梅谦逊婉拒。院长诚恳地说:"您这次访美演出,宣传东方艺术,联络美中人民之间的感情,沟通世界文化,这样伟大的功绩几十年还没有过,所以本校才议决把这个荣衔赠给您。您不敢当,谁敢当呢?"② 梅兰芳觉得院方盛情难却,方才同意接受。

几天后,南加利福尼亚大学校董教授会议亦决定授予梅兰芳文学博士学位,授衔典礼那天,正逢该校建校50周年纪念日,整个仪式非常隆重,梅兰芳和该校五六十名学生接受了博士文凭,三千多人参加了授衔典礼。

梅剧团在美国访问演出的最后一个城市檀香山再次受到热烈的欢迎。

---

① 朱振华、吴迎、梅葆玖:《德艺双馨:艺术大师梅兰芳》,山东大学出版社1994年版,第196页。
② 梅绍武:《我的父亲梅兰芳》,天津百花文艺出版社1984年版,第107页。

按照当地的风俗：凡是欢迎一个人时，都要把一条花绳套在他的脖子上，说声"Aloha"（幸福的意思），这绳直到回家前不能摘下，否则便是对送花人不敬。梅剧团刚离船上岸，送花绳的人们就拥过来，梅兰芳的脖子上很快套满了花绳，挡住了视线，他只好向大家拱手道歉，摘下花绳，可是没有几分钟，花绳又满了。这样摘了几次，又套满了几次。当地人说："这是从来没有见过的盛况。"①

四访苏联

梅兰芳曾于1935年、1952年、1957年和1960年四次访问苏联。

其中，1952年12月，梅兰芳赴维也纳参加世界和平大会，回国途中到苏联莫斯科、列宁格勒等地参观、游览，并在和苏联艺术界的联欢会上表演了《思凡》和《霸王别姬》中的剑舞，次年1月参观了斯坦尼斯拉夫斯基博物馆。

1957年11月，作为中国劳动人民代表团成员，梅兰芳赴苏联参加"十月革命四十周年"庆祝活动。

1960年2月15日，梅兰芳赴苏联，与苏联朋友共聚莫斯科工会大厦圆柱大厅，庆祝中苏友好同盟互助条约签订十周年。

这四次访问，尤以梅剧团1935年2月第一次访苏时间最长、影响最大。

1934年4月，苏联对外文化协会通过国民政府驻苏联使馆，几次邀请梅兰芳访苏演出，并组成"招待梅兰芳委员会"。1935年1月，苏联对外文化协会代理会长库里雅科向梅兰芳发出正式邀请书，由苏联驻华大使馆汉文参赞鄂山荫送交梅兰芳，梅兰芳立即复电接受邀请。

在人员组成上，梅兰芳想到访问美国的成功得益于南开大学张彭春教

---

① 齐如山：《梅兰芳游美记》，岳麓书社1985年版，第121页。

授，乃邀请张，张也非常愿意和梅兰芳一同访苏，经乃兄张伯苓先生同意，给假两个月。

梅兰芳计划访苏后去欧洲几个国家访问，张彭春假期已到，需另一位戏剧家同行，乃托胡适约请余上沅，余上沅欣然同意，同时承担了国民政府教育部派他考察欧洲戏剧的任务。

这次赴苏演出，在演员、乐队方面变动不大，只增加了武生杨盛春、旦角郭建英等。

而在剧目方面，梅兰芳经与张彭春、余上沅、欧阳予倩、谢寿康、徐悲鸿、田汉等反复讨论，最后商定正剧《汾河湾》《刺虎》等六个，副剧（片段）《红线盗盒》《西施》《麻姑献寿》《木兰从军》等十一个。

在宣传品方面，梅剧团除印了许多梅兰芳的化妆相片寄到苏联，还准备了三种英文书籍：一为《梅兰芳与中国戏剧》，书内有梅兰芳的剧照、小传；还有张彭春的《中国戏剧艺术特色》、美国戏剧评论家斯达克·杨的《梅兰芳》、齐如山撰写的介绍京剧演唱、服饰、乐器、脸谱等的文章。二为《梅兰芳在苏联所表演之六种戏及六种舞之说明》，六种戏即梅兰芳赴苏表演的六个正剧；六种舞即副剧的前六出中的舞蹈。三为《梅兰芳在美国所得之评论集》，选辑了梅兰芳访美时美国报纸、杂志的部分文章。

1935年2月21日，梅兰芳和梅剧团登上苏联特来迎接的"北方号"专轮，返苏回任的颜惠庆大使、参加苏联国际电影节的明星影片公司经理周剑云、电影明星胡蝶、《大公报》驻苏记者戈宝权等随同出行。

3月12日，梅兰芳剧团到达莫斯科，苏联对外文化协会、外交人民委员会、苏联戏剧家协会等数十人到车站欢迎。

到莫斯科的第二天，梅兰芳怀着崇敬、悼念的心情，准备了花圈到红场拜谒列宁墓。

4月23日，梅兰芳剧团在苏联音乐厅进行了访苏的首次公演。演出前，中国驻苏联大使颜惠庆致开幕词，苏联对外文化协会负责同志对梅兰芳做了简短的介绍，然后在观众热烈的掌声中开始演出。同访问美国一样，梅剧团的演出，受到苏联观众热烈的欢迎，经常出现演出结束、演员已多次谢幕、观众仍旧聚集台前掌声不断的场面。

梅兰芳原定在莫斯科演五场，列宁格勒演三场，因观众购票踊跃，应苏联方面要求，在莫斯科演六场，在列宁格勒演八场。

访问演出结束后，苏联对外文化协会在莫斯科大剧院举办了一场招待晚会，要梅剧团演三出访苏以来最受欢迎的剧目：《打渔杀家》《虹霓关》《盗丹》。苏联党政领导人莫洛托夫、李维诺夫、伏罗希洛夫等出席了晚会，著名戏剧家斯坦尼斯拉夫斯基、丹钦科、梅耶荷德、文学家高尔基、阿·托尔斯泰、著名芭蕾舞演员谢苗诺娃、著名电影导演爱森斯坦，以及专程赴苏联观摩梅兰芳表演的德国著名戏剧家布莱希特等也参加了晚会。

《虹霓关》中的王伯当，赴日本演出时由姜妙香扮演，考虑到苏联观众对小生表演不理解，访苏时改由武旦朱桂芳用大嗓演王伯当。

第一次随梅剧团出访的杨盛春主演《盗丹》，把勇敢幽默、藐视天庭的孙悟空的神猴形象刻画得生动、准确，受到苏联观众的喜爱，这也是美猴王的艺术形象首次在国际舞台露面。梅兰芳、王少亭合演的《打渔杀家》，在1930年出访美国时就很受欢迎，这次在苏联演出，仍然备受欢迎，并得到相当高的评价。苏联艺术家对梅兰芳、王少亭只用两个人、一柄木桨，在并无其他道具的宽阔舞台上，表现出父女二人在颠簸不平的水面上划船前行的生动、逼真的姿态大加赞赏。

德国著名戏剧家布莱希特看过梅兰芳的演出后，曾发表一篇《论中国戏曲与间离效果》的论文，对梅兰芳在《打渔杀家》中的表演极为佩服。他在文中写道：

> 一个年轻女子、渔夫的女儿，在舞台上站立着划动一艘想象中的小船。为了操纵它，她只用一柄长不过膝的木桨。水流湍急时，她极

为艰难地保持身体的平衡。接着小船进入一个小湾，她便比较平稳地划着。就是这样的划船，这一情景却仿佛是许多民谣所吟咏过的众所周知的事。这个女子的每一个动作都宛如一幅画那样令人熟悉，河流的每一转弯处都是一处已知的险境，连下一次的转弯处也在临近前就让观众察觉到了。观众的这种感觉完全是通过演员的表演而产生的，看来正是演员使这种情景叫人难以忘怀。①

这场告别演出受到苏联各界人士最热烈的欢迎，梅兰芳被剧院内经久不息的掌声请出来谢幕竟达十八次之多。苏联《工人与戏剧》杂志发表一篇文章认为："梅兰芳在莫斯科和列宁格勒的演出，应被视为苏中两国人民文化交流的里程碑。"

梅兰芳在苏联期间演戏之余，参观了工厂、学校、名胜古迹，还应各剧院邀请，看了许多歌剧、话剧和芭蕾舞剧，如歌剧《叶甫盖尼·奥涅金》《鲍里斯·戈东诺夫》《茶花女》《胡桃夹子》等，话剧《樱桃园》《钟表匠和鸡》《埃及之夜》《理查三世》，芭蕾舞剧《天鹅湖》《三个胖子》。

以导演《战舰波将金号》而闻名世界影坛的爱森斯坦，十分欣赏和喜爱梅兰芳的表演艺术，在俄文书籍《梅兰芳和中国戏剧》中，爱森斯坦题为《梨园仙子》的文章这样介绍梅兰芳：

> 梅兰芳的声望远远超越了中国的疆域。你在旧金山每个华裔知识分子家里，在纽约唐人街的店铺里，在柏林时新的中国餐馆里，在墨西哥纽卡坦州的酒店里——在凡是有一颗记得祖国的中国人的心跳动的地方，你都能发现他的肖像或侧身像。梅兰芳遐迩闻名。你到处都会发现，他遵循中国戏剧的传统、在他表演的那些

---

① [德] 布莱希特：《论中国戏曲与间离效果》，见黄佐临：《梅兰芳、斯坦尼斯拉夫斯基、布莱希特戏剧观比较》，《人民日报》1981年8月12日。

著名舞剧中所塑造的雕像般姿态的照片。但是梅兰芳不仅在他的同胞当中享有盛名，他那伟大的艺术也征服了其他国家具有不同文化传统的人民的心灵。①

爱森斯坦在征得梅兰芳同意后，在莫斯科电影制片厂，由梅兰芳、朱桂芳拍摄了《虹霓关》中东方氏与王伯当对枪一场。

在莫斯科，梅兰芳与高尔基、梅耶荷德等文学家、戏剧家有过交往。梅剧团访问演出结束后，4月14日，在苏联对外文化协会礼堂，梅兰芳特别请莫斯科艺术剧院院长聂米洛维奇·丹钦科主持召开一次文艺界座谈会，听取苏联戏剧家斯坦尼斯拉夫斯基、梅耶荷德、爱森斯坦等，以及英国戏剧理论家艾登·克雷、德国剧作家布莱希特等著名国际戏剧家、导演、演员对京剧的看法和批评意见。

苏联现实主义戏剧大师、人民艺术家斯坦尼斯拉夫斯基在发言中指出：

梅兰芳博士以他那无比优美的姿态，开启了一扇看不见的门，或者突然转身面对那看不见的对手，他这时让我们看到的不仅是动作，而且也是行动本身，有目的的行动……这位动作节奏匀称、姿态精雕细凿的大师，在一次同我的交谈中强调心理上的真实是表演自始至终的要素时，我并不感到惊奇，反而更加坚信艺术的普遍规律。他说，中国戏剧艺术的高峰只能通过实践和检验才能达到；接着他又阐述一项我们业已达到的原则，尽管所走的道路截然不同，那就是"演员应该觉得自己就是他所扮演的那个女主人公，他应该忘记自己是个演员，而且好像同他那个角色融合在一起了"。

---

① [苏] 爱森斯坦：《梨园仙子》，见梅绍武：《我的父亲梅兰芳》，天津百花文艺出版社1984年版，第139页。

梅耶荷德剧院院长、人民艺术家梅耶荷德认为：

> 梅兰芳博士这次访问的意义，比起我们在座任何一位今天所能想象到的意义要重要得多。我们目前仅仅处于惊讶和着迷的状态，可是，在我们的中国客人走后，我们给予我们这些本国新戏剧的创建人的影响，将会像一枚定时炸弹那样爆炸开来……说真的，同志们，看完了他的一次表演，然后再到我们那些剧院里转一圈，你就会同意我的说法，就是该把我们所有的演员的手都砍掉，因为那些手对我们来说毫无用场！剁掉这些手！它们从袖口里伸出来，根本什么意思也没表达……另一点是与节奏、速度和动作有关。我们常常谈论一次演出的节奏、结构，可是任何人看过梅兰芳的戏剧都不得不承认，我们在这方面同这些舞台上的卓越大师相比，真是令人绝望地落后了。①

英国戏剧理论家、1912年曾在莫斯科艺术剧院执导莎士比亚的《哈姆莱特》的戈登·克雷说：

> 观赏梅兰芳的戏剧，就如同步入一场我从未相信会变成现实的梦境一般。这是"视觉音乐"的典范，其中每一细节都服从于结构的要求。先生们，面具（指京剧脸谱）的神奇魅力从未消失！梅兰芳扮《虹霓关》中的白衣娘子（指东方氏）时，摒弃一切"摹仿"手法、一切陈腐的心理状态，而成为纯正的形态。我们亲眼目睹了那一瞬间，正如尼采所说："人已不再是一位艺术家，而是自己变成了一件艺术品。"
> ……请允许一位年老的戏剧梦想家（克雷时年63岁，梅兰芳41岁）

---

① 苏联、英国、德国等艺术大师：《论京剧和梅兰芳表演艺术》（在1935年莫斯科举行的一次讨论会上的发言），梅绍武译，见《梅兰芳艺术评论集》，中国戏剧出版社1990年版，第717～718页。

向一位把他的梦想变成生动现实的艺术家鞠躬致敬！[①]

整个讨论会充满热烈的气氛，掌声、笑声不断，讨论发言是严肃认真、快节奏的。如果说梅剧团访问日本、美国是与东方邻国和大洋彼岸新兴国家进行文化艺术交流，那么，梅兰芳对苏联的访问，却体会到古老的俄罗斯戏剧艺术与新兴的社会主义戏剧理论的结合，后者更注重戏剧理论的研究与探讨。可以说，梅兰芳的苏联之行，为戏剧理论后来所总结的世界现实主义戏剧三大艺术体系（即斯坦尼斯拉夫斯基、布莱希特、梅兰芳三大艺术体系）奠定了基础。正像梅兰芳为苏联对外文化协会题词所说，他为"沟通文化，促进邦交"做出了重要的贡献。

梅剧团结束了对苏联的访问演出，大多数成员回国，梅兰芳由余上沅陪同，赴波兰、法国、德国、英国、意大利等国家考察戏剧。在伦敦，梅兰芳与英国戏剧家萧伯纳等谈论中英两国戏剧特点，还观看了一些歌剧、话剧。此时，美国黑人低音歌唱家罗伯逊正在伦敦演出，梅兰芳怀着极大的兴趣观看罗伯逊主演的反映黑人斗争的剧目《码头工人》。两人交流了歌唱和表演的心得体会，合影留念并互赠照片，罗伯逊送给梅兰芳一张他演《老人河》的剧照，在照片左下角题有：

赠给梅兰芳

　　谨致一切良好的祝愿，并怀着最深切的敬仰。

保罗·罗伯逊
1935年6月于伦敦[②]

[①] 苏联、英国、德国等艺术大师：《论京剧和梅兰芳表演艺术》（在1935年莫斯科举行的一次讨论会上的发言），梅绍武译，见《梅兰芳艺术评论集》，中国戏剧出版社1990年版，第727~728页。

[②] 梅绍武：《我的父亲梅兰芳》，天津百花文艺出版社1984年版，第89页。

罗伯逊还赠给梅兰芳一本由罗伯逊夫人撰写的《黑人保罗·罗伯逊传》，扉页上写着：

赠给梅兰芳
怀着真诚和深切的敬仰，
希望能在他的祖国再次遇见他，
并欣赏他的伟大的艺术。

保罗·罗伯逊
伦敦，1935年6月
爱丝兰达·古蒂·罗伯逊[①]

梅兰芳还同罗伯逊、好莱坞华裔明星黄柳霜、在伦敦教学的中国学者熊式一四人在伦敦合影留念。梅兰芳的欧洲之行，特别是对苏联的访问，无论是表演艺术还是戏剧理论方面都是获益匪浅，正如他在一次招待会上所说：

中西的戏剧虽不相同，但是表演却可互相了解，艺术之可贵即在于这一点，所以"艺术是无国界的"一句话，诚非虚言。现在中西的戏剧，有一个相接触的机会，我很希望……不久即有新的艺术产生，融汇中西艺术于一炉。[②]

在京剧艺术家中出访最多和在国内接待外宾最多的，当属梅兰芳。他不仅成功地把京剧表演艺术介绍给许多国家的人民，同时把中国艺术家谦逊、朴实的优良品质介绍给各国人民，同各国艺术家建立了诚挚的友谊。

---

① 梅绍武：《我的父亲梅兰芳》，天津百花文艺出版社1984年版，第90页。
② 戈公振：《从东北到苏联》，生活书店1935年版，第207页。

因此，称梅兰芳为20世纪20年代至50年代中国京剧艺术的文化使节，是恰如其分、非常合适的。

再度"梅郎"

对父亲的深切怀念、亲友师长们的再三鼓励，让梅绍武拿起了笔，"把我对父亲的认识和感受记录下来，以供广大读者和戏曲研究工作者参考"。

这之前，梅绍武曾犹豫过，因为他是专搞外国文学研究的，对京剧虽然从小耳濡目染，但毕竟不是内行，认识不深，所以他迟迟未动笔。直到1976年，梅绍武终于鼓起勇气，借助亲友的叙述和家藏的文物资料试写起来，发表了一些文章，香港《广角镜》杂志还特将梅绍武的部分文稿从1979年至1980年连载了两年，这些给予梅绍武很大的支持和鼓舞，他继续努力，撰写了二十九篇文章，并翻译了美国戏剧家斯达克·杨著的《梅兰芳》一文，结集《我的父亲梅兰芳》，由天津百花文艺出版社于1984年出版。

吴晓铃先生在为梅绍武这部书稿的序言中评论道：

> 这本书的特点是科学性强，这表现在无论是他自己的回忆，还是采访的实录，都质朴平实，不加夸饰，称得起是信史。我特别喜欢他写的那几篇记述畹华大师和国际间文学艺术界人士交往的文章，所引资料丰富翔实，信而有据，是要付出辛勤的劳动的，因为它的劳动强度大，难度也大。即以掌握外国语言一事来说，就不是轻易染指的，又何况有关世界文艺的知识了。
>
> ……畹华大师在沟通中外文化交流和国际友好关系方面所做出的贡献是非常巨大的，绍武兄在这个课题上付出了不懈的劳动，尤其值

得表彰。①

如果说梅绍武是用文字来纪念梅兰芳的话，梅葆玖、梅葆玥则是用舞台表演来继承梅兰芳的表演艺术。

1956年，中国京剧访日代表团到日本演出。梅葆玖演出了三十七年前梅兰芳赴日曾演过的《天女散花》，梅兰芳当年的演出使日本剧团争相仿效，梅葆玖的演出同样受到日本各界观众的热烈欢迎。不少老观众在座谈会上谈起三十年前的旧事，并祝贺梅兰芳后继有人。

"文革"结束后，梅葆玖多次赴日本演出，深受日本各界观众欢迎。

1988年，日本松竹会社统一组织，决定排演《玄宗与杨贵妃》，会社著名歌舞伎演员坂东玉三郎、片冈校夫专程从日本到中国北京，向梅葆玖、梅葆玥求教。他们回日本后，又特派专机将梅氏姐弟接往日本，以执导身份参加了《玄宗与杨贵妃》的首演式，轰动了日本剧坛，梅葆玖、梅葆玥以精彩的示范表演、耐心细致地给日本艺人说戏，实现了梅兰芳将《贵妃醉酒》搬上日本舞台的夙愿。

同年年底，梅葆玖赴美国纽约，领取林肯中心颁发的第十届"亚洲最杰出艺人奖"，同时获奖者还有台湾的著名老生演员胡少安。该奖项历届得奖者有马友友、童芷苓、徐露、郭小庄、黄凯娣、罗大佑、傅聪等。

对梅葆玖获奖一事，美国多家报纸均在头版做了报道。《世界日报》评论：

> 五十多年前，梅兰芳先生应美国加州波摩拿大学之邀，在美校受誉文学博士，此后世人便有"梅博士"之称。他在纽约百老汇及全美十大都市巡回演出六个月，倾倒了多少美国观众。半个世纪后的今朝，

---

① 吴晓铃：《我的父亲梅兰芳·序》，见梅绍武：天津百花文艺出版社1984年版，第3～4页。

梅公子以五十四岁之年，重履美国，获得"亚洲最杰出艺人奖"，这岂非东西文化在中美两国善结艺缘的绝妙写照！

美华艺术协会主任周龙章称赞梅葆玖：

以葆玖现实的年龄，他的身段、嗓子、戏路、功夫，均不在乃父之下。他自称少爷命，一生没有受到什么大波浪，在"文革"期间，仅被派去管音响效果，曾经派他和张君秋一起去拉煤，侥幸安然度过十年动乱。后来重返舞台，照样誉满南北，在香港演出，各方赞誉有加。梅家艺术生命之强，戏运之久，令人佩服、赞叹。

同年12月31日，美华艺术协会在纽约曼哈顿中城的"万里居"，举办"海峡两岸国剧艺人座谈会"，一百二十余人与会，周龙章主持了座谈会，华策会副总监文纪洛任座谈会的司仪，嘉宾有梅葆玖、胡少安、梅葆玥、周韵华、童芷苓、齐淑芳、唐友华。

座谈会以"中国国剧何去何从"为题展开了讨论。文纪洛、胡少安、黄正勤、童芷苓先后发言，围绕如何振兴京剧各抒己见，深切表达了海峡两岸人民对京剧改革的愿望和要求。

梅葆玖认为：

近年来，国剧走入低谷，观众多是年长者，年轻一辈对国剧缺乏了解。国剧至今已有二百年历史，逐渐发展成歌、舞、剧结合的舞台艺术。中华民族文化留传下来的这一份宝贵遗产要保存和发扬，必须在各方面广泛传播，如电台、电视台上的宣传介绍，在中小学中教授国剧的历史渊源和基本知识，深入到大众文化中去，方有希望使国剧向前发展。

座谈会结束后,海峡两岸艺人作了即兴清唱表演。梅葆玖、胡少安的《坐宫》,梅葆玖的《霸王别姬》,梅葆玥同胡少安夫人周韵华的《武家坡》,童芷苓、胡少安的《游龙戏凤》等精彩的演唱,博得满座来宾的热烈喝彩与掌声。

《世界日报》头版刊登了座谈会嘉宾照片及梅葆玖、胡少安对唱照片,大幅标题十分醒目:"'天地大舞台,舞台小天地',两岸京剧艺人纽约座谈——梅葆玖、胡少安缅怀梨园往事"。该报评论说:

> 台湾来的著名老生演员胡少安,四十年前已活跃在国剧艺坛,在上海与又名"小梅兰芳"的李世芳和童芷玲等同台演戏,并经常到梅公馆向大师梅兰芳求教,得与梅公子葆玖相识,却由于历史原因一别悠悠数十载,双方音信渺渺。梅葆玖、梅葆玥年届五旬,仍保持艺人的翩翩风采,谈吐温婉娴雅,深具动人的魅力。梅葆玖是梅兰芳的子女中唯一继承"青衣花衫"的公子,七岁学艺,九岁随父亲登台,克绍箕裘,功深艺精,达到了很高的艺术境界。

1989年2月下旬,檀香山中华艺术学院院长郑杰西为庆祝华人来檀二百年纪念。特意邀请梅葆玖、梅葆玥姐弟到夏威夷演唱京剧。梅葆玖以折扇为道具,为艺术学院师生表演了旦角的身段、舞步,还清唱了《玉堂春》《凤还巢》选段,梅葆玥清唱了《珠帘寨》。主持人中华艺术学院戏剧系教授魏莉莎当场译成英语,使中外听众都能欣赏。

2月29日晚,梅葆玖、梅葆玥在佛斯特市表演清唱。近百名戏迷、票友闻讯前来欣赏。一位票友称赞道:"名角不一样就是不一样。梅葆玖独自清唱《西施》,尽管没有粉墨登场,但仍展现了一股雍容娴雅的气势,一派大角儿的台风。"梅葆玥清唱一段《搜孤救孤》及《珠帘寨》,充分表现与抒发了程婴、李克用的悲壮心情。梅葆玖、梅葆玥还合唱了《四郎探母》。梅葆玖还与一位倾慕梅派艺术的温哥华名票张仲君合唱了《霸王别姬》。

20世纪80年代以来，梅葆玖曾多次出访，到美国、瑞典、丹麦、意大利、新加坡等国家访问、讲学，弘扬了京剧艺术。

1999年，梅葆玖率领梅剧团再次访问日本，先后在东京、横滨、仙台、长野等八个城市演出，受到日本观众的热烈欢迎。

李恩杰在《梅兰芳八十年前播下的种子》一文中介绍了梅剧团在东京国立大剧院的演出盛况：

> 演出的大幕一拉开，全场观众就沸腾起来。董圆圆一出载歌载舞的《天女散花》，就把观众吸引住了。第二出是李红艳的《虹桥赠珠》，短短的二十几分钟的武戏，观众的掌声竟有三十多次。李玉芙扮演的虞姬一出场，就是一个响亮的碰头彩，《霸王别姬》时那优美轻柔的[南梆子]和在[夜深沉]曲牌中的舞姿，把英雄与美人生离死别的悲剧气氛渲染到了令人窒息的程度，却又不失诗的情调，可谓绝妙之极。当梅葆玖扮演的杨贵妃在繁花似锦的舞台上一出现，那庄重典雅、雍容华贵的气质，便令观众如醉如痴。当那勾魂摄魄的[四平调]一唱，全场观众似乎疯狂了。演出后，观众那经久不息的掌声使大幕拉开达七八次之多，仍欲罢不能。有的观众听说梅剧团在东京演出，特从外地连夜赶来看戏；有的观众把积蓄都拿出来看了演出，每场演出后，他们还用自己的钱买饭菜给梅剧团的演员们。①

曾于1919年邀请梅兰芳赴日演出的大仓喜八郎的孙女也已经八十岁了，她把当年梅兰芳送给她们父亲的两幅亲笔画从家中客厅取下，拿到剧

---

① 李恩杰：《梅兰芳八十年前播下的种子》，《戏剧电影报·梨园周刊》1999年第43期。

场请梅葆玖看，并请梅葆玖在当年演出的说明书上签字留念，真诚地表达了她们对梅兰芳先生的景仰。

丸山静女士在20世纪50年代曾经欣赏过梅兰芳的表演，这次看过梅葆玖的演出，特意将她珍藏三十多年的两套《纪念梅兰芳先生逝世一周年》的特种邮票，慷慨地送给梅葆玥、梅葆玖姐弟。

池田大作先生观戏后赠送了花篮，还特意把他在1956年与梅兰芳先生的谈话录音送给梅葆玖，表示他对梅先生的崇敬。曾经观看过梅兰芳父子演出的日本前首相村山富士，看过演出后特意到后台与梅葆玖见面交谈。

还有许多日本朋友出于对中国京剧艺术的崇拜之情，一见到梅葆玖就郑重地一再鞠躬。有位佐藤女士陪着老母亲看戏后，到后台赞美说："京剧太美了，简直是珍宝啊！"[①] 她还热情邀请演员们到她家中做客。

许多地方的华侨和中国留学生热情为梅剧团的演出助威，他们集体购票，组成了啦啦队；有的华侨演出前就到后台来义务劳动，看完演出后他们自豪地说："我们的京剧真伟大！"

梅兰芳剧团回国后，姚仁栋专程采访了梅葆玖，并撰文《两代人的情结八十年的思念》，梅葆玖在谈到访日演出的盛况时说：

> 我们这次访日演出是庆祝中华人民共和国成立五十周年暨中日文化协会签订二十周年的"99东瀛行"大型演出展览系列活动中的一项重要组成部分。我能参加这一具有历史意义的演出活动，心情分外激动。所以我们这次精心排演了一台新版的《梅花香韵》，其中包括我父亲三次到日本演出最受欢迎的《天女散花》《霸王别姬》和《贵妃醉酒》三个剧目，并且在舞台装置和音乐伴奏方面进行了精美

---

① 姚仁栋：《两代人的情结八十年的思念》，《中国京剧》1999年第6期。

的包装。①

负责这次演出业务的日本友人林得一先生是个非常实在的人，他坦率地说，这次"99东瀛行"的大型演出活动之所以邀请梅兰芳京剧团访日，是为纪念梅兰芳大师多次访日、对促进中日文化交流所作出的重要贡献，想给梅先生的历史功德画一个句号。

梅兰芳八十年前播下的种子已经开花结果；世纪之交，梅葆玖访日访美，再次播下友谊、艺术的种子，祝愿中日、中美文化交流活动在21世纪取得更大的发展。

---

① 姚仁栋：《两代人的情结八十年的思念》，《中国京剧》1999年第6期。

九　梅韵长存

梅家子女

从 20 世纪 40 年代的抗日战争时期，到 20 世纪 60 年代初期，梅家四个子女的经历大致如下。

梅葆琛：建筑设计师，难舍二胡艺

1942 年 3 月 5 日，梅葆琛辞别父亲，在父亲友人顾兰荪等先生照料下离开香港，长途跋涉，两个多月后到达重庆。

梅葆琛考入一所教会学校——广益中学。学校位于重庆南崖黄角桠，操场旁有座小山峰，山峰顶上有一座文峰塔。有时下课休息，梅葆琛和同学爬上山，站在文峰塔边，遥望着对面山城重庆，他不禁心潮起伏，思绪万千：

> 当我听到长江内轮船的汽笛鸣叫声，我仿佛又回到了香港、回到了父亲的身边……父亲现在的情况怎样？不知他在日寇的铁蹄下过着

怎样痛苦的生活？我默默地祈祷，愿父亲能战胜敌人的诡计。我也下定决心，一定要努力念书让父亲放心，胜利最终会到来的，我不久将回到父亲的身边。①

广益中学的集体宿舍条件很差，一到夜间，铺板上的臭虫就爬出来咬人。有一天晚上，一个同学被咬得难受，便从驻在学校操场的美军基地中偷来一脸盆汽油，一边照着油灯，一边往铺板上洒，梅葆琛觉得不妥，刚想提醒同学小心失火，只听"砰"的一声，铺板已烧起来，梅葆琛大喊："着火了！"他用棉被扑救，同学们都跑出宿舍，梅葆琛却烧伤了，经过抢救和住院治疗，梅葆琛才得以康复，但脸上、手上、双臂都落下了伤疤。学校表扬了他，而他怕父亲担心，却一直未去信说明。直到梅葆琛回到上海后才告诉父亲，梅兰芳鼓励儿子说："年轻人应该有这种牺牲精神，你要继续保持下去。"②

读书期间，梅葆琛时常惦念父亲的安危，有时赶上周日，便到徐广迟伯伯家打听父亲的消息，听过父亲遇害的谣传，也听到父亲回到上海后仍然拒绝为日伪演出，宁可把自己打针打成高烧，神志昏迷，也不肯为敌人演戏，后来又听到父亲平安的消息，梅葆琛兄弟总是在悲喜交加中度过。梅绍武到贵阳清华中学念书后，1944年，梅葆琛也由重庆转学到贵阳清华中学，和梅绍武在一个学校读书，相互照顾和勉励。

1945年8月日本投降后，梅葆琛兄弟欣喜万分，"虽然没有看到上海庆祝胜利的热闹场面，但是心里确实很激动和兴奋。总算盼到了这一天，尤其是与三年多没有通信的家中有了信件联系，从此能听到父亲的真实消息，再不必为那些谣传而大伤脑筋了。"③

---

① 梅葆琛：《怀念父亲梅兰芳》，中国社会出版社1994年版，第17页。
② 梅葆琛：《怀念父亲梅兰芳》，中国社会出版社1994年版，第18页。
③ 梅葆琛：《怀念父亲梅兰芳》，中国社会出版社1994年版，第25页。

梅兰芳来信说到登台演戏的感人情景，让梅葆琛兄弟兴奋得睡不着觉。梅兰芳的信中还提到："你们九弟葆玖喜爱京剧，我看他有条件学戏，因此在1944年，他十岁时，从北平给他请来王幼卿先生，专门给他开蒙并彩排了《三娘教子》中的小东人一角色，扮相很美，演得逼真，受到观众的欢迎。于是我决定让葆玖也上学，也学戏。在十一岁时，拜王幼卿先生为师，从那时起正式开始学戏，以便将来接我的班。"[1]

1946年4月，梅葆琛在贵阳高中毕业，转道重庆乘飞机回到上海，见到阔别四年的父母和妹、弟，叙说离别之情。

晚上逢梅兰芳在家时，梅葆琛叙说了自己在重庆的读书生活，梅兰芳充满慈爱地说：

> 你在重庆生活够苦的。我当时也无法接济你们的生活和学习费用，你们兄弟俩都是靠在重庆的朋友帮助的，我想知道都是哪几位？你要详细告诉我，我准备去信，向他们一一道谢。你虽然吃了一些苦，可是没有染上坏习惯。尝一尝苦的滋味，还是有好处的，至少你懂得了什么是生活，什么是困苦。我很高兴的是你已经完成了高中的学业，成绩也还让我满意，你在家中休息一个时期，再复习功课，以准备考大学。[2]

梅葆琛告诉父亲，他在重庆时得到父亲的很多朋友的帮助，如中国银行的徐广迟先生和夫人、江庸先生和夫人等，其中也有并不认识梅兰芳的"朋友"，同样非常关心和帮助梅葆琛。梅葆琛初到重庆时，中国银行有一位卢定中先生，对梅兰芳的演戏技艺和蓄须明志的品德十分钦佩，听说梅葆琛是梅兰芳的儿子，便帮助梅葆琛报考学校，办理入学手续。江庸先生的儿子江康，是梅葆琛高中一年级的同学，为人正直，性格爽朗，对梅葆

---

[1] 梅葆琛：《怀念父亲梅兰芳》，中国社会出版社1994年版，第26页。
[2] 梅葆琛：《怀念父亲梅兰芳》，中国社会出版社1994年版，第28页。

琛影响、帮助很大，两人形影不离，相处融洽。

应上海观众的要求，梅兰芳于1946年秋天开始在上海南京大戏院演出。梅葆琛正备课考大学，所以有机会欣赏父亲的演出，他又利用徐兰沅、王少卿两位著名琴师在梅家的机会，向他们学习操琴。

一次，梅兰芳在南京大戏院演出《宇宙锋》。梅葆琛来到后台看父亲化妆。梅兰芳画好眉毛，发现梅葆琛在身后，便问儿子他的妆化得如何，两个眉毛是否一样，边问边用笔校正，梅葆琛说自己不懂，是外行。梅兰芳说："正因为你是外行，是生眼，我才要问你，因为你的眼光可以代表台下的观众，你看着合适了，那就是说台下的观众也就看着合适了。后台的同事，因为都对我客气，不肯说出自己的意见。"这时梅葆琛才说从镜子的反光中发现父亲的左眉画得比右眉略粗一些。梅兰芳听后笑着说："是啊！我刚才叫你从正面看我，因为自己在镜子中看到自己的面孔，总是左面比右面略小，因此我就将左眉画的略粗一些，现在你面对我再看看，是不是一样啦？"[①]梅葆琛从正面一看，父亲的两眉果然一样了，心里非常佩服父亲对艺术的精益求精。

那天演出结束，观众们报以热烈的掌声，并挤到台前，向梅兰芳致意，梅兰芳满脸笑容，向观众频频鞠躬、鼓掌，谢幕竟达十余次。

回到后台，梅兰芳问梅葆琛："今天我嗓子怎么样？扮相还可以吗？唉！八年没唱，这嗓子可真熬不下来，后半场我只得用技巧，才顶了下来。"并要梅葆琛回家后提意见。回家的路上，梅葆琛认真回忆每场戏的印象："觉得父亲在身段上似乎有些生硬，嗓子有时感到气力不足。别的毛病，再也想不出来了。但是，这是父亲八年来头一次上演《宇宙锋》啊！这些细微的生硬和气短是难免的，怎么能算缺点呢？"[②]

回家后，梅兰芳虚心地聆听朋友和家人的议论，特别是听徐兰沅、王

[①] 梅葆琛：《怀念父亲梅兰芳》，中国社会出版社1994年版，第35页。
[②] 梅葆琛：《怀念父亲梅兰芳》，中国社会出版社1994年版，第37页。

少卿两位琴师的结论，然后默记在心，作为下次演出改进的参考。

梅葆琛酷爱京剧，虽然他知道根据自身条件不一定会成为一名优秀的演员，父亲梅兰芳也不主张他学习；但他在复习功课的这一段时间内，每天用大部分时间温课，抽出一点时间坚持学习二胡。只要父亲晚上有演出，他都要去看戏。同时为了帮助父亲积累资料，梅葆琛每逢看戏都带着照相机，以便及时拍下父亲的优美身段和动人表情。

梅葆琛对拍照的体会是这样的：

> 不少演员在台上演出时，不太欢迎拍照，甚至有的还表示讨厌。因为，一来怕妨碍在台上的表演，影响深入角色时的情绪，二来是怕拍照者挡住后面的观众视线，影响观众情绪。三怕照不好让被照人挑眼。这的确是一件费力不讨好的事。
>
> 可是，我父亲却并不反对人们来给他拍照。在他演出时，他能让你拍得很顺利，他能把脸部在亮相时或唱慢板时给你一瞬间的时间，既能让你捕捉到理想的镜头，且又不影响自己演出的效果，又不使观众看出来。①

特别像拍摄《贵妃醉酒》的剧照，梅葆琛体会更深，这出戏剧中人杨贵妃面部表情丰富，身段细致，动作优美，不大容易拍好。梅葆琛对好镜头时，梅兰芳多次示意快拍，他这才抢拍了一些镜头。回家后父子交流拍剧照的体会，梅兰芳问："你知道我有几个表情在等你的镜头，你怎么没拍？"梅葆琛回答："我怕太扰乱您的演出，所以没拍。"梅兰芳接着说："不要紧的，下回只要我看你在拍，我会让你有机会的。"② 这样，梅葆琛再看戏时，按父亲的意思抢拍了不少镜头，并得到家人的好评。

---

① 梅葆琛：《怀念父亲梅兰芳》，中国社会出版社1994年版，第39～40页。
② 梅葆琛：《怀念父亲梅兰芳》，中国社会出版社1994年版，第40页。

相片洗印好了,梅兰芳便拿着放大镜仔细地观察和琢磨,找出自己在表演中的不足之处,以便改进,同时指出葆琛拍摄技术的优缺点,告诉儿子在什么角度、怎样拍效果更好。在这段时间里,梅兰芳还试着让梅葆琛管理剧团内部的订戏票账目。因为常常遇到一些间接认识的上层人士和一些并不熟悉的人来家里要票,梅兰芳手头并无戏票,但又不好推辞,就让梅葆琛每天将朋友们及上述人士所订的戏票总数统计好,有多少张多少钱,再去剧场预订,等到取回戏票,再按预订的人分发,同时收回票钱。梅葆琛起初以为这个工作很简单,没想到真做起来却不容易,有些订票人的钱收不上来,梅葆琛回忆:

当然不少老朋友是付现款取票的,但是也有不少间接介绍来买票的上层人士们,对他们的派头和习气,我并不了解,他们每次都是要最好的票,必须是三、四排中间的座位,简直是你争我抢,弄得我无法周旋。这些人可真不容易对付,有时票拿走,戏也看了,十多天不送票钱。那时的钱都是以亿来计算。一期戏都快演完,我却无法完成任务,收不回钱,无法结账,急得我在父亲面前都要哭出来了,不知如何是好。①

其实梅兰芳是有意锻炼儿子如何面对和克服挫折,体验人生坎坷和做事情的艰难。现在见梅葆琛着急,便耐心安慰他说:"你年纪轻,不懂得社会上的恶习。这些人多会儿他们想起来了,高兴了,也许会还清这笔钱;要是他们忘记了或者根本就没想给你,也只好由他们了。"②梅兰芳告诉剧团的负责人来接替梅葆琛做要账的收尾工作,梅葆琛才松了一口气。

1948年,梅葆琛考入了上海震旦大学理工学院(新中国成立后与上

---

① 梅葆琛:《怀念父亲梅兰芳》,中国社会出版社1994年版,第41页。
② 同上。

海同济大学合并)。在紧张的学习之余,梅葆琛还是难以割舍对京剧的喜爱,他挤出时间去看父亲的演出;有时弟弟梅葆玖吊嗓子,他也在一旁学拉二胡;有时向父亲请教胡琴的韵律。王少卿见梅葆琛这样痴迷学二胡,便在给梅兰芳吊嗓子时,叫梅葆琛伴奏二胡,梅葆琛既高兴又紧张,怕出错影响父亲吊嗓。梅兰芳和王少卿一再鼓励梅葆琛大胆伴奏,有错可以纠正。随着配合伴奏次数增多,梅葆琛的京胡伴奏有了明显的进步。当他向父亲表示,想投身戏曲界,干"场面"这一行时,梅兰芳认真地提醒他说:

你已经上大学了,要安心念书,将来当个出色的工程师。你最近拉二胡有进步,手音、指法、弓法都很不错,不过这一行你想干好并不是一件容易的事,"场面"上各种乐器都要懂,你哪有这么多时间去学呢?业余时间玩玩是可以的,多掌握一点东西是好的,在念书太紧张时,可以用它作为消遣,调节精神是有好处的。以后,在我演出时,如有机会,你也可以客串一场。但如果你白天念书,晚上学二胡,还听戏,对学业会有影响的,精力不充沛,脑子就不好使,功课又怎么跟得上呢?长此下去是不行的,希望你分清主次,以学业为主。①

梅兰芳的这一席话,才使梅葆琛清醒过来,他牢记父亲的教导,努力学习,放学回家后便躲在二楼"梅华诗屋"里做功课。为节省时间,梅葆琛不上三楼与父母和朋友们共进晚餐,常常是到厨房要碗鸡蛋炒饭和清汤,吃过饭接着再念书,直到深夜才上四楼卧室睡觉。在梅葆琛的印象里,父亲教育子女的态度,始终是和蔼、稳重、严肃的,从没有面红耳赤、大发脾气的时候,一直都是以理服人,婉言开导,这种"不怒自威"的教育

---

① 梅葆琛:《怀念父亲梅兰芳》,中国社会出版社1994年版,第47页。

态度，反而使子女更为尊重、热爱父亲，甚至有些怕他。在梅兰芳的严格教育下，梅家的孩子都很懂道理。

由于梅葆琛在高中时学的是英语，所以到震旦后读法语感到很吃力，在法语班梅葆琛结识了苏滩（后为昆剧）名家林步青的孙女林映霞，两人在学习上互相帮助，放学后常在一起复习功课。当梅葆琛在学习中出现畏难情绪时，林映霞总是鼓励他不要灰心，而要锲而不舍、持之以恒。梅花香自苦寒来，两人互助互励，不但法语过了关，其他课程也都顺利通过。分班后，林映霞在医学院念口腔专业，两人仍保持朋友往来。林映霞在生活上也很关心、照料梅葆琛。有时梅葆琛衣服破了，林映霞就及时给补上。当葆琛把映霞领回家和父母、外祖母见面时，他们对端庄、朴实的映霞都非常满意。

1951年冬，梅葆琛和林映霞在北京护国寺家中结婚。不久，梅葆琛毕业分配到北京市建筑设计院工作，任工程师；林映霞到协和医院口腔科工作。工作之余，梅葆琛仍然虚心向王少卿、徐兰沅两位著名琴师学习，后曾在业余演出时伴奏《凤还巢》《霸王别姬》《穆桂英挂帅》等。

梅葆琛白天上班，晚上时常加班设计及制图。只要一有空，他就拿起心爱的二胡练一阵，有时也到父亲的住房去汇报工作情况。梅兰芳十分关心北京城建规划情况，告诉儿子："人的一生，不论做什么行业，我搞艺术，你搞建筑，虽然工作性质不相同，但服务的对象是相同的，要更好地为人民服务，首先就要我们树立起正确的思想，明确的理想，有了理想就有了目标。"[①]

梅葆琛每天早出晚归，和父亲相处的时间并不多，但梅兰芳对梅葆琛的生活观察得极为细致，有一天梅葆琛陪父亲说话，父亲递给梅葆琛一支香烟，梅葆琛说不会抽，父亲说："我早知道你会抽了，现在你已成年了，

---

① 梅葆琛：《怀念父亲梅兰芳》，中国社会出版社1994年版，第158页。

工作忙时抽支烟调剂一下疲劳是可以的，烟毕竟是有害处的。"①

梅兰芳要经常去外地演出，留在家里还有一些工作人员。于是，梅兰芳有一天把梅葆琛叫到他房中，十分细心地交代："我这一走，时间不会很短，这家就交给你管了，一切生活费用和留下来的工作人员的工资都由你支付，需用钱时，你可以写条子到曹少璋伯伯那里去取（梅兰芳的老友，原新华银行经理）。如有亲戚朋友来访时，你要像我在家时一样热情接待。有外来信件等事可由你代我处理，对重要的事情可给我去信或打长途电话告诉我，你再照我的意见去办理。"②

此后，梅葆琛在工作之余，把管理家事、记账当作一项任务认真完成。每当父亲风尘仆仆从外地演出归来，家中立刻门庭若市，访者云集，父亲不辞辛苦，热情接待。每当这时，梅葆琛便更加敬佩父亲，甘愿多为父亲分担一点事情，决心替他管好家事。每次父亲回来，休息几天后，梅葆琛便找个晚上客人少的时间，把几个月开支的账本送到父亲房中，请他过目。

这时，梅兰芳就戴上老花镜，在灯下仔细翻看梅葆琛按收据分类小结后、再把总数相加汇总的账。几天后，父亲欣慰地对梅葆琛说："你的账目记录得很清楚，每月的开销和收据都整理得很细致，与总账相符合，我看后感到一目了然，这是你的优点。也许是由于你是搞建筑设计工作的，对任何一个数字都不会马虎。要知道我为什么要让你为我管家，主要是让你知道，虽然我现在的生活较为宽裕，但是在生活上仍要本着节约的原则过日子；其次是让你知道，我演出的收入来之不易，是我每次流多少汗水所得到的报酬，你要珍惜它，一定要注意省吃俭用；三是你经过管家，可以培养自己对工作的责任感，让你以后养成在干任何一种工作时，都要始终保持认真负责、一丝不苟、有据可查的工作态度，这样对你平时的本职

---

① 梅葆琛：《怀念父亲梅兰芳》，中国社会出版社1994年版，第63～64页。
② 梅葆琛：《怀念父亲梅兰芳》，中国社会出版社1994年版，第64页。

工作也是有益的。"①

父亲的话，给了梅葆琛许多启发，使梅葆琛工作责任感更强了。每次梅兰芳外出演戏时，梅葆琛总是说："爸爸，您放心去演好了，我会按照您的意图做好一切的，您放心吧！"

梅葆琛不仅是梅家的好管家，还是一名出色的建筑设计师。在他四十多年的建筑设计生涯中，他参加设计了北京市数百个工程项目，其中最为满意的优质项目有：在1959年国庆十周年的十大建筑中参加中国军事博物馆的设计、北京师范大学教学楼、图书馆、办公楼、坐落在西山的具有民族建筑风格的全国宣传干部培训中心楼。

梅绍武：译著硕果累累，文学研究高深

梅绍武在哥哥梅葆琛赴重庆读书不久，也到贵阳市郊区花溪镇的清华中学读书。虽然清华中学的环境较为艰苦，但是绍武却在这里寻找到最大的乐趣，他的英语打下了坚实的基础，并由此影响、决定了他一生成为翻译家的道路。

其实，梅绍武的幼年和小学、初中时期，都接触过英语。他的第一位启蒙老师是梅兰芳为其子女聘请的家庭教师杨巩祚教授。有些年，梅绍武还常常忆起一件鲜为人知的父亲的趣事：

> 1930年初，他率领梅兰芳剧团访美演出载誉归来后，深感在了解外国文艺或与外国同行交往时，不谙外语则多有不便，就决定学习英语，那时他已经36岁。我记得小时候在上海居住，每周二、四下午三点钟，必有一位白发苍苍的英国老太太来家中教他两个钟头语法和口语。那位老太太总在三点钟以前就出现在我家附近，在弄堂里遛

---

① 梅葆琛：《怀念父亲梅兰芳》，中国社会出版社1994年版，第65页。

达，非等临近吕班路那座天主教堂钟鸣，决不踏进门槛。有时外面刮风下雨，仆人们开门请她提早进来，但她总是拒绝道："噢，不，我不能多占梅先生的宝贵时间！"父亲每次也都事先整装等待，准三点钟从楼梯上走下来迎接老师进入书房，闭门学习。在那两个小时里概不会客，照今天的常用语来说，真有一股"雷打不动"的劲儿！父亲当时常教导我们子女要像那位老太太那样遵守时刻，而且上学要注意衣着整洁以对老师表示尊敬。至今我有时办事或赴约误点，脑中就会闪现那位遵守时刻的老太太的形象，自愧弗如。①

当梅绍武看到"梅华诗屋"的书架上摆放着父亲委托英籍老师从国外订购的各种琳琅满目的外文书籍时，他充满好奇心，总想知道书里面讲的是些什么故事。

梅绍武在香港读初中时，课程多半用的是英语教科书。

在清华中学，梅绍武庆幸遇到唐宝鑫、索天章、李宗瀛、周珊凤、周耀康、费景天、凌中青、李鲸石等学识渊博的老师，他们教学严谨，教学方法灵活。为使学生熟悉世界文学的多种样式、体裁和风格，他们多选世界文学名篇（包括散文、诗歌、剧本、短篇小说或古典名著的片断等）；有时还出题让学生用英文写作文、举办英语演讲比赛、鼓励练习翻译等等；还教唱外国歌曲。

清华中学高中毕业后，梅绍武于1946年怀着"工业救国"的想法，考上杭州之江大学机械工程系，"人在曹营心在汉"，梅绍武总也抹不去想读外语的念头。于是，1947年暑假他又报考了燕京大学西语系，乃顺利考取。

五年的燕京大学外文学习给梅绍武留下了深刻的印象。直到老年，梅绍武仍怀念在燕京大学的学习生活、有趣的课外活动和尊敬的师长，特别

---

① 梅绍武：《回忆学习外语所走过的道路》，梅绍武回忆资料（内部版）。

是讲授英美文学的赵萝蕤老师，梅绍武尤为敬重，他曾回忆道：

> 赵老师一向为我所敬仰，她是在芝加哥大学获得文学博士学位后，于北京解放前夕返回祖国的……她不仅学识高，而且有高深的音乐修养，弹得一手好钢琴。我毕业后还常到她和陈梦家先生在钱粮胡同的住家去请教，他们夫妇总是热情地给予指导。记得1955年我开始试译一部十九世纪匈牙利古典小说——约卡伊·莫尔的《匈牙利富豪》，译完第一章就拿去念给他们听，他们提出许多宝贵意见，使我受益匪浅，终生难忘……赵萝蕤老师治学严谨，为教学不知记下多少读书笔记，每页都密密麻麻地布满极为端正的小字……1983年，她已年近七十，趁赴美探亲的机会，在短暂的几个月里广泛搜集了国外十几年来发表而她没能看到的有关研究惠特曼的著述和论文，并到国会图书馆查阅了惠特曼的手稿，以便回国后把《草叶集》一万行诗句译得更好更完整，尽快呈献给读者，这种严肃认真的治学精神令人肃然起敬，也使我这个后辈深感应该虚心向她学习。①

梅绍武主学英语，选修了法语和德语，理科选修了《微积分》，为了他感兴趣的英国古典文学，又选修了《英国史》，这门课程的学习使他后来翻译19世纪小说家安东尼·特罗洛普的作品时尝到甜头。

西语系老师鼓励同学们用英语演剧锻炼口语，梅绍武曾扮演过英国剧作家J. M. 贝蕾剧作的主人，还有一次和另一位同学在晚会上合说过一段英语相声，逗得师生们直笑。

1952年，梅绍武于燕京大学外文系毕业后，分配到北京图书馆工作。梅绍武如鱼得水，在外国文学翻译上得到副馆长、苏俄文学翻译家张铁弦

---

① 梅绍武：《回忆学习外语所走过的道路》，梅绍武回忆资料（内部版）。

的教诲、指导；在国际书刊交换和选购外文书籍工作中，得到了张申府、顾子风的指导，阅读了多种国外重要刊物上的书评专栏，选择有价值的著作通过交换或采购获得；梅绍武还与常来北图查询资料的师友、学者戈宝权、王佐良、萧乾、冯亦代、吴富恒、李文俊、王央乐等晤谈，切磋商讨如何丰富北图珍藏；70年代中期，梅绍武还曾随同鲍正鹄副馆长赴英国访问，参观了牛津大学博德利图书馆等。

在北图将近三十年的工作，使梅绍武获益匪浅，从边工作、边读书逐渐走向研究和翻译外国文学的道路。即便在离开北图，到中国社会科学院美国研究所工作的那些年，梅绍武仍坚持每月去借书两三次。他由衷地赞美北图：

> 一进入如今新建的那座具有民族风格的北图宏伟大楼，就给人一种远离外界喧嚣的宁静感觉。到处可见莘莘学子为祖国"四个现代化"建设孜孜不倦地查找资料，阅读钻研，众多北图馆员拿着低薪而任劳任怨地为读者辛勤服务的精神，真是可敬可佩。①

1956年，燕京大学在天津举办了一次聚会。梅绍武与屠珍相识了，他们都喜爱文学和戏剧，探讨翻译的技巧，相同的志趣在两个年轻人心中迸发了爱情的火花。不久，他们结婚了，梅兰芳亲自主持了梅绍武、屠珍的婚礼。

同年，梅绍武出版了他的第一部译著《匈牙利的富豪》，他认为这是父亲梅兰芳鼓励他研究英美文学、进行中外戏剧比较研究的成果。梅兰芳看着梅绍武的书，爱不释手。梅绍武拿到稿费后，诚恳地邀请父亲和梅剧团的几位老前辈到北京前门外的恩成居饭馆吃饭。

---

① 梅绍武：《北京图书馆使我成长》，梅绍武回忆资料（内部版）。

从北京图书馆到中国社科院美国所，梅绍武几十年笔耕不辍，陆续翻译出版了芬兰哀禾的《海尔曼老爷》《斯堪的纳维亚民间故事集》、阿尔及利亚卡杜尔·穆罕撒吉的《灰烬的沉默》、英国柏拉维尔的《马克思和世界文学》（合译）、美国纳博科夫的《普宁》《微暗的火》、英国安东尼·特罗洛普的《任性的凯琴姑娘——特罗洛普中短篇小说选》、美国阿瑟·密勒的《炼狱》《桥头眺望》《美国时钟》《时移世变》；与屠珍合译了美国尤金·奥尼尔的《诗人的气质》《月照不幸人》《更庄严的大厦》及《塔楼奇案——欧美侦探短篇小说选》；主编了《阿瑟·密勒剧作选》；著作有《西园拾锦——英美作家论》。

在纪念、研究梅兰芳的戏曲艺术方面，梅绍武与人合著了《京剧与梅兰芳》、专著《我的父亲梅兰芳》；主编《梅兰芳艺术评论集》、大型画册《梅兰芳》；选编梅兰芳随笔集《移步不换形》；与梅葆琛、林映霞、屠珍合编《梅兰芳文集》八卷。梅绍武还担任全国政协委员兼外委会委员、梅兰芳纪念馆名誉馆长、中国梅兰芳研究会副会长、全国美国文学研究会理事、中国译协文学艺术委员会委员、国际笔会中国中心会员。

梅绍武之妻屠珍，生于1934年，1955年毕业于北京大学西语系法国文学专业，担任对外经贸大学英语教授。屠珍还担任北京市政协文经及法制委员兼侨委会副组长、中国梅兰芳研究会秘书长、全国美国文学研究会理事、中华文学基金理事、欧美同学会妇女委员、中国妇女人才学会理事、中国作家协会和中国戏剧家协会会员、国际笔会中国中心委员。屠珍在西方文学研究方面造诣较深，1956年出版译作《阿尔巴尼亚短篇小说集》。至今译有英、美、法等国译著300万字，主要译作有弗·奥康纳《公园深处》、格雪厄姆·格林《炸弹宴会》《鸳梦重温》《重返呼啸山庄》及尤金·奥尼尔的后期剧作等，并主编过《当代加拿大短篇小说集》等。1994年为纪念梅兰芳百岁诞辰，屠珍担任六集大型文献专题片《一代宗师梅兰芳》和十四集电视连续剧《梅兰芳》的制片人；屠珍为建立梅兰芳纪念馆工作尽心尽力，还多次与文化部和中国剧协合作举办全国性纪念梅兰芳的演出和研讨会活动。

梅葆玥：拜师苦学艺，须生演终生

梅葆玥，1930 年 9 月 28 日诞生于北京无量大人胡同，是梅兰芳和福芝芳的第七个孩子。

由于旧中国军阀混战，民不聊生，当时的医疗卫生条件又极差，经常流行传染病。梅兰芳和福芝芳共生有九个孩子，先后有五个夭折，活下来的四个，即梅葆琛（行四）、梅绍武（行五）、梅葆（行七）、梅葆玖（行九）。四个子女中，只有梅葆玥一个女孩，自然被梅家视为掌上明珠，玥有美玉之意，梅兰芳夫妇故为女儿取名梅葆玥。

也许是因为父母的为人和性格，也许是梅家较为严格的家教，梅葆玥虽生长在家庭条件较为优越的梅家，又是梅家唯一的女孩，但从小就不娇惯任性，而是朴素、率直，且天资聪明。她稍微懂点事时，已是抗日战争爆发，父亲梅兰芳让两个哥哥梅葆琛、梅绍武到香港读书，母亲福芝芳带着她和弟弟梅葆玖在上海的家中，她想念父亲和兄长，但见母亲整日少言寡语，也明白母亲在惦念父亲，这时她就拉着梅葆玖的手到另一个房间，很有小姐姐的样子。

福芝芳偶尔听听梅兰芳的唱片，梅葆玥也在旁边认真听着、吟着，父亲那优美、婉转的声音让她着迷：父亲能唱得这么好，将来我能登台演出吗？她"血液里流动着梅氏家族艺术的遗传基因，打小做着明星梦"。[①]

1942 年夏天，梅兰芳风尘仆仆地从香港回到上海，望着黑瘦的父亲，母亲满眼是泪，梅葆玥的眼睛也湿润了。父亲仍如在香港一样，拒绝为日伪演出，因生活日益困难，父亲先是卖了北京旧居无量大人胡同的房子，

---

① 《一代名伶梅葆玥》纪念册，2000 年内部版。

接着被迫开始了他的卖画生涯，时常画到深夜，梅葆玥有时也陪伴着父亲画到深夜。为了培养女儿的绘画技巧，父亲要梅葆玥临摹和用铅笔在扇面上钩画人物的底样。

过了一段时间，梅兰芳教授言慧珠、李玉茹等弟子。梅葆玥十分崇拜和喜爱秀丽、大方的言慧珠，常看父亲教言慧珠学习京剧旦行的演唱念做，有时父亲去看言慧珠等弟子演戏，梅葆玥也一再央求父亲带她一同去剧场。

1943年，梅兰芳为使梅派艺术后继有人，让梅葆玖正式拜王幼卿为师学戏。梅葆玥着急了，尽管父亲很耐心地劝她好好上学读书，她仍不甘心，跟父亲磨着要学戏。

梅葆玥急于学戏的举动被福芝芳的师妹李桂芬（告别舞台后，名卢李冬真）发现。李桂芬是福芝芳少年时唱戏的小伙伴，唱老生，以《空城记》《捉放曹》《乌盆记》《二进宫》等戏见长，学谭鑫培颇得其神韵，又因嗓音高亮，能唱刘鸿声擅演的杨家将戏，如《辕门斩子》等，当时报纸上曾登有一首诗称赞李桂芬：

谁向歌台一现身，同汪名字得谭神。
李家女儿杨家戏，应属须生第一人。

李桂芬除唱老生戏外，还能演武戏，早年在堂会中和著名花旦于连泉（艺名筱翠花）合演过《翠屏山》，李饰石秀，于连泉曾告诉许姬传，说李桂芬饰演的石秀："杀山时的'六合刀'是谭派，剧中有几句梆子，唱得很'冲'。"

1933年梅兰芳在上海马斯南路定居后，卢太太（李桂芬）带了女儿卢燕寄居梅家三楼。卢燕当时在上海交通大学读书，学名卢燕香，到美国后改名卢燕。卢燕被梅兰芳收为义女，和梅葆玥同住一室内，朝夕相处，情同手足。休息时常常一起游玩、读书，看梅兰芳教授弟子学戏。耳濡目染，卢燕也十分喜爱京剧和电影，话剧表演，她曾在1944年上海黄金大戏院的一次义演中，主演过《虹霓关》，大轴是《三娘教子》，卢太太饰薛保，十岁的梅葆玖饰薛乙哥。据许姬传回忆，有一次他在上海大光明影院看美国新片，从"译意风"（当时外国影片对话译中国语言，请人播讲）耳机中，听到卢燕的地道北京话。

卢太太见梅葆玥学戏心切，又发现她性格豪爽，嗓子不太适合唱旦角，大嗓尤为高圆洪亮，唱起来韵味十足，是棵唱老生的好苗子，便劝说梅兰芳夫妇让梅葆玥学戏，并毛遂自荐，教梅葆玥唱老生。梅葆玥高兴极了，从此她白天上学读书，晚上抽出时间学戏，跟着卢太太吊嗓练功，春去冬来，从不间断。卢太太教的第一出戏是《辕门斩子》，又陆续教了《四郎探母》《空城记》等谭派戏。

1946年，梅葆玥、梅葆玖在上海皇后大戏院演出，梅葆玥是首次登台，戏码是《四郎探母》，梅葆 饰杨四郎，梅葆玖饰铁镜公主。姜妙香、言慧珠等为提携新人参加演出。梅葆玥扮演的杨四郎，扮相清秀，唱做颇具谭派韵味；梅葆玖的铁镜公主，唱做皆学父亲，演唱是梅派韵味，表演落落大方，演出获得成功。那年梅葆玥16岁，梅葆玖只有12岁。演出结束后，梅兰芳夫妇、王幼卿、李桂芬、言慧珠和梅葆玥、梅葆玖合影，留下姐弟俩首次同台演出的珍贵照片。

1947年，卢太太带女儿卢燕赴美国后，梅兰芳见梅葆玥仍对京剧老生演唱孜孜以求，喜爱备至，便继续请来余派老生陈秀华老师给梅葆玥说戏。梅葆玥也很珍惜这段时光，尊敬老师，努力学习。后来她曾深情地回忆道：

> 为了关心我们的学习和表示对老师的敬意，父亲还常在百忙之中陪老师进餐，交谈艺术和给我们上课的情况。父亲对老师的尊重，还

体现在对老师的艺术及其成果方面。对老师给我们说的东西，父亲非但从未擅加改动，而且总是谆谆告诫我们一定要按照老师的要求，踏踏实实地去练习，直到葆玖弟开始学演《生死恨》《霸王别姬》这类梅派剧，父亲才开始给予指导，然而，也总要把王幼卿先生请来，共同商量着排练。父亲对我们的练功吊嗓非常关心，由于我父亲的琴师徐兰沅和王少卿先生都住在北京不在上海，所以小时候我和玖弟都是由倪秋平、卢文勘二位同志给我们吊嗓。当时，我与玖弟还有外祖母住在四楼，父亲和母亲住在三楼，有时父亲听到四楼有胡琴声，就上楼来听我们吊嗓，并耐心地听完，给我们指出缺点。父亲是每天午后吊嗓的，但他经常不顾疲劳地给我们示范。今天回想起来，自己能成为一个社会主义的文艺工作者，特别是葆玖弟能有今天这样的成就，这里面不知凝聚着他老人家多少心血。时光如矢，几十年弹指般地消逝了，可是在父亲身边受到他老人家熏陶哺育的幸福情景，我是永远也无法忘怀的。①

梅葆玥在学戏的同时，父亲希望她在学业上能够继续深造，梅葆玥遵从父亲的意思，于1949年考入上海震旦女子文理学院教育系，一边学习文化知识，一边继续学戏。

1953年夏，梅葆玥以优异的成绩毕业于震旦大学教育系，成为新中国培养出来的第一批大学生。她怀着欣喜之情，坐上从上海到北京的大学生专列回到北京，分配到中国戏曲学校（今为中国戏曲学院）任国文教员，她不仅为回到父亲身边而高兴，更重要的是有更多的机会观摩父亲和在京的诸多京剧名家的演出；她认真备课，认真讲学，获得戏校师生好评；教学之余，她多次观摩名家的演出，如饥似渴地旁听来校讲座的许多著名京

---

① 梅葆玥：《追念教诲倍思亲》，《梅兰芳艺术评论集》，中国戏剧出版社1990年版，第607页。

剧表演艺术家的课程，内心深处强烈渴望着再登舞台。对余派、杨派老生艺术的痴迷，使梅葆玥除听课、看演出外，还经常听老生名家的唱片，并如愿以偿，再拜王少楼为师，王少楼亦十分看重这个谦逊、朴实的弟子，唱念做打，倾其所知传授给梅葆玥。

在一次新年联欢会上，梅葆玥以文化教员的身份演出了一折《文昭关》，顿时曲惊四座，那清秀、潇洒的扮相、身段，清亮、悠扬的余派韵味使观众惊异，人们发现这位平时文静朴实的姑娘，台上居然如此老成。中国京剧院副院长马少波当即表示希望梅葆玥能到中国京剧院做专业演员。

梅兰芳夫妇本希望梅葆玥从事教育工作，现在见中国京剧院欢迎她，她本人又酷爱京剧老生艺术，便支持她做演员。1954年，梅葆玥正式调入中国京剧院，开始了长达四十五年的演员生活。

梅葆玥来到中国京剧院后，一方面庆幸自己如愿以偿，终于走进京剧演员的行列；一方面又深感自己的不足，为有机会更多观摩中国京剧院演员的表演和向老演员学习而高兴。1955年，中国京剧院为参加在波兰华沙举行的世界青年联欢节，决定派出一支由优秀青年演员组成的青年京剧团访问北欧，梅葆玥也被选中。著名戏剧家欧阳予倩先生特地为梅葆玥与江新蓉导演排练了由他改编的新戏《人面桃花》，江新蓉饰少女杜宜春，梅葆玥饰小生崔护，在剧中边唱、边舞、边书"去年今日此门中，人面桃花相映红……"

同年10月初，青年团以中国古典歌舞剧团的名义访问北欧五国，首先在瑞典斯德哥尔摩皇家剧院演出。瑞典国王古斯塔夫六世和王后观看了首场演出，并于剧场休息时接见了中国古典歌舞团正副团长楚图南、马少波、任虹，中国驻瑞典大使耿飚，事先国王知道梅兰芳的女儿梅葆玥随团来瑞典演出，乃破格指定梅葆玥参加这次接见。

古斯塔夫国王亲切地和梅葆玥握手，愉快地回忆十九年前他作为瑞典王储访问中国时和梅兰芳会晤时的情景，还提到梅兰芳赠他的那块田黄图章，说已经把它和自己的一些文物捐赠给皇家博物馆收藏，以供瑞典人民和各国人民欣赏。他叮嘱梅葆玥回国后向梅兰芳转达他的问候。

剧团在北欧五国访问期间，演出了《闹天宫》《秋江》《贵妃醉酒》《三岔口》《辕门斩子》《雁荡山》《人面桃花》《猎虎记》《水漫金山》《小放牛》《拾玉镯》等十多个剧目。梅葆玥演出了《辕门斩子》，并与江新蓉合演了颇富诗意的《人面桃花》，这两出戏和其他剧目一样受到好评。瑞典舞蹈促进协会主席海格尔在总结那次演出时评论："中国古典歌舞剧团演出的成功原因何在？我的回答是：成功的不是由于戏剧本身，或节目的安排，或色彩的美丽，而是由于戏剧的生命力——欢乐的气氛和生活的力量，是这些感染了观众，并赢得了他们的心。我们看到了中国古老的文化，也看到了在这种文化中新的传统正在开放鲜花。"

梅葆玥回国后向父亲梅兰芳转达了瑞典国王的问候，梅兰芳很高兴，从相片簿中找出那张1936年在北京和瑞典王储合影的照片让家人看，并语重心长地鼓励梅葆玥：要加倍努力学习艺术，千万不能骄傲，以便将来争取更多的机会把中国的京剧艺术介绍给国外观众，促进各国人民之间的文化交流。

1956年5月，梅葆玥和梅葆玖，跟随以梅兰芳为团长的中国京剧团访问日本，梅葆玥和江新蓉合演了《人面桃花》，梅葆玖演出了《天女散花》，受到日本各界的欢迎。访问期间，梅葆玥、梅葆玖陪同梅兰芳、欧阳予倩、欧阳山尊、许姬传和日本友人白石凡游览了奈良招提寺，并于招提寺前合影留念。二十余年后，鉴真大师遗像归国探亲，许姬传老人怀念梅兰芳，有感而发，作诗一首：

　　乘兴来游古奈良，依稀景物似前唐。
　　鹿鸣呦呦迎嘉客，宝刹峨峨选佛场。

渡海大师传道艺，慈悲法相拜退方。

太空飞翼归来日，举世群瞻佛土香。①

1958年，为了有更多的舞台实践机会，梅葆玥被调到梅剧团。从此，她和梅葆玖一道在父亲身边工作，随父亲到全国各地巡回演出。

在梅兰芳剧团，梅葆玥除了演出自己较拿手的《辕门斩子》《四郎探母》《文昭关》等戏，还参加了团里排演的新戏。如1959年3月参加《胭脂》的排演，饰鄂秋隼；1960年5月参加《柳长青》的排演，饰婆婆。

梅葆玥还曾在《群英会》中饰诸葛亮，她过去从未演过这个角色，但在该戏中饰鲁肃的李崇善曾演过诸葛亮，李崇善便和梅葆玥互教互学，一块研究，使梅葆玥较圆满地完成了演出任务。

1959年，为迎接建国十周年大庆，梅兰芳排演了《穆桂英挂帅》作为献礼剧目。葆玥饰杨金花，葆玖饰杨文广，戏中的儿女由一双真儿女扮演，在梨园界传为佳话，观众也感到有趣。

多年后，姐弟俩重排《穆桂英挂帅》，梅葆玖饰穆桂英，梅葆玥饰杨宗保。

在演出、访问之余，谦虚好学的梅葆玥在成绩和荣誉面前并不满足，为了弥补自己演唱、表演中的不足，她先后拜马连良、杨宝忠、贯大元、宋继亭等为师，努力学习表演、身段、唱念艺术，不断丰富和巩固自己的舞台表演艺术经验。

梅葆玖：宗师亲执教，梅派有传人

梅葆玖是梅家子女中唯一继承父业、弘扬梅派艺术的人。与梅葆玥相比，梅葆玖走上京剧舞台的艺术道路较为顺畅。

---

① 许姬传：《闻鉴真大师法相东还感赋》，许姬传、许源来：《忆艺术大师梅兰芳》，中国戏剧出版社1986年版，第35页。

1934年春天,梅葆玖生于上海。由于他相貌清秀,嗓音圆润,梅兰芳夫妇决定培养他继承梅派艺术。在家庭环境的熏陶和父亲的教诲下,梅葆玖也十分喜爱京剧,年纪很小就表现出惊人的天赋,他辨别西洋音乐中的几度音符非常准确,京剧旦角难度较大的唱腔,他学习几遍就可上口。1942年,梅兰芳夫妇从北京请来王瑶卿派嫡传青衣演员王幼卿,为梅葆玖开蒙说戏,教正工青衣戏。至建国前,梅葆玖向老师学习了《彩楼配》《祭江》《祭塔》《三娘教子》《起解·玉堂春》《二进宫》等三十几出戏。

同时,梅兰芳夫妇又请朱传茗教昆曲,朱琴心教花旦,陶平芝打把子。梅兰芳得闲时也悉心传授,使梅葆玖少年时期即在青衣、花衫、刀马旦等各个方面打下了较全面的基础。梅葆玖10岁时首次登台,扮演《三娘教子》中的薛乙哥;12岁时和姐姐梅葆玥合演《四郎探母》;13岁起在上海为募捐义务演出《祭塔》《玉堂春》,有时与梅葆玥合演《武家坡》《坐宫》等戏。

梅葆玖当年在上海盘石小学的同学李永宁先生发表题为《和梅兰芳一家相处的日子》的文章,回忆其与梅葆玖的少年友情:

> 梅葆玖是我同班同座的最要好的同学。他的家紧挨学校旁,是一座别墅式的花园房子。在梅家的花园旁边开了一个简便的小门,直达学校大操场……
>
> 当时梅葆玖的语文比较好,而我的英文和算术比较好,我俩性格又相接近,所以放学回家前,梅葆玖总要约我和他一起从小门直接去他家复习功课,有时还玩玩打玻璃弹球、刮香烟牌子或捉迷藏等游戏。高兴时,梅葆玖还教我学唱几句京剧。虽然我平时对京剧不感兴趣,但因为梅葆玖和其姐姐梅葆玥的耐心教唱,我也会哼上几句了。我待在老家三年,也学会了一些抗日歌曲,我教他姐弟俩"工农兵学商,一起来救亡"和《打回老家去》等歌曲。记得我最擅长唱《松

花江上》一歌，每次唱起来，我和他姐弟俩都情绪激昂，泪流满面。梅葆玥也常同我们一起复习功课，偶尔也参加捉迷藏等游戏。梅葆玥比我大一二岁，我亲切地称她为"小阿姐"，梅葆则称我为"小阿弟"。由于梅葆玥就读的年级比我们高，我和梅葆玖在英文、算术和造句方面有不懂的地方，常要请教她。梅葆玥真像个大姐姐一样耐心地教我们，有时还指出我们由于粗心做错的习题。

梅家待我很好，记得有一次，正碰上他们要吃点心了，我背上书包表示要回家，梅葆玖却抢下我的书包不让我走，执意要我同他们一起吃点心。有时碰到下雨，梅伯伯（当时我称呼梅兰芳为"梅伯伯"）示意梅葆玖拿一把雨伞给我，以免淋湿。平时我放学回家晚一点，父母并不在意，那天看到我拿一把伞回来，就责问我："雨伞从何而来？"我如实讲了在梅家的经过，父亲大吃一惊："怎么？你到梅兰芳家里，是他们借给你雨伞？"虽然我和梅家相处很好，但我真的还不知道梅兰芳是干什么的。经父亲一说，我才知道，原来梅兰芳先生是风靡上海滩乃至全中国的大艺术家。

上小学四年级时，李永宁父母打算让他转学到离李家稍近的学校。李永宁最后一次去梅家，向梅葆玖道别。梅葆玥、梅葆玖姐弟依依不舍，一再嘱咐李永宁今后有空常来他家玩。梅兰芳听说小李要转学，特地从楼上下来，关切地询问上什么学校，教导小李要好好学习，并说："小阿弟，你同梅葆玥、梅葆玖相处日子虽短，但你帮了梅葆玖不少忙，谢谢你了。以后要常来……"①

李永宁五十八年后对小学读书生活的回忆，从一个侧面反映梅葆玖与李永宁的少年友情和梅兰芳一家对李永宁的关心和感谢。

---

① 李永宁：《和梅兰芳一家相处的日子》，《上海滩》2000年第10期。

1950年，15岁的梅葆玖便随梅剧团到全国各地巡回演出。梅葆玖主演了《玉堂春》《打渔杀家》《武家坡》等戏，并在梅兰芳演出的《金山寺·断桥》中饰青蛇，在《游园惊梦》中饰春香，得到与萧长华、姜妙香、俞振飞等许多著名京剧艺术家同台表演的机会，表演技艺进步很快。

有一次，梅葆玖和萧长华先生演出《女起解》，萧老扮演崇公道，当崇把棍子交给苏三作为见面礼时，萧老借剧中人的口气，幽默并双关地说："别瞧不起这根棍儿，他可拄了多年啦。"[①]

观众马上报以热烈的掌声，70岁的萧长华——崇公道，陪十几岁的梅葆玖——苏三唱戏，这个"他"字，就说明隔了三辈啦！

1951年梅剧团在哈尔滨演出，梅兰芳演过几天后，因患眼疾，只能由梅葆玖接演。梅葆玖得父亲指点，仅用三天时间，临时"钻锅"（即在短期内排练演出），赶排《霸王别姬》，取得了较好的效果，剧团的人都夸他聪明。

青出于蓝而胜于蓝，梅兰芳当然希望梅葆玖的表演艺术能够超过自己，使京剧梅派艺术后继有人。在充满期待和愿望的同时，梅兰芳对儿女们的要求又非常严格。

1950年10月24日，梅兰芳在天津中国大戏院主演《金山寺》《断桥》，梅葆玖首次在该剧中饰演青蛇。

演出前一天，梅兰芳再次和梅葆玖排练，反复叮嘱应该注意哪些身段、台步，排练后感到很累，告诉许姬传当晚就不谈旧事（许当时已开始为梅兰芳整理、写作舞台回忆录）。许姬传便安慰梅兰芳："明天的戏，葆玖虽是初演，有你跟俞五爷（俞振飞）两位老前辈照顾着，想来也没有什么问题。"

梅兰芳马上认真地回答：

[①] 许姬传：《送梅葆玖赴香港演出》，许姬传、许源来：《忆艺术大师梅兰芳》，中国戏剧出版社1986年版，第363～364页。

青蛇这个角色，很难演的。《金山寺》里面她跟白蛇的身段，是一正一反，成为左右对照。如果参差不齐，把步伐走乱了，就失去这出歌舞剧的严格规律了。

《断桥》上的三个演员，许仙、白蛇、青蛇处于同等重要的地位。三个人的身段，互相都有呼应，如同胶漆相连，是分不开的。

你说我们可以照顾葆玖，你是不常登台，不知道戏台上面就是一个大战场。到了厮杀斗争的时候，真是间不容发，差不得一点。我们内行有句术语，叫作"当场不认父"，这就说明了一出台帘，就等于上阵交锋，谁也顾不了谁。如果发生一些小问题，我同俞五爷或者还可以代他遮掩过去；假如犯了大错误，那简直就无法补救，不可收拾了⋯⋯

你们老说葆玖演戏有点才能，单靠才能是最容易误事的。这孩子有点小聪明，可是功夫太不够。这戏的情节复杂，不比唱"游园"，跟着我走，容易对付。如果自负他那一点小聪明，漫不经心地做，你看吧，不定要出什么错呢。①

24日下午四点，在百福大楼的客厅里挤满了一屋子人，观看梅兰芳父子和俞振飞排戏。梅葆玖的《金山寺》是陶玉芝教的，《断桥》是朱传茗教的，跟梅兰芳的身段稍有不同。剧团的人都叫梅葆玖按着他父亲的路子走，梅兰芳却把儿子叫到一边说："你做你的，别犹豫。师父怎么教，你就怎么做。我跟俞五爷会凑合你的。临时变动，你也没有这种火候，那可不能保险。来吧，我们把《断桥》里边'三插花'一场跟俞五爷好好地对一下，（"三插花"是三个人在台上绕着走，跟《回荆州》里面刘备、赵云、孙尚香三个人行路一场的走法大致相同）许仙、白蛇、青蛇这三个人见面的时

---

① 梅兰芳：《舞台生活四十年》合集，中国戏剧出版社1987年版，第77页。

候,要绕着走,是很容易碰的。你要认真地排几遍才行。"又练了几次,梅兰芳以为基本上可以了,就告诉梅葆玖:"行了,留点精力到台上去工作吧。"①

晚上八点二十分,梅葆玖跟着父亲进了扮戏房。梅兰芳对化妆师顾宝森说:"你给梅葆玖先扮,因为他没有赶场的经验。这出戏身上带的、背上插的,非常琐碎,不是闹着玩的。"顾宝森答应着替梅葆玖整理扮戏用的"片子",葆玖也开始洗脸,福芝芳在一旁替儿子整理采匣绢花。梅兰芳坐在椅子上喝着茶,对大家说:"沉住气,别忙,还有时间。谨防忙中出错,原意想要快点,结果反而更慢了。"

演出开始了,许姬传记述:

> 白蛇、青蛇在金山寺前对法海哀求和叫骂的一场,是全剧的精华。法海盘着腿坐在戏台正中紧里边的桌子上。白蛇、青蛇在下面,是台的左右两边,来回跑着要唱四支曲子。场上只有这三个人,他们占的步位,正好成为一个品字形。她们俩的身段,完全是一样的,不过因为站的地位不同,所以有正反面之分。青蛇做的是正的,白蛇做的是反的。这几支曲子的腔调,跟《长生殿》"絮阁"里杨贵妃唱的曲牌相同,本来就好听,再加上他们父子二人,忽前忽后,忽左忽右,配合了种种美丽的舞蹈姿势,观众看了大梅,又要注意小梅,的确有点应接不暇了。②

梅兰芳父子和俞振飞等演员精彩的表演,受到天津观众的热烈欢迎。演出圆满结束,梅兰芳这才长舒了一口气,放松了许多,他对许姬传说:"《金山寺》是一出开打的戏,不是普通的文戏可比。梅葆玖的武功没有很深的底子,又是第一次上演,我真替他担心。唱得好坏不管,我怕他出错。今天能把这出戏对付下来,也算难为他!"

---

① 梅兰芳:《舞台生活四十年》合集,中国戏剧出版社1987年版,第80页。
② 梅兰芳:《舞台生活四十年》合集,中国戏剧出版社1987年版,第82页。

1950年秋，北京举办了一个招待国际友人的晚会，梅兰芳主演了昆曲《游园惊梦》，梅葆玖饰春香，姜妙香饰柳梦梅，王少亭饰大花神。梅家父子默契、精湛的表演，博得外宾的好评。

这出戏，起初梅葆玖演丫鬟春香，梅兰芳也不很满意，认为春香的念白和台步，应与杜丽娘配得合适，而不能慢于杜丽娘。他曾对许姬传说："前年在上海葆玖初次陪我唱'游园'。他在台上的经验更少了。出场念的引子和走的台步，也不例外地犯了一个慢字的通病。经我纠正了好几回，才有点进步，可是对于掌握春香的性格和身份，还是不够理想。凡是后辈的艺人跟我同场，发现了他的缺点，不论是谁，我总是尽可能地指点他。"

据钟灵《怀仁堂的京剧晚会》一文记载，钟灵在20世纪50年代初，作为怀仁堂会场布置科科长，主持过近二十次京剧晚会，其中有一次梅兰芳正与钟灵商量准备演出《贵妃醉酒》时，钟灵写道：

> 这时梅葆玖来了，拿着一个漂亮的日记本，向我提出了要求，希望我特请毛主席在他的本子上签个名。我不好拒绝只说得找机会，把日记本接了过来。梅先生说："葆玖热爱毛主席，他一直盼望有他老人家的亲笔签名，永远珍存，真是给您添麻烦了！"就在梅先生演出《贵妃醉酒》的那个晚会上，中间休息时，我小心地走向毛主席身边，把葆玖的小本子递上去说："梅先生的公子梅葆玖，想请主席签个名，这也是梅先生的请求，他化了装，不便亲自来……"毛主席微笑着点了点头："可以嘛！"我知道主席身上是不带笔的，就把我的自来水笔递过去，主席很流利地签了"毛泽东"三个字。这个珍贵的小本子，葆玖现在还保存着，经过十年动乱，长达四十多年，居然没有遗失，可见葆玖对毛主席的感情是很深厚的。[①]

---

① 钟灵：《怀仁堂的京剧晚会》，《戏剧电影报·梨园周刊》1999年第27期。

1951年春夏，梅兰芳带病参加了救济汉口大水灾同胞的演出。紧接着，他不顾疲劳，又和盖叫天等老艺人参加了为支援抗美援朝捐献飞机和上海抗美援朝总会组织的捐献义演，饰《龙凤呈祥》的孙尚香。

　　结束了老艺人的捐献义演，梅兰芳又参加了一场为榛苓小学（一所专门培植戏剧界子弟的小学，每年照例举办一次筹款义演）筹募基金的义演，正准备回北京，上海京剧改进协会推派代表李宝櫆来找梅兰芳，商量约梅葆玥、梅葆玖出来，组织一台青年艺人的义演捐献。梅兰芳想了想说："协会的提议，原则上我是绝对赞同的。不过我这两个孩子的艺术，比老艺人是差得太远了。我怕耗费了许多位老前辈们的精力，给他们组织成了，结果对于捐献的实收数目，并没有多大的成绩，不也是劳而无功吗？我们要从长计划一下，才能实现演出的日期。"梅兰芳马上电约王少卿到上海来给梅葆玖操琴，一面督促尚在学校学习的梅葆玥加紧练习。平常并未间断练功的梅葆玥，听到有这样一次有意义的演出机会，真是喜出望外，兴奋得连吃饭睡觉都没有准时间了，抓紧吊嗓子，练身段，光是上马和下马的身段动作，梅葆玥对着她屋里那架穿衣镜，一练就是半天。①

　　8月初，青年艺人的捐献义演在上海大众剧院举行，共演出两场，第一天剧目是王金璐的《铁笼山》、梅葆玖的《生死恨》；第二天剧目是刘宫杨、小高雪樵、鲍云峰的《四挑滑车》、谭元寿、张鸣禄、班世超的《三岔口》、梅葆玥的《文昭关》、梅葆玖的《玉堂春》。

　　演员们都非常认真、投入，适逢夏季，演员们身上的彩衣彩裤，下场时个个都湿透了。演出同样受到上海观众的欢迎。根据演员和观众的要求，梅兰芳和李宝櫆等商量，按照第二天的剧目，又加演了一天。

　　沈鸣诗《观梅氏父子演出的头二本〈虹霓关〉》② 评论20世纪50年代

---

① 梅兰芳：《舞台生活四十年》合集，中国戏剧出版社1987年版，第454页。
② 沈鸣诗：《观梅氏父子演出的头二本〈虹霓关〉》，《戏剧电影报－梨园周刊》1999年第30期。

初梅兰芳、梅葆玖演《虹霓关》一戏时说：

> 及至梅葆玖的东方氏上场，观众情绪已然十分热烈，台下先来了个碰头好。东方氏"祭灵"的唱虽然不多，但十足的梅腔梅味儿。出人意料的是：我原以为东方氏和王伯当的对阵、开打、枪架子，主要靠小茹富兰这位大武生带着梅葆玖来完成，岂料从一开始的快枪亮相，一直到最后下场，严丝合缝，干净利落。

梅葆玖在青年时代的演艺生涯中，得到父亲许多教导和点拨。如《玉堂春》是葆玖初出台演出较多的剧目。有一次，梅兰芳在电视里看梅葆玖的《玉堂春》，第二天午饭后，梅兰芳到梅葆玖房内说："你的气口、唱腔没有问题，但一段念白'启禀都天大人，犯妇之罪亦非妇自己所为……'尺寸有点'坠'。苏三得到高级法庭提审，是生死关头，必须越念越紧，造成紧张气氛，掀起观众的情绪，下面的慢板就好唱了。"说完了，梅兰芳亲自打起调门念给梅葆玖听，像这样结合剧情人物、入情入理的分析和与念白、唱腔配合得当的钻研、演示，让梅葆玖心服口服。此后梅葆玖再演这出戏，念白就很有感情，剧也紧凑，赢得观众的掌声。①

梅派传人

从1961年梅兰芳逝世到20世纪90年代中期，梅家四个子女，特别是梅葆玖对梅派艺术的表演、传承，概要记述如下。

梅花香韵，自有后人。

为振兴京剧、弘扬民族艺术做出贡献，同时也为了纪念父亲梅兰芳，

---

① 许姬传：《梅葆玖的舞台艺术》，《许姬传艺坛漫录》，中华书局1994年版，第232～233页。

梅家兄弟先后出版了纪念梅兰芳的著作。

梅绍武在1984年"梅兰芳诞辰九十周年"之际，撰写出版了《我的父亲梅兰芳》，近年来又与他人合著和主编有关梅兰芳的著作、评论集多部。

梅葆琛和夫人林映霞在"梅兰芳诞辰一百周年"之际，撰写出版了《怀念父亲梅兰芳》。

梅葆玖也在梅兰芳诞辰一百周年之际，和山东大学的朱振华、吴迎合著出版了《德艺双馨：艺术大师梅兰芳》。

1994年，在纪念"梅兰芳诞辰一百周年"活动隆重开展之时，梅家四兄妹都尽到努力。用梅绍武的话说："就像分了工似的，各展其长。大哥是学建筑的，这次负责父亲的香山墓地的修葺；我负责电视剧的编写工作；而梅葆玖、梅葆玥则负责将父亲当年演过的剧目如《太真外传》重现舞台。"

梅绍武、屠珍夫妇全力投入到六集文献片《一代宗师梅兰芳》和十四集电视连续剧《梅兰芳》的拍摄、编导工作中。屠珍担当了文献片和电视剧的总策划和制片人，并多次出色地主持纪念演出；此前，她还为"梅兰芳纪念馆"的成立不辞辛苦，积极奔走。梅绍武则以巨大的热情投入电视剧的编剧工作，他多方请教，三易其稿。剧本中凡是涉及梅兰芳生平的重大事件，几乎事事有考据，件件有出处，写作态度严肃、认真。创作这部电视剧，梅绍武主要想表现梅兰芳的三个方面：一是爱国主义情操，如"蓄须明志"，拒为敌伪演出；二是勤奋学习，不断创新的精神；三是把中国京剧介绍到世界。梅绍武曾对友人说："在父亲诞辰一百周年之际，能够搞出这部文献片和电视剧，我心里略感欣慰。虽然不算十分完美，但总算为纪念父亲尽了一点儿力。"

在梅派表演艺术方面，克绍箕裘、继承父业的，是梅兰芳的季子梅葆玖。

如前章所述，梅葆玖自幼学戏，就受到父亲梅兰芳的严格要求，多聘名师指导，加上梅兰芳的悉心传授，使梅葆玖在青衣、花衫、刀马旦等诸方面打下较扎实的基础。

1961年梅兰芳逝世，梅葆玖毅然挑起了梅兰芳剧团的担子，他主演了梅派名剧《西施》《洛神》《廉锦枫》《木兰从军》《凤还巢》，受到观众的欢迎。

1962年8月8日至11日，北京市文化局、北京市文联举办了"梅兰芳逝世一周年纪念演出"。张君秋、杜近芳、梅葆玖、杨秋玲、李玉芙等演出了梅派名剧《宇宙锋》《霸王别姬》《贵妃醉酒》《大登殿》《天女散花》《二堂舍子》等十多个剧目；姜妙香、马连良、谭富英、袁世海、梅葆玥等也参加了演出。售票前一天，人民剧场的票房门口排起很长的队伍。剧场范经理对许源来说："这种盛况就和1955年梅先生在这里开幕演出时一样。"剧场演出气氛热烈，观众掌声不绝，"叫帘"多次。有的观众说："看了今天的戏，好像梅兰芳还活着，梅派艺术留下来了。"

梅葆玖率团到全国各地演出，仅1963年就演了二百多场，从剧目到唱腔、表演和化妆，都严格地遵循着梅派表演体系，保持了梅派风格的原貌。1964年"戏改"后直至"文化大革命"中，"四人帮"以割断历史的野蛮手段禁演传统剧目，梅葆玖被迫改行在"现代样板戏"中负责录音效果，他聪明好学，努力钻研，把录音灯光搞得有声有色，为舞台表演增添了不少色彩。

1978年，戏剧界迎来了第二个春天，京剧舞台恢复上演了传统剧目。梅葆玖十分喜悦，演出了《霸王别姬》。尽管他离开舞台的时间比他父亲要多一倍(梅兰芳蓄须辍演八年)，而原来梅兰芳剧团的老人，有的告老回家，有的已去世，恢复剧团十分吃力，他就着力恢复自己的嗓音，刻苦练嗓，仅用了三个多月的时间，调门就恢复到"六字调"。为弘扬梅派艺术，他从两方面着手：首先，力求将其父青年、中年、晚年演出的优秀剧目系统整理，逐步排演如《宇宙锋》《西施》《太真外传》《洛神》《廉锦枫》《御碑亭》等；其次，再排演一些新剧目，以进一步充实和发展梅派艺术。

1982年3月,由北京京剧院、上海京剧院联合组成的以梅葆玖代表梅派、童芷苓代表荀派的联合演出团赴香港演出。自3月19日起在香港北角新光戏院开始演出起,许姬传在香港的老朋友特意给许写信,介绍演出盛况:

> 第一出是汤俊良的《白水滩》,这个演员的扮相、武工都不错。第二出童芷苓的《铁弓缘》,她的茶馆一折是弹脱手、游刃有余,你可以想象得之,无须多费笔墨。第三出是梅葆玖主演的《玉堂春》,角色很整齐,姚玉成演王金龙,黄世骧演刘秉义,王啸麟演潘必正,李庆春演崇公道。苏三出台后,导板、慢板几乎一句一个好,从头到尾,给戏院里造成了异样的气氛。
>
> 旁边有位老者,带了小本本在记。我问他:"你记什么?"老头笑着说:"我是来择毛挑刺的,因为我是他父亲的老观众,现在我都对上了号,我为梅先生后继有人而高兴。现在有的演员唱腔还可以,可是气口不合适,念白也松,梅葆玖出场后的大段念白,愈念愈紧,到啊呀都天大人哪……是第一个高潮,看来的确得到真传。"
>
> 梅葆玖叫帘十四次,这一点不仅说明观众对他的热烈欢迎,同时也表达了对梅兰芳先生的深切怀念。①

许多戏迷从美国、日本和台湾地区专程到香港看戏。

港报评论《凤还巢》:"梅葆玖饰程雪娥,扮相秀丽,举止端庄稳重,在偷觑穆郎一场,含情脉脉,既掩不住内心喜悦,又左顾右盼,深恐失礼,表演得体,细致大方。"

另一位友人给许姬传写信,评论梅葆玥的《辕门斩子》:

---

① 许姬传:《许姬传艺坛漫录》,中华书局1994年版,第179页。

我记得她这个戏是卢燕的母亲李桂芬教的,是刘鸿声一派,可是现在听上去,出字收音、行腔用气还有余派(叔岩)的味儿。不管哪一派,唱、做都很讲究,份儿长啦……台湾有位老艺人专程赶来听她的《辕门斩子》,这就很不简单了。①

梅葆玖、梅葆玥演出回来,和许姬传谈了赴港的感受。他们深切感到,港澳同胞和来自各国的观众对梅派艺术的强烈爱好和对梅家的关怀期望。梅葆玥、梅葆玖还向许姬传说起梅兰芳原来住过的干德道旧居的情况。

许姬传根据香港朋友的信函,作了四首绝句,题名《港友函述梅葆玖、梅葆玥演出盛况感赋》:②

(一)
昔年争渡过淮河,空巷人民看艺王。
今日佳儿显身手,叫帘十四冠群芳。

(二)
沉冤得雪慰苏三,爱国争看韩玉娘。
斩子声腔有余韵,高擎帅印固边疆。

(三)
少小趋庭学有源,婆娑剑舞掩啼痕。
抑扬顿挫皆中节,养气丹田见慧根。

(四)
彩凤曾栖干德道,还巢旧迹已难寻。

---

① 许姬传:《许姬传艺坛漫录》,中华书局1994年版,第181页。
② 许姬传:《港友函述梅葆玖、梅葆玥演出盛况感赋》,《北京日报》1982年4月29日。许姬传:《许姬传艺坛漫录》,中华书局1994年版,第178页。

登场偷觑才郎貌，再现声容满座倾。

梅葆玖、梅葆玥赴港演出被一位梅兰芳和张大千的朋友录像，放映于摩耶精舍，张大千夫妇通过录像欣赏了梅葆玖、梅葆玥的演出，赞赏有加，认为梅葆玖扮相、表演酷似其父，深喜故人有后。遗憾自己昔年所作《梅兰图》不知去向，想要梅葆玖提供剧照。梅葆玖便寄去《霸王别姬》剧照及便装照。张大千乃重绘《梅兰图》，并作长题记其颠末，曰：

试粉眉梢有月知，兰风清露洒幽姿，
江南长是好春时。
珍重清歌陈簌落，定场声里动芳菲，
丹青象笔妙新词。[浣溪沙]①

诗的下面叙述作画时的情景：

三十三年前，在上海与朋辈集湖帆丑簃，弄笔为欢笑，湖帆先撇画幽兰一握，畹华为补梅花，乃索予倚小令题之，稚柳且为点易数字，畹华携归缀玉轩，顷者其公子葆玖　香江云此画已成陈迹，不在人间矣，其尊人与湖帆均相继弃世，倩友人要为补写，葆玖孝思如此，畹华当含笑九京，而余亦过腹痛，老泪纵横矣。

八十四叟爰大千。②

梅葆玖收到《梅兰图》后深为感动，乃请许姬传作骈文简牍答谢：

---

① 许姬传：《许姬传艺坛漫录》，中华书局1994年版，第261～262页。
② 许姬传：《许姬传艺坛漫录》，中华书局1994年版，第262页。

大千世伯大人左右：顷展

　　宝绘，始仰

　　丰仪。复蒙

　　藻饰，不胜追思。窃以香生幽谷，照春晖而衔哀（春晖乃子对父之典），妙笔横斜（琉影横斜乃梅花典），借一支而遣词。关河虽隔，云天高谊难忘，鱼雁能通，拜谒登堂有期（希望早日三通，俾能到摩耶精舍拜谒）。临风翘企，不尽依依，谨布谢悃，伏希

　　手披，顺候

　　兴居，恭祝

　　绵颐，世愚侄梅葆玖顿首

　　世伯母金安　壬戌十月之望①

　　1983年4月2日，张大千病逝于台北。许姬传作挽诗一律，梅葆玖、梅葆玥作挽联径寄台北张大千的夫人张徐雯波女士。

　　许姬传挽张大千诗：

　　一别匆匆卅四年，鱼书辗转赖飞鸢。
　　梅兰妙笔妍如音，巨障庐山树接天。
　　对影方欣颜未改，披图更忆画中禅。
　　何期示寂乘风云，月冷摩耶泪涌泉。

一九八三年四月三日敬赋一律
大千道兄灵右
弟许姬传拜挽时年八十有三②

---

① 许姬传：《许姬传艺坛漫录》，中华书局1994年版，第262～263页。
② 许姬传：《许姬传艺坛漫录》，中华书局1994年版，第264页。

梅葆玖/梅葆玥挽张大千联：

与先父最投契，重画梅兰见道义；
望台北而雪涕，春风料峭暗摩耶。
大千世伯大人灵右

侄梅葆玖/梅葆玥拜挽①

梅葆玖参加了1981年、1984年、1988年、1994年等多次纪念梅兰芳的演出、座谈会。

1981年8月10日至12日，上海举行梅派艺术演出，以纪念梅兰芳逝世二十周年。同月下旬，在北京人民大会堂举行座谈会。梅葆玖代表梅兰芳的亲属，感谢在各界关切下在上海举办的演出纪念活动，并表示："只有社会主义的祖国，才能这样尊重和爱护艺术家。我既要学习父亲的艺术，也要学习父亲的高贵品德，绝不辜负党和人民的期望。"

8月24日至27日，北京举办的"梅兰芳逝世二十周年纪念演出"开始，梅葆玖参加了《奇双会·写状》《红鬃烈马》《穆桂英挂帅》的演出。在《奇双会·写状》中，梅葆玖饰李桂芝，俞振飞饰赵宠。当年梅兰芳与俞振飞合作演出此剧曾轰动剧坛。这次俞振飞又与梅兰芳的后辈合演此剧，增添了怀念梅兰芳的气氛。

1984年10月，北京举行"梅兰芳九十诞辰纪念会"。在演出活动中，梅葆玖演出了《洛神》。最后一场《龙凤呈祥》，由诸多名门之后合作演出，梅葆玖、梅葆玥代表父亲，与李万春之子李小春、杨盛春之子杨少春、裘盛戎之子裘少戎、张君秋之子张学津、谭富英之子谭元寿、尚小云之子尚

---

① 许姬传：《许姬传艺坛漫录》，中华书局1994年版，第265页。

长荣、叶盛兰之子叶少兰、李少春之子李宝春、马连良之女马小曼、朱斌仙之子朱锦华合演,继承发扬了他们前辈的团结合作精神。

1993年,北京京剧院组成京剧代表团访问台湾,演出受到台湾观众的好评。张学良在观看演出后,特意宴请了梅葆玖、梅葆玥、叶少兰、谭元寿、马小曼、张学津、裘少良。梅葆玖参加演出了《龙凤呈祥》《凤还巢》《霸王别姬》《四郎探母》等戏。当最后一天梅葆玖与张学津合演《四郎探母》,台下观众有许多人热泪盈眶,血浓于水的依恋之情流淌在剧场内。

从20世纪80年代到90年代,梅葆玖的艺术修养得到显著提高。

在唱工方面,许姬传评论:"他得到家传,吐字清楚,行腔宛转,特别是用丹田气共鸣法,着重表达剧中人的性格,例如《穆桂英挂帅》'捧印'一场,唱'抱帅印到校场指挥三军'的高腔时,他用丹田气喷薄而出,配合匀整的台步和面部表情,挂帅出征的穆桂英就高大而有分量了。"

《生死恨》是抗战初期梅兰芳的代表剧目,后来经过拍摄戏曲时的精雕细刻,不断加工,并删去一些不必要的过场,精简了唱词与道白,使全剧更加紧凑。"织机夜诉"一场把全剧推向高潮,其中对剧中人程鹏举所唱[四平调]的运用([四平调]多适用于喜剧)曾有争议,梅兰芳与王少卿打破惯例,坚持用[四平调],收到了悲剧的效果——观众们掉下泪来。梅兰芳曾对一位改编剧本的友人说:"四平调一样可以表达悲感的意境,但唱词最好用长短句,内容要求通俗有感情,才能创造出适宜这种场面的腔调,而达到预期的效果。"新中国成立后,这出戏多由梅葆玖演出,诚如许姬传先生所说:梅葆玖"对唱念的口劲、行腔出字的方法,经过许多位名师指导,在青年演员中是较有深厚基础的,特别嗓音的清脆甜润……'织机夜诉'一场大段二黄的各种板式——倒板、数板、慢板、原板的唱腔,衬托出韩玉娘的凄凉身世和爱国热诚,达到如诉如泣、如怨如慕的境界,为观众所喜爱"。

梅兰芳认为,年轻演员学习前辈艺术家应根据自身条件,吸取其精神。有一次梅葆玖演《生死恨》,梅兰芳在演出前嘱咐琴师王少卿把后边二黄的调门走得软一点。他对梅葆玖说:"青年人需要锻炼,调门要'绷'一点,你听听我壮年时灌的唱片,调门比现在高,唱法也不同,你们应学我的唱做一气呵成、由内到外的贯串线,而不必学我现在的调门,如果净图唱得舒服,老来就难以振作了。"梅葆玖在各地上演《生死恨》时,还不断听取观众和戏剧界同行的意见,以对该剧进行改进,并表示:"观众就是我的老师,我喜爱韩玉娘这个人物,这出戏虽然唱做极其繁重,我要更深入地把它演好。"

在做工表情方面,梅葆玖也得到父亲的传承,能够把表情细腻地融入到剧情、人物之中。如《霸王别姬》"巡营"一场,梅葆玖着重表现剧中人虞姬的"愁"字,霸王连战皆败,被困垓下,虞姬预感到军心涣散,前途不详,边唱"我这里出帐外且散愁心",边心情抑郁地慢步巡营。在虞姬为霸王舞剑的部位节奏上,梅葆玖亦得父亲亲传,梅兰芳曾告诉葆玖:"这套剑,部位是扎四个犄角,每个亮相要准确美观,舞剑的节奏不宜太快,因为虞姬是在悲观绝望中以舞剑来安慰霸王的。"

《凤还巢》是梅兰芳创作的喜剧,程雪娥三次偷觑穆居易,是这出戏的高潮。梅葆玖不但与梅门弟子共同研究剧情、表演,自己也下功夫琢磨,经过重点加工后,在表演中能够恰如其分地掌握程雪娥的身份和性格,演出更为细腻动人。

《金山寺》一戏,梅兰芳曾和杨小楼合演,梅兰芳饰白素贞,杨小楼饰伽蓝。梅兰芳说:"与杨老板对打,最过瘾。"白素贞在戏里虽是刀马旦、武旦的行当,梅兰芳却不打出手,梅葆玖演青儿也不打出手;但有一次例外,据许姬传回忆:1983年5月22日,梅葆玖在中和园演昆曲《水漫金山·断桥》却打了几下出手,他的把子是武旦陶玉芝教的,有些功底。武旦赵慧英饰青儿,出手打得很漂亮。姚玉成饰许仙,姚是昆曲艺术家俞振飞的学生,所以是按照当年俞振飞与梅氏父子合演时的路子演的。

1994年,在庆祝"梅兰芳一百周年诞辰"之际,梅兰芳剧团在上海宣告成立,梅葆玖担任梅剧团团长。同年10月,梅兰芳剧团献演了《太真外传》,在北京、上海、香港等地演出,获得好评。该剧不仅场景设计优美,而且由于梅葆玖设计并恢复了"霓裳羽衣舞"的表演,歌舞并重,终于完成了梅兰芳未竟的心愿,且该戏编排得更为精练,成为梅派艺术的传统保留剧目。

如果说梅葆玖青年时期对梅兰芳的教诲言听计从,只是停留在"父教子学"的表面意义上的话;那么,到了1989年梅葆玖五十五岁的时候,他对父亲表演艺术的理解,随着自己多年表演技艺的增长、舞台经验的丰富,已产生质的飞跃,上升到戏曲美学的高度。梅葆玖撰写的《继承和发展父亲的艺术》一文,在分析、评论梅兰芳唱腔艺术的表现力和音乐性的日臻完美时是这样说的:

> 他的演唱,从宏观上,可以从唱腔中分辨出各种各样人物的身份、性格、处境和教养;微观上则紧密结合剧情,唱腔中每一细节的变化都和剧中人物当时当地的思想感情、内心活动十分吻合熨贴。他在表现人物的喜怒哀乐时,其深邃的表现力总是和唱腔艺术中高度的音乐性分不开的。他的唱始终不脱离艺术所应该给予人们的美的享受。唯其美,就能更深地激动观众的心弦,使观众产生共鸣。不注意这一点,往往会以为我父亲的唱,只是适宜于表现华贵的人物和喜悦的心情,注意了这一点,再去听我父亲所演唱的《生死恨》这类悲剧唱腔,就不会感到他"愁时不够苦恼""哭时不够伤心",而会感到他的唱有生活,但不即是生活,是从生活中提炼出来、高于生活、比生活更美的音调。总之,我父亲的演唱艺术,和我国书法、绘画中那些高层次的艺术精品一样,都具有一个绚烂归于平淡的境界。因此,也都存在一个容易学而不那么容易精的问题,而这正是合乎辩证法的规律的。

只有深刻理解这个道理,才能从继承中发展,在发展中创造。①

正是源于这种深刻的理解和感悟,使梅葆玖的艺术水平,特别是在20世纪八九十年代有了相当大的提高,较为成功地继承了梅派艺术,并为梅派艺术的创新发展不断作出努力。

爱戏如命

从1961年梅兰芳逝世到2000年梅葆玥逝世,梅葆玥对自己挚爱的老生艺术的追求、奉献,直至生命的最后一刻。

1961年梅兰芳的突然逝世,给梅家带来巨大的悲痛。领头人走了,梅剧团还要办下去,梅葆玥、梅葆玖姐弟决心继承父亲的遗志,在剧团多位老艺人的支持、帮助下,毅然挑起了梅剧团的重担,开始了他们之间的长期合作。

1964年"戏改"后,规定男不许演旦、女不许演生,姐弟俩渐渐被打入冷宫,舞台上很少见到他们的身影。梅葆玥、梅葆玖并不气馁,仍然坚持在家里练功、吊嗓。

1966年"文革"开始,抄家、批斗、下放劳动,一连串的厄运降临到他们身上,姐弟俩先是下放到北京天堂河农场接受"再教育",后又奉调回城,梅葆玖改行当了电工,他摆脱了不能登台演戏的苦恼,潜心研究、学习,录音效果十分出色,一个"样板团"的人曾对许姬传说:"我团的效果很差,要有梅葆玖那样的艺术,就解决问题了。"

梅葆玥改行唱老旦。面对改行,梅葆玥心想:只要有戏唱就行。她认真地从头学起,观摩别人的表演,收听录音,学演现代戏中的老旦角色。

---

① 梅葆玖:《继承和发展父亲的艺术》,《梅兰芳艺术评论集》,中国戏剧出版社1990年版,第609~610页。

尽管团里常安排她担任 B 组演员，并经常让她到工厂、农村演，她都毫无怨言，认真准备。

在偏僻的农村，梅葆玥和大家一起背着行李，走几十里山路，不辞辛苦，一个村一个村地为农民观众演出。梅葆玥和李世英排演了现代小戏《送货路上》，受到农民们的喜爱。卸了装，梅葆玥朴实的衣着、慈厚的笑容，也令农民观众们喜爱。当听说梅葆玥就是艺术大师梅兰芳的女儿时，农民们深为梅葆玥的质朴、毫无架子而敬佩不已。

"文革"结束后，传统戏恢复演出。梅葆玥和其他演员一样，为在"文革"这场浩劫中白白荒废了一个演员艺术生命中最富艺术表现力的十四年而悲愤不已，她要努力把逝去的岁月、荒废的时间补回来。她心中被压抑的艺术能量迸发了，刻苦地练功、吊嗓，仅用一个多月的时间开始复排传统剧目，排演了她拿手的《辕门斩子》等一批剧目，望着台下热情鼓掌的观众，梅葆玥心里非常激动。

二十多年后，梅葆玥病重时，回忆起这段奋斗的时光，依然感慨万千，深感欣慰和满足。她觉得她为观众奉献了她真诚热爱的京剧艺术，观众也给予了她真诚、热烈的掌声，她告诉家人：这是她艺术生涯中的第二个春天。有一次她在北京吉祥戏院演完《四郎探母》，骑上自行车，顶着寒冷的西北风，沿着长安街回家，她一边骑，一边又唱了一遍《四郎探母》也不觉得累，她太挚爱京剧艺术了！她太挚爱能够在舞台上为观众演出了。

在一次各民主党派的联欢会上，农工民主党的负责人热情邀请梅葆玥参加农工民主党。抱着能为祖国统一大业做点工作的美好愿望，梅葆玥欣然接受了这个邀请，并在此后担任了农工民主党中央联络工作委员会副主任。据其子范梅强回忆：

> 任职期间，她遵守农工民主党各项政策，积极参加议政。在参加农工民主党中央慰问团前往广西前线慰问时，她顾全大局，不摆架

子，不畏艰险，为慰问演出的成功作出了贡献，受到前方将士的赞扬。为此，农工民主党中央致函北京京剧院，褒奖梅葆玥在前线的卓越表现。在第十、十一届农工民主党全体代表大会上，梅葆玥被选为中央委员，后代表农工民主党参加了中国妇女第七次全国代表大会。①

1983年，由梅葆玖、梅葆玥率领的梅兰芳剧团访问日本。这是"文革"后梅兰芳剧团的首次访日。

同年，梅葆玥与张学敏（张君秋之女）排演了老舍创作的《新王宝钏》及新编历史剧《三关排宴》，演出达数十场，颇受观众欢迎。

京剧女老生多擅长唱文戏。已过五十岁的梅葆玥，却希望把自己学习余派老生的文戏、武戏都奉献给广大观众。范梅强回忆母亲：

>……在近五十岁时偏要尝试排演武老生戏——《战太平》。于是她天天扎着大靠、练甩发、练身段、练武打。膝关节受伤了，但丝毫没有削弱她坚定的信念。《战太平》在北京成功演出后，又在东北各地演出多场，直到北医三院的医生向她发出再演下去伤腿有可能致残的警告才作罢。尽管这样，尽管从此严重的伤痛一直伴随着她，但她一直为自己近五十岁时这一挑战自我、超越自我、勇攀新的艺术高峰的举动而自豪。②

1987年梅葆玥退休了，剧团正式通知她的那天，梅葆玥默默地走出剧团，围着北京工人俱乐部这个她度过人生许多时光的地方，恋恋不舍地转了一圈，带着正式离开剧团的很强的失落感，平常很少流泪的梅葆玥眼睛湿润了。

---

① 《一代名伶梅葆玥》纪念册，2000年内部版。
② 《一代名伶梅葆玥》纪念册，2000年内部版。

退休后，梅葆玥的社会活动和公益性演出更多了。中国妇女发展基金会聘请她担任理事，北京文史馆聘请她为文史馆馆员，梅兰芳基金会聘请她为理事。梅葆玥时时处处以一个老艺术家、民主党派代表的标准严格要求自己，她为人直率，办事认真，读书看报，关注时事，还为北京京剧院的深化改革积极出谋划策。

1993年，梅葆玥、梅葆玖与大陆众多一流京剧艺术家赴台湾演出。访问期间，姐弟俩拜会了张学良、陈立夫、蒋纬国、辜振甫等各界人士，不仅把大陆京剧表演艺术介绍给台湾观众，而且为促进两岸的交流与了解做了许多有益的工作。张学良、陈立夫还和梅葆玥、梅葆玖交谈，问及梅派艺术的继承和发展，并饶有兴致地观看了艺术家们的表演。此后，辜振甫访问大陆期间，特邀梅葆玥、梅葆玖陪同看戏、参观。

1997年香港回归之际，梅葆玥和梅葆玖应邀参加内地京剧团赴港演出，受到香港观众好评。

1998年，南方多处发生大水灾，梅葆玥与许多艺术家一起积极参加募捐义演。同时，她还积极为灾区人民捐款以示爱心，当她在捐款箱前从工作人员手中接过捐款证书时，开心地笑了。

这一年，梅葆玥和梅葆玖姐弟先后去意大利、美国考察讲学。

范梅强在追述母亲一生的艺术道路和风格时，是这样总结评论的：

> 梅葆玥接受过正规的高等教育，有着很深厚的文学素养。对于自己演出的剧目，都要很认真地加以整理，使之通顺合理。梅葆玥的演唱，规范讲究，嗓音苍劲醇厚，中气充沛，扮相俊美儒雅，表演细腻严谨。她的演唱风格，初以高亢洪亮为主，后习余派、杨派，追求韵味的醇厚。至后期，她又主要研习孟小冬之唱法，颇有心得。她与梅葆玖合演的《红鬃烈马》《四郎探母》，更是将梅派青衣与余派老生的神韵发挥得淋漓尽致。她主演的《捉放曹》《文昭关》《战太平》《辕

门斩子》等剧目，已成为剧院久演不衰的保留剧目。①

1998年10月，梅葆玥在治疗日趋严重的膝伤而动手术时，发现患有乳腺癌，在三周内动手术两次。手术后，梅葆玥体质虚弱，常常动一动就大汗淋漓，且胸部、腿部的刀口疼痛。尽管如此，她并没有把病痛放在心上，而是渴望重登舞台。出院还不到一个星期，梅葆玥就开始了每周两次的吊嗓子的练习。她忍着病痛，坚持中间不喘气地唱全部《四郎探母》《战太平》《珠帘寨》《清官册》《搜孤救孤》《洪羊洞》等唱段。这期间，凡有邀其登台清唱者，梅葆玥从未拒绝，而且大部分为义务演唱。为了尽快恢复手术后膝关节的功能，梅葆玥天天围着西单步行数公里，在地铁楼梯上上下下走很多回。她内心急切地盼望着：能穿上厚底靴走上她热爱的舞台。

岂料祸不单行，就在梅葆玥膝伤恢复较好，准备再登舞台时，她的后背又开始隐隐作痛，她并未在意，只是服用了一些止痛药，一直坚持参加赴日本演出节目的排练。

梅葆玥为了演出，忍受着背疼，直到1999年7月28日晚参加赴日节目审查演出后，她疼痛愈发厉害，家属将她由剧场送至北京友谊医院，经检查发现癌症复发。

梅葆玥住院后，并未了解自己真正的病情。她非常听医生的话，积极配合治疗，她相信自己现在住院是为了很快能站立起来重登舞台，为观众演唱京剧。她天天看着日历，期盼着早日出院回家，再度登台，但几个月过去，她的病情不见好转，反而越来越重，她已经不能侧躺，那样就疼得钻心，而只能平躺，食欲不振，睡眠也只有依赖安眠药才能入睡，浑身渐渐感到无力，她感觉到自己的身体每况愈下，开始烦躁、焦虑，极度不安，并渐渐表现出对医生的不满。

---

① 《一代名伶梅葆玥》纪念册，2000年内部版。

其子范梅强带着极度悲痛和无奈的心情，经与父亲、妻子商议后，于2000年5月4日，向母亲说出了她的病情真相。

得知自己的病情后，梅葆玥反而镇静下来，她拉着医生的手，诚恳地向医生道歉，然后问家人："我是直接从舞台来到医院的，算不算站完了最后一班岗？"她告诉儿子，"你要为我写个传，一定要把我写得实际一点。"

姚玉芙的儿子姚保瑄曾撰文纪念梅葆玥：

……你对京剧是那样的热衷。每次你演出总叫我去看，看了以后还要征求我的意见，这也许是梅家的门风吧。我们都退休了，每周星期一、星期四上午，马正信老先生来你家给你吊嗓子，一起唱的有正志怡、赵荣林，还有我。屠珍（梅绍武夫人）戏称为"梅葆玥票房"。我总是给你们演配角。你唱《搜孤救孤》，我配唱程娘子，你唱《清官册》，我给你搭上两句夫人，你唱《大登殿》时王志怡的王宝钏，我唱代战公主，我们一起唱、说、玩，多么高兴呀。

……

你第二次住进友谊医院，我已经知道你身患绝症。虽然我家离医院很远，但每隔七到八天，我都要到医院去看看你。在你心情不好时，我总是在宽慰你；在你想回家时，我会说家里没有在医院治疗及时；你烦了我说点高兴的。我们都希望你能多在病房住几天，住到在国际上有了特效药治愈你的病。不想你的病日渐严重，我最后一次去看望你，你已经是有气无力地睁了睁眼睛，用手拉着我的手说："姚四哥，我一点劲儿都没有了，你看。"说着用力去屈自己的前臂，只稍稍地抬了一下，然后就闭眼不再说话了。见此光景，明明知道时间不会太长，真不知说什么话才能宽慰你的心情；看到你这样，我的心又是多么难过呀。[①]

---

① 姚保瑄：《永别了，葆玥》，《戏剧电影报·梨园周刊》2000年6月19日。

患病期间，梅葆玥仍然关注着京剧艺术的发展，对振兴京剧始终充满信心和希望。

梅葆玥住院期间，江泽民、李瑞环、丁关根等党和国家领导人，中宣部、统战部、外交部、文化部、农工民主党中央和北京市委、北京市文化局、北京京剧院都派专人到医院慰问，并提供了必要的医疗条件。各界亲朋好友，也都前来医院看望。

2000年5月23日十一时二十分，梅葆玥走完了她生命的最后历程，带着不能重登舞台的巨大遗憾，在北京逝世，享年七十岁。

范梅强记述道：

> 梅葆玥希望在身后，将她最后从舞台上走下来时拍的那张照片挂在那里。
>
> 那张照片，她最喜欢。

两代挚友

和梅家两代人交谊笃深、把大半生精力致力于宣传、整理梅派艺术史料、终生热爱、痴迷梅派艺术的，是梅兰芳的秘书许姬传。

许、梅两家确有历史渊源。许姬传的外祖父徐子静喜爱昆曲、京戏，曾和梅兰芳的祖父梅巧玲合唱过《长生殿》中的《小宴》（徐饰唐明皇，梅饰杨贵妃），许姬传的堂兄许伯明，是中国早期的留日学生，和冯幼伟、李释戡等均为梅兰芳的"智囊团"重要成员。

1916年11月下旬，梅兰芳在杭州第一舞台演戏，许姬传和胞弟许源来、堂弟许伯遒连着几天到剧场看戏，对梅兰芳的演唱、身段和扮相，深为钦佩，向专程陪梅兰芳来杭州的许伯明提出想见梅兰芳。在梅兰芳演昆曲《佳期·拷红》戏散后，许伯明带他们到化妆室见梅兰芳，介绍说："这是我的堂弟——姬传、伯遒、源来，他们都会唱昆曲，吹笛子。"梅兰芳笑着说："昆曲出在南方，你们听哪句腔唱得不准、哪个字念得不合适，请你们告诉我。"许姬传深有感触，对弟弟许源来说："名满南北的梅兰芳，却没有好角习气，对我们几个小孩还那么谦虚，真了不起。"[①]

20世纪20年代末，梅兰芳率团到天津演出。由于军阀混战，铁路中断，梅兰芳等被阻天津达十余日，当地名流陈宜荪夫妇每日约请梅兰芳到寓所吃便饭，许姬传、许源来兄弟列席作陪。席间，梅兰芳、姜妙香唱昆曲《金雀记》，许氏兄弟吹笛伴奏。通车后，许姬传送行，梅兰芳十分留恋地说："这次被困天津，在陈家的聚首很有意思，这是我外出演出的纪念。我希望再有这种机会。"

"九·一八"事变后，梅兰芳举家南迁上海，许姬传也恰好从天津到上海定居，两人又常见面了。梅兰芳常托许姬传找俞振飞请教昆曲，找许伯遒吹笛伴奏，两人关系更加密切。梅兰芳希望许姬传给自己做秘书，许以为自己平日散漫惯了，不愿给梅家添麻烦，便婉转拒绝。并说："此事须得家母同意才行。"梅兰芳找到许母，表明心意，许母也说怕给梅家添麻烦。梅兰芳说："姬传如去我处，一如在自己家里一样，不会委屈他。"许母这才同意。她告诉许姬传："我看梅先生是一个很诚恳的人，你跟随梅先生，日后必有所成就。再说，你的大少爷懒散的生活习气，也要改改才行！"

许姬传到梅家后，尽心尽力，为梅兰芳创编了鼓舞民众奋起抗战的《抗金兵》和《生死恨》两剧，演遍大江南北，震慑了日伪政府。从此，梅、许二人形影不离，情同手足。梅兰芳蓄须明志、蛰居香港，两人仍鸿雁传

---

① 许姬传：《许姬传艺坛漫录》，中华书局1994年版，第172页。

书，互诉衷肠。抗战胜利后，他们友情更深。

新中国成立以后，许姬传的工作更繁忙了，除了创编、整理剧目外，还协助梅兰芳总结艺术实践经验，代梅会友、出访、接见记者，并经常追随梅兰芳左右，在演出间歇，与梅"对床夜话"，由梅兰芳口述，记录、整理了《梅兰芳舞台生活四十年》第一、二、三集，该书于1950年10月16日开始在《文汇报》上连载，共连载了一百九十期，第一、二集分别于1952年、1954年出版。第三集的写作，因梅兰芳工作繁忙，直到1958年《戏剧报》约稿，才开始进行。第三集的写作，涉及更多的梨园旧事，采访和搜集资料的工作量很大，有一定困难，许姬传稍感为难，梅兰芳边开玩笑边鼓励说："事情总是开头难，但慢慢就苦尽甘来，乐在其中。我是望七之年，你已花甲一周，照这个提纲写是很辛苦，我们要抖擞精神，紧锣密鼓地干。"①梅兰芳的这番话，使许姬传又振作起来，他不辞辛苦地四处采访一些老艺人和余门（叔岩）弟子，向朋友借阅资料，还在图书馆摘抄了不少报刊资料，成稿后在香港《文汇报》发表。

1956年，许姬传随梅兰芳京剧代表团第三次访问日本，帮助整理、编排剧目和一切宣传应酬工作，在欢迎或告别酒会上，代梅写祝酒词或改答词，工作认真，谦虚谨慎，受到全团的赞扬。回国后，他帮助梅兰芳整理、出版了《东游记》。

1959年，许姬传协助梅兰芳移植、创编了向国庆十周年献礼剧目《穆桂英挂帅》，经反复加工已成为梅派优秀的传统剧目。他又根据唐人小说，创编《柳毅传书》剧本，后由范钧宏、许源来加工为《龙女牧羊》，可惜未能排练，梅兰芳就逝世了。

许姬传仍然辛勤地写作和搜集资料，他亲手整理、出版了《梅兰芳文集》，再版《梅兰芳舞台生活四十年》（一~三集合订本）《梅兰芳剧本选集》

---

① 许姬传、许源来：《忆艺术大师梅兰芳》，中国戏剧出版社1986年版，第282页。

《梅兰芳的舞台艺术》;还为出版《梅兰芳唱片集》《梅兰芳画册》和拍摄《梅兰芳》传记电影提供翔实的历史资料;他多次参加电视广播讲座,介绍梅兰芳和梅派艺术,在各种形式的座谈会上介绍梅兰芳对京剧艺术的贡献,被誉为梅兰芳艺术实践的"活辞典"。他还撰写、出版了《忆艺术大师梅兰芳》《许姬传七十年见闻录》《许姬传艺坛漫录》等著作。

许、梅两家关系也非常亲密。梅兰芳在上海时常去许家吃饭,许母和梅兰芳聊起几十年前北京城的情景,有时还馈赠自己制作的别具风味的食品让梅兰芳品尝。每逢春节,梅兰芳向许的父母拜年,并拿红纸包封一百元老法币交给许母说:"您给我的山鸡、素鹅、粽子,大家都爱吃,我没什么东西送您,这点小意思您留下零花。"许母微笑着说:"我两个儿子整天在你家打扰您,您还这么客气。"[1]1958年许母逝世,梅兰芳为许的父亲撰墓表,最后部分写道:"余与姬传、源来过从之日久,相与讨论艺事,资其匡助,曩岁升堂拜母,夫人每以嘉肴见饷,更为余谈说顾曲见闻,娓娓不倦,深为叹服,因而知姬传等之贯穿多能,盖有所自,贤母子教信矣哉!"[2]敬佩怀念之情,跃然表上。

从上海马斯南路(今思南路)到北京护国寺街一号,许姬传一直住在梅家。"文革"时,护国寺街梅宅被红卫兵占领,许姬传被迫迁居张自忠路。1976年唐山地震波及北京,梅夫人福芝芳闻知许姬传在张自忠路的住房屋顶开裂,特命孙儿梅卫东、外孙范梅强接许到西旧帘子胡同居住,许姬传住进"缀玉轩",梅家安排人照顾他,许老感慨万分,作诗《避震重返缀玉轩》一首:

滚滚奔雷着地挝,蓸腾惊起震窗纱。
天容如醉凝灰紫,雾气迷濛噪雀鸦。

---

[1] 许姬传、许源来:《忆艺术大师梅兰芳》,中国戏剧出版社1986年版,第344页。
[2] 许姬传、许源来:《忆艺术大师梅兰芳》,中国戏剧出版社1986年版,第347页。

> 沈老高年劳枉顾，梅孙扶我御飚车。
> 居停盛意此间乐，缀玉轩中听拨琶。①

不久，梅葆玖恢复了演出，许姬传对梅派艺术有了传人且能得以发扬十分欣喜，他不顾年迈体弱，又开始了整理史料、剧本的工作，并撰写了《梅葆玖的舞台艺术》《香岛梅讯》等文章，焕发了工作的活力。梅葆玖笑着夸奖说："八十老翁还有那么大的劲头，使人吃惊，您可说是'退而不休'。"

1980年1月，福芝芳病重，对许姬传说："吾将如油干灯尽，不久于人世矣。"遂于半月后脑血栓病发逝世。悲痛之余，许姬传写下《挽梅嫂福芝芳》一诗：

> 申江初见主人贤，弹指流光五十年。
> 缀玉轩中开夜宴，阿兰室里响繁弦。
> 沧桑几度红星灿，风物怡情万里天。
> 浩劫摧身成痼疾，春风吹到墓门前。②

1986年护国寺街梅宅被辟为梅兰芳纪念馆，许姬传乃迁居纪念馆，仍然忘我地整理剧本、史料，并自喻为"看家护院"的人。

1990年9月12日，九十岁高龄的许姬传老人，因劳累过度而病逝，临终前还审阅了《德艺双馨：艺术大师梅兰芳》一书的部分书稿，他是握着振兴京剧、弘扬梅派艺术的笔离开人世的。许姬传的工作精神是至诚感人的，他和梅家两代人的深厚友情也令人敬重，成为梅派艺术、梨园界长颂不尽的佳话。

---

① 许姬传、许源来：《忆艺术大师梅兰芳》，中国戏剧出版社1986年版，第348页。
② 许姬传、许源来：《忆艺术大师梅兰芳》，中国戏剧出版社1986年版，第349页。

梅家后代

梅葆琛夫妇有二子一女，由于经历"文革"等特定的原因，三个子女没有一人搞艺术工作。

大儿子梅卫平生于1952年，是梅兰芳赴维也纳参加世界和平代表大会时出生的，梅兰芳特为孙子取名为卫平，就职于英国罗斯福德纺织品进出口公司驻沪办事处。

二儿子梅卫华，相貌酷似祖父梅兰芳，梅兰芳乃取名卫华，一直在工艺美术行业工作，现在中国工艺美术馆珍宝馆负责博物馆工作。

小女儿梅卫文，幼年时爱好京剧，曾参加学校的文艺宣传队，演唱京剧《霸王别姬》《玉堂春》和现代京剧《红灯记》等选段，深受观众欢迎。后因体弱多病，未能如愿继承祖业，成为专业京剧演员，现在北京梅兰芳纪念馆工作。

在紧张的工作之余和退休之后，梅葆琛的家庭融洽欢乐，逢年过节全家欢聚一堂。孙子梅玮学习旦角戏十分用功，每天晚上，梅葆琛拉起京胡为梅玮伴奏，祖拉孙唱，其乐融融更增添了欢乐。

梅玮是梅葆琛二儿子梅卫华之子，梅葆琛、林映霞夫妇满怀慈爱地期望、鼓励孙子将来做一个有文化修养及继承梅派京剧艺术的新一代青年。在家庭的熏陶下，相貌俊俏的梅玮少年时就喜爱京剧，时常听着曾祖父梅兰芳的唱片入神。9岁那年，由祖母林映霞亲自送他到西城区少年宫"春芽少儿京剧团"学唱青衣旦角，每星期两次，利用学校放学后参加业余学习。在剧团领导的关心和李雅兰老师的精心指导下，在学习两个月之后，于1992年元旦春节团拜联欢会上清唱了整段的《二进宫》，受到鼓励的梅玮真正爱上了京剧。

1992年3月，台湾电视台记者到春芽团采访时，看到梅玮在练唱，发现他嗓音好，又有梅派味，当时就给他录像；当得知梅玮是梅兰芳的重孙后，记者要求到家里拍录梅玮的生活和学习情况，随后该电视片先后在中国台湾、日本、美国等地播放。

在李雅兰老师的精心指导下，梅玮在不到三年的时间里逐步学唱了《二进宫》《盗令》《凤还巢》《大登殿》《霸王别姬》《贵妃醉酒》等梅派名剧的主要唱段，在唱功上颇具梅派韵味，但在身段等表演基本功方面还有较大欠缺。梅葆琛、林映霞常鼓励孙子在不影响功课的前提下，刻苦学好京剧。

1994年春节，梅玮在"文化部春节联欢晚会"上，与王铁成、梅葆玖两位爷爷同台清唱了《凤还巢》选段。

回到北京后，梅玮又参加了文化部举办的纪念活动演出，在北京工人俱乐部清唱《霸王别姬》选段，彩唱《贵妃醉酒》片段，深受观念欢迎。

20世纪90年代中期至2000年，梅玮还曾到山东参加庆祝"六一"儿童节演出，参加中央电视台"第二起跑线"的演出活动；1999年随梅剧团参加北京大学校庆及纪念"五四"运动的演出，深受学校师生的欢迎；2000年国庆节，梅玮随梅剧团赴天津中国大戏院彩唱《霸王别姬》片段，深受天津观众的欢迎；10月中旬，梅玮还参加了北京市中小学生艺术节的演出活动。

梅玮在1994年北京市西城区"第三届中小学生艺术节"中获二等奖，1995年参加北京市95"燕京杯"少儿京昆艺术大赛，获业余组三等奖。

在读书期间，放学后只要有富裕时间，梅玮便由祖父督促吊嗓，并常听曾祖父和叔祖父梅葆玖的录音。在北京大学毕业后，梅玮又到中国戏曲学院学习三年（硕士），如今在梅兰芳纪念馆工作。

梅绍武夫妇有一子二女。儿子梅卫东在日本东京艺术学院导演系毕业后，再进日本东京大学研究院攻读国际金融，为东京住友银行总行高级职员。梅卫东曾为日本翻译家井上康译述的梅兰芳《舞台生活四十年》第一、二、三集校勘与注释，先后修改三次，遇到一些疑难处还和许姬传探讨、研究，为日文版《舞台生活四十年》的出版作出了贡献。

梅绍武的大女儿梅卫红，毕业于美国洛杉矶惠蒂尔大学，又在乔治亚工学院研究院攻读经济管理专业，任职于住友银行洛杉矶分行。梅卫红小时候喜爱京剧，她长得酷似祖父梅兰芳，常身穿红色练功服，在院子里练《霸王别姬》的剑舞，出国前曾向邹慧兰学唱京剧青衣。

梅绍武的小女儿梅卫丽，毕业于洛杉矶大学，后任职于洛杉矶电脑公司。

梅葆玥的儿子范梅强，毕业于中国戏曲学校，工老生，曾在中央电视台文艺部任副导演，现在日本留学。

梅魂永驻

梅兰芳青年时代就特别喜爱去香山游览，望着秋天满山的红叶，他心情舒畅，乐而忘返。

1922年春，梅兰芳与好友齐如山、李释戡、萧紫亭、王幼卿去香山游览，攀上险峰，绕过"栖月山庄"，来到蛤蟆山的顶峰，向四周远望，树木郁郁葱葱，山高峰险，一览无余。

梅兰芳兴致勃勃，即兴在一块很大的石头块上写了一个大"梅"，在右下角署名"兰芳"。李释戡又在"梅"字上方写了题记："壬戌三月二十有四日萧紫亭、齐如山、梅兰芳、王幼卿、李释戡同来兰芳写释戡题记香山游者虽多未必逐登此石亦足以自豪矣李。"这个短短五十二字的题记，后来被人称为"五君子刻石"。[①]

据梅葆琛回忆，父亲曾告诉他这样一件趣事：

不久，香山公园主管熊希龄先生来找我说："我们虽然素不相识，

[①] 梅葆琛：《怀念父亲梅兰芳》，中国社会出版社1994年版，第148页。

但是有您梅先生的大名刻在石头上,我还是能找到您,好啊!您在山上刻字,我要罚您的款,但是不要钱,我知道您是一位乐于助人的艺术家,就请您给香山慈幼院筹募基金义演一场戏吧!"我为弥补过失,当然立即就答应下来,于是预定在香山饭店临时搭起舞台,我演出一场《宇宙锋》,将全部收入捐给香山慈幼院。当地的老乡知道此事后,议论开了,说这个大"梅"字可真不便宜。我听后也乐在心中,因为我在香山做了一件好事。①

在香山碧云寺东侧幽静的山腰中,有一座小山,名为"万花山",山上有座"万花娘娘庙"。梅兰芳很喜欢这块地方,便在山脚下买下一块地,种了几十株翠柏松树,在山坡中间修了一条道,并筑起几十层台阶;在路口靠右边盖了三间小砖房,有时去香山游玩,流连忘返,就在万花山小住几天。后来前夫人王明华病逝后,就安葬于此。

20世纪50年代后,梅兰芳曾让梅葆琛去香山查找墓地,并希望梅葆琛找到题"梅"字的巨石。梅葆琛找到了墓地,已是杂草丛生,一片荒芜,却没有找到巨石。

1961年梅兰芳逝世后,梅夫人福芝芳要求把梅兰芳的棺木安葬在万花山。治丧委员会同意后,决定先把梅兰芳的棺柩暂时停灵在八宝山革命公墓,待万花山的墓穴修建完工后,立即举行安葬仪式。

施工进展很快,按照福芝芳的意见,先将王明华的棺木起出,再用水泥灌注三个墓穴,在梅兰芳墓穴右侧安葬王明华夫人的棺木,左侧给福芝芳夫人留了一个寿穴。梅兰芳的安葬仪式在他逝世的第二十天隆重举行。按照周恩来总理、陈毅副总理指示、制订的有关梅兰芳十项纪念活动中,有修缮梅兰芳墓地一项,梅葆琛负责参加设计、制图,因"文革"开始,

---

① 梅葆琛:《怀念父亲梅兰芳》,中国社会出版社1994年版,第148页。

这个计划也搁浅了。

1983年初，梅葆琛关于修缮墓地的报告被批准。梅葆琛广泛听取亲朋好友的意见，经过再三思考，决定采用自己的方案：

墓地在山坡下边，首先要考虑修建防汛设施，然后是墓碑的设计，我采用了高2.5米、宽1米的汉白玉墓碑，把它镶嵌在墓后的虎皮石弓形围墙的中间，在墓碑前正中间安置长方形花岗石墓头，四周是一朵四瓣花形的梅花，墓前左右两旁砌上花格的矮墙，形如墓门。我带着这个方案请北京建筑设计院的施德浓工程师及其同行们提些意见，在梅花是五瓣还是四瓣的问题上，大家经过一番讨论，最后同意采用四瓣的花朵，因为依照建筑设计的艺术手法，配以四瓣花朵更为合适，使人一眼就看出是一朵梅花。而且我认为这也象征着我们梅氏兄妹四人，一人一边陪伴在父亲的身后……①

图样定下来，梅葆琛请许姬传书写"梅兰芳之墓"五个大字，许姬传连续写了几个晚上，从近二百个字中挑选出最为满意的五个字，作为定稿。

墓地工程于1983年4月施工，7月底竣工。梅葆琛代表梅家子女完成了自己最大的心愿。

1991年秋，梅葆琛的老校友糜振玉在香山找到刻有"梅"字的巨石，他拍照后寄给梅葆琛照片，梅葆琛深感安慰。

北京，是艺术大师梅兰芳学艺、成名、一生中居住时间最长的地方。如今，他长眠于香山幽静的万花山墓地，伴着轻风、梅花、苍松、翠柏，伴着秋天的红叶，冬天的雪花。他仿佛仍在舞台上翩翩起舞，又似乎在默默地昭示梅家的后代子孙及志在继承梅派艺术的青年学子，戏无止境，贵在创新，继承国粹，永不停步！

梅韵长存，梅花怒放，梅魂永驻！

---

① 梅葆琛：《怀念父亲梅兰芳》，中国社会出版社1994年版，第151页。

十　梅派传承

家风传承

梅葆玖曾说："我们的家风就是忠孝节义。忠：对国家要忠；孝：对父母孝；节：自个儿得有节气，不该做的绝对不能做；义：就是多做善事，多帮助人。在家庭有了这样做人的规范教育，到学校老师再给你归置，将来一步一步踏入社会，知道对社会怎么做，对长辈怎么做，对儿女怎么做，就不会走错路了。"

如果从梅葆玖的曾祖父梅巧玲说起，可以找到梅家优良家风传承的根源。

梅巧玲少年学艺，在福盛班受尽班主、师父的打骂，幸遇四喜班罗巧福，将他赎出该班，收为徒弟，精心培养呵护，终成名角。将身比身，梅巧玲掌管四喜班时，爱护学徒，不准教师打骂他们，并为此赶走一个打了学徒的教师。

说到"义"字，梅巧玲有两件颇为感人的真实故事"焚券"和"赎当"，被晚清文人和戏迷所传颂。

这两个故事在本书前面已提，有口皆碑。

梅兰芳一直恪守着梅家"国重于家，德先于艺"的祖训，特别是从1931年"九·一八"事变后的局部抗日战争时期到1937年"七七"事变后的全面抗日战争时期，作为一个驰名海外的京剧表演艺术家，梅兰芳首先想到的是国家利益。局部抗战时期，他迁居上海，排演《抗金兵》和《生死恨》，积极参加抗日救亡运动。全面抗战时期，他蓄须明志，拒绝为日伪登台演出，表现了一位京剧艺术家崇高的民族气节。他曾说："抗日战争爆发了，我仇恨敌人，但自己只是一个戏曲演员，没有什么力量贡献国家，只有用消极抵抗的方法和日伪划清界限，因此就千方百计躲避演戏，决不登台。"

在教育孩子的问题上，梅兰芳认为："尊重孩子就像尊重观众一样。"对孩子要和蔼、亲切，以理服人，"把孩子吓坏了，就更听不懂了，不厌其烦地解说，总能让孩子明白的"。

当日军侵占香港时，一颗炮弹穿过墙壁，落在梅兰芳居住的寓所里没炸，梅兰芳镇静地让梅葆琛、梅绍武兄弟小心翼翼地抬起炸弹，扔到附近的山谷里。当粮食紧张时，梅兰芳又让兄弟两人每人拿一个大手提包，来回躲过日军岗哨，去山下朋友家取回粮食。不久，梅兰芳决定让哥俩去贵阳清华中学读书，并说："清华中学能让你们知道许多道理。孩子，我们不能当亡国奴，不能忘记自己是中国人啊！"

1943年，梅葆玖向王幼卿学青衣；李桂芬教梅葆玥学老生。1946年3月，梅葆玥、梅葆玖第一次登台，在上海皇后大戏院演出《四郎探母》。演出结束后，梅兰芳陪两人的老师吃饭，让老师坐在首席，让梅葆玥、梅葆玖坐在次席，说是对他们的奖励。在梅葆玖印象里，父亲从不疾言厉色，也从不打骂孩子。在和父亲同台合作演出时，即便他的唱做表演有时有失误，事后父亲也是和蔼地指出哪个地方不对，如何改进等。

笔者前些年曾赴梅家访问或电话采访梅家后代，梅葆玖的大哥梅葆琛身体不好，电话采访过两次。梅葆琛十分认真地听笔者提出的问题，然后嘱咐他的妻子林映霞寄给笔者材料，林映霞非常耐心地在电话中核对笔者需要的材料，然后寄给笔者，每次听到她亲切的声音、周到的问候，笔者都倍感温暖。

2010年采访了梅葆琛的孙子梅玮。接续以前的采访，梅玮给笔者讲了他在北京大学学习期间的情况，除了有时在文艺汇报演出中演唱梅派青衣唱段，他还参加了北京大学民乐团（他曾随团去香港演出，演出《别姬》《醉酒》唱段），学会了打架子鼓、大堂鼓、排鼓等打击乐器。大学二年级时，北大有名的十字光泽乐队特邀梅玮参加该乐队，后曾在北大百年大讲堂演出。梅玮打鼓渐有名气，人称"北大鼓神"。他演唱的《天韵》，由民乐团伴奏，气魄宏大，很受欢迎。梅玮的毕业论文《梅兰芳与鲁迅》，客观地论证了鲁迅对梅兰芳京剧表演艺术的一些批评，指出这些批评反而促进了梅兰芳京剧表演的创新和改革，受到指导教师孔庆东教授的好评。

在中国戏曲学院的三年硕士课程学习期间，梅玮在张关正、苏移、周育德、周华宾等老师的指导下，勤奋学习京剧表演理论，毕业论文《重塑新时代梅兰芳》亦受到好评。

梅玮硕士毕业后在梅兰芳纪念馆工作。

2000年秋天，笔者曾到梅绍武家对梅绍武、屠珍夫妇进行了采访。梅绍武家中到处都是书，书架满满的，地上也整齐地堆了一些书。虽然译著等身，他还用相当多的精力致力于梅兰芳的戏曲艺术研究，与梅葆琛、林映霞、屠珍合编《梅兰芳文集》八卷。在采访中，他很长时间讲到程砚秋，程砚秋先拜梅兰芳为师，后自成一派，创程派唱腔。梅兰芳见程砚秋成名，很高兴，他在舞台演出剧目时尽量避开自己拿手的戏，谦让对方，程砚秋对梅亦如此。梅绍武直率、平和，具有典型的知识分子做派。

同年夏秋之交，笔者采访了梅葆玥之子范梅强。那时梅葆玥刚刚逝世几个月，范梅强尽量掩饰内心的悲痛，向笔者讲述他母亲学艺和生病后的事情。范梅强性格沉稳,讲话井井有条。

遗憾的是,笔者对梅葆玖的采访一直未能成行,约了几次,都赶上他太忙,这成为笔者的终生遗憾!

对于梅葆玖来说,姐姐梅葆玥、两位哥哥梅葆琛和梅绍武相继离世,其内心的痛苦可想而知。他在努力传承梅派艺术的同时,又秉承了梅家的淳朴家风,待人亲切,乐善助人。

谭(鑫培)派第六代传人谭孝曾回忆道:"我和玖叔都是全国政协委员,这些年在一起的时间比较多,他不光在艺术上是前辈,是大师,经常提携我,而且在生活中,他和梅兰芳老先生一样,特别平易近人,我这么多年和他接触,从来没有见他动过怒,发过脾气,永远对任何人都是笑眯眯的。而且从来不讲条件,玖叔曾经带我一起去偏僻地区演出,接待条件特别差,我有的时候都觉得难以接受,但玖叔任何不满都没有,仍然高质量地完成演出任务。"《北京晚报》记者王润回忆起一件事:在梅葆玖先生住的东四干面胡同里,有一个公共厕所,打扫和管理这个厕所的工作人员也住在这里,这个人不幸得了脑血栓,半身不遂,行动不便。因为上面要派新的人来打扫公厕,也要住在这里,所以他不得不搬出去。梅葆玖先生听说之后,就说:"这样不好,对待人不够公平。他没生病的时候,为了这个厕所的保洁工作很尽心,现在生病了,不能在这个时候把他赶走。"梅葆玖先生不仅亲自拿了几千元给这个人送去,让他能够先有地方住,还表示要帮他向上面反映情况。

离梅葆玖家不远,在世界知识出版社工作的李其功回忆说:"我每天在工作时间内,经常听到梅家小楼二层西侧把角儿的房间传来清唱和胡琴的悠扬声,我分不清楚是梅葆玖先生自己在唱,还是放自己或他父亲的唱片,'海岛冰轮初转腾,见玉兔又东升,见玉兔,玉兔又早东升',我曾经对屋里的同事说,你们说说,全中国有几人有这个福气,小梅老板天天给咱放戏出儿?"

他还回忆说："在干面胡同里，很少听到住户正经八百儿地称梅葆玖全名或者'梅先生'的，大家都是'葆玖儿葆玖儿'地叫，起初我觉得不太尊重，后来觉得这不就是人民艺术家吗？久而久之，也知道不少胡同居民都受过梅葆玖先生大小不等的恩惠，比如说有的居民患急病，是梅葆玖协助送的医院，有的居民想看梅葆玖先生的戏，是梅葆玖给的票之类，不一而足。"

艺术传承

2016年4月25日，梅兰芳之子、京剧艺术家梅葆玖在北京协和医院病逝，享年82岁。

2016年3月29日，梅葆玖带着亲传弟子、梅派男旦传人胡文阁来到北京第二外国语学院竞先厅，给师生们作了《京玖不衰——梅兰芳京剧表演艺术对世界戏剧的贡献》的讲座，这也是梅葆玖的最后一场公开演讲。

在讲座中，梅葆玖回顾了梅兰芳追求京剧表演艺术和致力于向世界传播中国京剧的艺术生涯，认为中国京剧和外国戏剧、歌剧、舞剧最大的不同之处在于写意。

梅葆玖边让弟子胡文阁现场展示了上妆、勒头、贴片子、插戴头面和演唱《贵妃醉酒》的唱段，边以梅兰芳的代表作《穆桂英挂帅》中"捧印"一场戏为例，对京剧的写意特征做了讲解。他以《打渔杀家》《贵妃醉酒》《美猴王》等戏为例，阐释了京剧本体具有的流畅性、伸缩性、雕塑性等特征。

讲座中，梅葆玖指出，梅兰芳表演艺术在关于演员、剧中人物和观众的关系方面，对世界戏剧表演艺术的发展（梅兰芳表演体系与斯坦尼斯拉夫斯基表演体系、布莱希特表演体系并称世界三大表演体系，而梅兰芳表演体系尤为欧美艺术界称颂）作出了重要的贡献。同时他还总结了父亲梅兰芳之所以成功的原因：一方面是取决于个人的刻苦努力，多方面地学习和追求，乐观、豁达和诚挚待人的高尚品格；另一方面，也得益于中国京剧文化的深厚、京剧的普及与影响，以及当时戏剧文化市场一度比较成熟。

梅葆玖的最后一次演讲，给胡文阁留下最难忘的记忆。

从 4 月 26 日到 5 月 2 日，约有三千多人到北京京剧院的梅葆玖先生灵堂前来吊唁。笔者于 5 月 1 日到北京京剧院梅葆玖灵堂向先生告别，题写："梅葆玖先生为中国京剧、梅派传承所作的巨大贡献永存史册！"

2016 年 5 月 3 日，梅葆玖先生告别仪式在北京八宝山革命公墓举行。送别大厅里播放的是梅葆玖最喜爱的京剧《大唐贵妃》中的《梨花颂》：梨花开，春带雨。梨花落，春入泥。此生只为一人去，长恨一曲千古谜，长恨一曲千古思……

天上人间，人们仿佛听到梅葆玖这段韵味动听的唱段。

88 岁高龄的京剧表演艺术家谭元寿与儿子谭孝曾、谭立曾和孙子谭正岩等谭门祖孙三代人，都来送别梅葆玖。谭元寿哽咽说道："葆玖是我的好兄弟，也是我的好战友，他对京剧艺术的贡献，超过了我们现在的所有人！他把京剧艺术传遍了几乎世界每个角落，对京剧艺术的贡献太大了……我们应该永远记住他，向他学习，学习他身上坚持不懈、孜孜以求、把梅派艺术传遍世界每一个角落的精神，他是我们传统文化最好的传承者。"

《大唐贵妃》的导演、越剧艺术家茅威涛的丈夫郭小男，从杭州来到北京，参加了梅葆玖的吊唁和送别。《大唐贵妃》是梅葆玖最喜欢的新编作品，他一直希望将该剧再度公演，并定于 2016 年 11 月 15 日、16 日在保利剧院公演。梅葆玖在患病之前，一直在筹备《大唐贵妃》公演的事，提出了许多建议、想法，留了一些录音，希望能使十三年前的版本精益求精。郭小男指出："《太真外传》是梅兰芳先生的作品，《大唐贵妃》是梅葆玖先生的作品，我一直觉得，《大唐贵妃》是梅葆玖先生传承他父亲《太真外传》的一次自觉发展，是他对梅派艺术的身体践行与弘扬，也可以说是他唯一一次继往开来的创新。《大唐贵妃》对他的意义太重要了，包括已经盛行于世的《梨花颂》，他都引以为豪，成为他可以光大梅派的一种贡献。所以在这件事情上，他确实是呕心沥血，这么多年也没有放弃过，矢志不渝地要把它做好，因为这是他一生工程的结果。"

中国戏曲学院教授、梅兰芳艺术研究中心主任傅瑾认为，梅葆玖的逝世是京剧界的巨大损失。八卷本《梅兰芳全集》即将出版。"梅葆玖先生没能看到这个全集，很遗憾。他生前提起，特别想恢复父亲梅兰芳的几出时装戏和三出红楼戏。他想通过这几出戏，能呈现出一个完整的梅兰芳，从而让人们从中能有所启发。"傅瑾认为，从学术研究的角度看，恢复梅兰芳的时装戏和红楼戏是有必要的，"那样才是一个完整的梅兰芳，能让我们知道梅兰芳是怎么一步步走过来的。就像我们做这个全集，特别注意收录了梅兰芳口述和接受媒体采访的部分，发现了许多新资料。比如他在1935年接受当时《中央日报》采访时就提到了'移步不换形'的观点，这跟他1949年提到的观点是一致的。"

梅葆玖生前有弟子51人，包括李胜素、董圆圆、魏海敏、张晶、张馨月、姜亦珊、田慧、谭娜、尚伟等，都是所在剧团的主演，传承梅派表演艺术的佼佼者。

梅葆玖唯一男旦弟子胡文阁，在向梅葆玖学戏十年后，出于对京剧梅派表演艺术的崇敬，毅然退出歌坛，于2001年年底正式拜梅葆玖为师，学了十来出戏，梅葆玖的艺德、为人使他受益匪浅。在他的记忆里，梅葆玖沉稳随和，遇事耐心、慎重，尊重每一位戏迷，毫无名角架子，从不发脾气，与世无争。老师告诉他，要待人和气，包容，注意穿着，指出他有爱嘀咕（遇事思虑过多）的毛病。胡文阁的舞台表演深受观众喜爱，他主演的《穆桂英挂帅》《贵妃醉酒》《凤还巢》等戏皆获好评。2016年7月，胡文阁带着白金、路洁演出了《凤还巢》，他回忆说："我记得2005年国庆黄金周的时候,是梅葆玖老师第一次带着我演这个戏。到了2013年"双甲之约"香港站,师父最后一次登台演出《凤还巢》,跟叶少兰老师合作。师父怎么教我的,我也会怎么教给她们。"

这十多年梅葆玖一直致力于梅派艺术的传承。他曾在一次电视访谈节目中说(大意),他们(哥哥、姐姐)都不在了,梅家的事,我不做谁做,总要做点事,把父亲的艺术传承下去。

生于梨园世家的武生名家叶金援,自2001年从北京京剧院艺术指导委员会调到梅兰芳京剧团任业务副团长,2008年退休后,梅葆玖认为工作上很需要他,就向院里打报告,于是他就继续担任梅葆玖的助理和秘书,协助梅葆玖工作。到2016年,叶金援已经和梅葆玖共事16年。

叶金援回忆道:"梅老师常年患支气管哮喘,遇到天气忽然变冷,就会犯病。2015年,我们到山东老区演出,我陪梅老师一齐过去,结果在山东机场,梅老师这个病犯了一次,突发性支气管痉挛,当时在机场,我紧随在他的身边,所以抢救比较及时,他从昏厥中苏醒过来了。"令叶金援感动的是,梅葆玖被抢救过来后,仍然继续工作,"他对继承和传承梅派艺术非常重视,他也有着很大的压力,因为年龄慢慢变大,让他有种紧迫感,所以他在年事已高,并且知道自己身体有薄弱环节的情况下,依然给自己很多的工作"。

此前几年,梅葆玖还曾检查出患有前列腺疾病。病情恢复后,他马上跟大夫讲:"我能不能工作?"大夫说:"您治疗效果非常好,可以工作。"

2014年,北京京剧院组织了"纪念梅兰芳大师诞辰120周年双甲之约"活动,在国内进行了一系列的巡演。梅葆玖为此奔赴世界各地,参与了所有的讲学、发布会,对带队演出的剧目演出和售票情况,以及观众观看效果非常关注。叶金援随行一路,觉得梅葆玖非常辛苦。梅葆玖坚持认为:只要还有一份力气,他就要去做。

直到梅葆玖病倒之前,他仍然为传承梅派艺术而努力。北京戏曲评论学会会长靳飞回忆3月27日和梅葆玖的最后一次长谈。靳飞说，京剧艺术国际传播是由老梅先生所创；"双甲之约"又相当于为京剧、为梅兰芳先生的国际形象重塑了金身。梅葆玖听了很高兴。谈到现在许多年轻人把"实"的东西看得太重，也太心急，根本做不到像他那样沉下心来用几十年时间学习所谓"虚"的艺术，梅葆玖说："我对我们老头儿是有个信仰的。"

3月29日是梅葆玖82岁的生日。叶金援回忆："那天他已经很疲劳了，但讲学之后回到家里，还跟我一起研究下一步的工作，比如4月1日在人民大会堂有个'纪念袁世海先生诞辰一百周年'的活动，他有个重要的发言，他说一定要参加；4月3日，他计划要收我们剧院有个非常优秀的演员路洁为徒，要进行收徒仪式，他亲自把发言稿进行了整理；12日，接受山西电视台一个关于梅派艺术专题节目的录制；15日，要到上海去；20日，回到北京之后还要去天津……他一直都在想着下一步工作要做什么。"

在梅葆玖看来，继承父亲梅兰芳的艺术道路，传承梅派艺术并非易事。梅兰芳于1961年8月逝世后，梅葆玖接过梅剧团重任，刚有起色，便遇十年浩劫，他被迫离开舞台，负责音响近14年。十年浩劫结束，年近五旬的梅葆玖，振作精神，恢复练功，在兄嫂、姐姐与父亲的老伙伴、弟子的帮助下，重振旗鼓，再树梅氏旗帜。他多年努力主演梅派剧目，在海内外宣扬梅派艺术。直到20世纪90年代中期以后，梅葆玖以北京京剧院梅兰芳剧团为阵地，先后完成《梅韵》《大唐贵妃》等具有创新意义的艺术作品。

对于父亲梅兰芳京剧表演"移步不换形"的艺术理论，梅葆玖在维持这个理论、努力恢复梅兰芳经典剧目的同时，也并未停止他自己的创造。正如靳飞《梅氏醉酒宝笈》（现代出版社2016年1月版）所论，又在纪念梅葆玖先生的文章中归纳为两点：其一是梅葆玖先生为了更便于今日观众的欣赏，在剧中有意加大了对梅兰芳艺术的解释力度；其二是依据自己的体会而将表演进一步丰富。譬如在唱"人生在世如春梦"中的"如春梦"三字时，梅葆玖就说："我认为还可以比我父亲略为放开一点。"靳飞认为：类似《醉酒》这样的情况，在梅葆玖所演出的梅氏经典剧目的表演中还能找到多处，这也是属于他的重要贡献。

众所周知，梅兰芳的戏曲美学理论的核心是"移步不换形"，而他一生实践这个理论的过程是少、多、少，即少年时开始学戏，不求多，而求精；在青年时期他的演艺事业有了一些成就后，就开始多方面地学习，如学昆曲、马旦，甚至学文武小生；到了晚年，他已是蜚声海外的京剧大师，仍虚心学习，从河南豫剧借鉴演出了《穆桂英挂帅》，一方面是年龄大了，另一方面更加追求京剧青衣表演艺术的逐步完美，而不追求创排新戏的数量。

梅葆玖也是这样。从20世纪40年代中期，她在上海开始从父亲学青衣，到1961年梅兰芳逝世。父亲为了给他打好基础，在他少年时期学戏并不很多，到了50年代中期才逐渐多起来。但随着父亲逝世、"文革"十几年的耽误，他大好年华的十多年未登舞台。到了70年代末，年近五旬的梅葆玖振作精神再登舞台，上演了多出梅派剧目。90年代中期后，随着年龄增大，他把主要精力放在传授弟子，在国内外宣传、讲解梅派艺术上，创演剧目少而精，只排演了《梅兰霓裳》《大唐贵妃》等戏。

诚如梅葆玖在《继承和发展父亲的艺术》一文中所言："听了父亲早年的唱，如《六月雪》之坐监及《祭江》之[二黄慢板]，即能知其行腔是以规矩、工整、刚健为基础。听了我父亲中期的唱，就会发现除大腔仍保持原来的刚健外，不少转折处均已运用了委婉华丽而柔美的小腔。刚柔相照对比鲜明，更觉相得益彰。如《生死恨》《霸王别姬》《太真外传》的[西皮摇板]等之唱段。到了我父亲晚年的唱，如《穆桂英挂帅》的[二六]和[散板]，乍听起来似乎是更加柔和，其实，这是由于他的唱已达到了炉火纯青出神入化的地步。"①在文章中，梅葆玖还提到梅兰芳的表演、唱腔是从剧情、人物出发，从而深刻表现了人物的喜、怒、哀、乐，使观众产生共鸣。父亲的绝唱是从生活中提炼出来的。

2013年5月，笔者参加了由中国戏曲学院主办的"梅兰芳与京剧的传播"——第五届京剧学国际学术研讨会。梅葆玖作为第一位大会发言者，宣读了他的论文《从〈梅兰霓裳〉论梅派的"中和之美"》。

《梅兰霓裳》是梅葆玖与学生李胜素、张晶、刘维等合作创排的。梅葆玖在论文前半部分介绍了梅兰芳几十年演艺生涯的成功经验和艺术实践，认为梅兰芳曾说过："我对于舞台上的艺术，一向是采取平衡发展的方式，不主张强调突出某一部分的特点来的，这是我几十年来一贯的作风。"通俗地说梅派最大的特点就是没有特点。讲究的是规范，是范本。②

论文后半部分说到《梅兰霓裳》，梅葆玖说："这是一台教学版本的完整的演出，它从策划、排练、演出和课堂教学紧密相连、同步进行。它不同于通常意义上的戏剧舞台表演，它再现了从我父亲到我，再到我的学生，学生的学生，三四代传人教学传承的过程，通过动漫展示于舞台呈现相结合的方式，对梅派'中和之美'进行全方位的剖析、解读，运用最新的方法和手段来体现最传统的梅兰芳艺术，通过艺术上的研究和课堂教学，实现梅兰芳艺术的传承。"③

这就是梅葆玖晚年倾力追求的梅派青衣表演创新的表演形式。他最年轻的学生刘维现场为与会者表演了《梅兰霓裳》中《长生殿》出场载歌载舞的"纤云弄巧"的舞蹈，优美动人。

诚如中国戏剧家协会主席濮存昕所说："中国人对传统文化，尤其是

---

① 梅葆玖：《继承和发展父亲的艺术》，《梅兰芳艺术评论集》，中国戏剧出版社，1990年版，第609页。
② 梅葆玖：《从〈梅兰霓裳〉论梅派的"中和之美"》，《〈梅兰芳与京剧的传播〉——第五届京剧学国际学术研讨会》论文集，文化艺术出版社2015年版，第5、8页。
③ 同上。

对姓氏文化，极其尊重，这实际上也是对生命和传承的尊重。梅兰芳先生当年所开创的局面，标志着京剧发展的一个盛世阶段，不仅形成了'四大名旦'这样强大的阵容，而且他们能够携手，真的很了不起。因为梅兰芳先生的功绩，所以'梅'这个姓氏，在我们京剧艺术、中国戏曲历史上成为一个伟大的姓氏。梅葆玖先生承载着梅派传承人的担当，他的雍容、沉静和表演时流露出的娇媚，都很美，他的身上有梅家之'神'；而他又因为知道父辈的高度，所以为人谦逊。他的逝世，标志着一个时代的结束，这是中国戏曲界的大事；同时'反串男旦'这样精彩难得的一个表演系统，也面临着一个落幕，在这个时候我们必须给予掌声。梅兰芳、梅葆玖先生对于后世这些外姓弟子的影响巨大，到今天，梅派依然是演出最多的戏曲流派。我们在缅怀梅家姓氏开创京剧艺术辉煌的同时，要鼓励后起之秀担当起传承的重任，要把祖师爷的'神'附在自己身上，真正把'神'继承下来，要守护薪火，长期练功，潜心创作，行当之间的兼容并蓄，互相学习，一定要青出于蓝。"

所幸，梅葆玖的女弟子李胜素、董圆圆、魏海敏等和男弟子胡文阁已接过传承梅派表演艺术的旗帜，他们将继续活跃在中国京剧艺术的舞台上，把梅派表演艺术发扬光大。

附录一 梅兰芳家族世系简表[1]

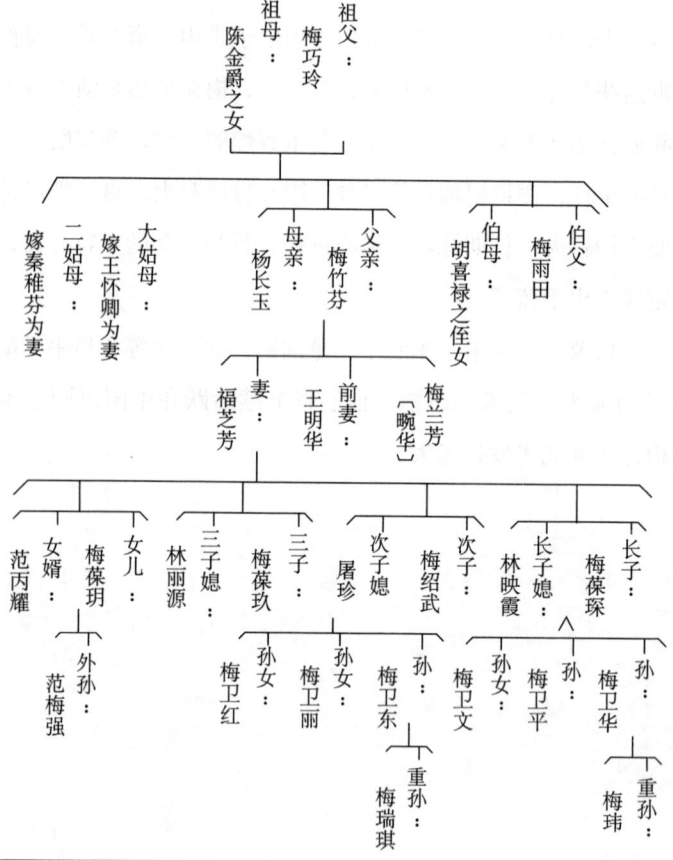

---

[1] 本表系转载朱振华、吴迎、梅葆玖著：《德艺双馨：艺术大师梅兰芳》（山东大学出版社 1994 年版）第 361 页所编家谱表。

附录二 梅兰芳年表

1894年 10月22日生于北京李铁拐斜街梅宅。

1898年 父亲梅竹芬病逝。

1902年 师从吴菱仙学青衣。

1905年 在北京广和楼初次登台,饰昆剧《长生殿·鹊桥密誓》中的织女。

1906年 正式搭喜连成班,又从姑丈秦稚芬、姑表叔胡二庚学花旦戏。

1907年 母亲杨长玉病逝。

1910年 与王明华(名武生王毓楼之妹)结婚。

1911年 第一次在北京文明茶园贴演《玉堂春》,梅雨田操琴,试唱新腔成功。

长了大永出生。

1913年 赴上海演出《虹霓关》《穆柯寨》等戏,很受欢迎。长女五十出生。

1914年 开始学习绘画。

1915年 长子大永殇。

1914年 10月~1916年 排演时装新戏《孽海波澜》《宦海潮》《邓霞姑》

《牢狱鸳鸯》《一缕麻》和古装新戏《嫦娥奔月》《黛玉葬花》《千金一笑》。

1916 年　长女五十殇。

1917 年～1918 年　排演古装新戏《木兰从军》《天女散花》《麻姑献寿》《红线盗盒》和时装新戏《童女斩蛇》。

1919 年　第一次访问日本，演出深受日本人民欢迎。

1920 年　排演古装新戏《上元夫人》。在上海商务印书馆摄制组，首次拍摄无声电影《春香闹学》(昆曲)和《天女散花》(京剧)。

1921 年冬　因王明华所生子女皆早殇，因兼祧两房，为续子嗣，又经吴菱仙介绍，和崇雅社女科班青衣演员福芝芳结婚。

1922 年　排演古装新戏《霸王别姬》。

1923 年～1925 年　排演古装新戏《西施》《洛神》《廉锦枫》《太真外传》。

1924 年　第二次访问日本，并拍摄无声电影《虹霓关》《廉锦枫》片段。

1926 年 1 月　祖母于北京病逝。长子梅葆琛出生。

1927 年　北京《顺天时报》举办"首届京剧旦角名伶评选"，梅兰芳被评为"梅程荀尚"四大名旦之首。排演古装新戏《俊袭人》。

1928 年 1 月　次子葆珍(后名绍武)出生。排演古装新戏《凤还巢》《春灯谜》。

1929 年 12 月下旬　首次访问美国演出。

1930 年 3 月　在美国拍摄有声电影《刺虎》。

9 月　女儿梅葆玥出生。

1932 年春　迁居上海。

1933 年　在上海排演《抗金兵》和《生死恨》。

1934 年 3 月　小儿子梅葆玖出生。

1935 年 2 月　首次访问苏联演出。4 月，赴波兰、德国、法国、比利时、意大利等国进行戏剧考察。

1937 年～1942 年　率团赴香港演出，上海沦陷，留居香港；蓄须明志，拒绝为日伪演出。

1942年~1945年　从港返沪后，杜门谢客，拒绝为日伪演出，办画展以谋生。日本投降后，剃须登台。

1948年　拍摄彩色影片《生死恨》。

1949年6月　赴京参加全国第一次文学艺术界代表大会。9月，出席全国政协会议。10月1日参加了开国盛典。

1951年4月　任中国戏曲研究院院长。1951年冬，回北京定居。

1952年12月　赴维也纳参加世界和平大会。

1954年　当选为全国人大代表。中国剧协出版《梅兰芳演出剧本选集》。

1955年　任中国京剧院院长。戏曲片《梅兰芳舞台艺术》拍摄完毕。

1956年3月　第一次返故乡江苏泰州祭扫祖墓并访问演出。5月，率团第三次访问日本。

1959年3月　加入中国共产党。10月，编演《穆桂英挂帅》。

1960年1月　电影《游园惊梦》拍摄完成。2月，再次访问苏联。当选为全国文联副主席和中国剧协副主席。

1961年5月　为中国科学院科技人员演出《穆桂英挂帅》。7月，突发心绞痛，住北京阜外医院。8月4日，周总理从北戴河赶回北京探视梅病情。8月8日凌晨，不幸在北京病逝。

注：本表主要参考梅葆琛著：《怀念父亲梅兰芳》(中国社会出版社1994年版中的《梅兰芳生平年表》和朱振华、吴迎、梅葆玖著：《德艺双馨：艺术大师梅兰芳》中王长发、刘华编著的《梅兰芳年表》(未定稿)。为便于集中介绍梅兰芳的创新剧目和抗日战争时期的活动，故采用了××~××年。

附录三　主要参考书目

《民国泰县志稿》单毓元等，1931年版。

《梅兰芳文集》梅兰芳，中国戏剧出版社，1962年版。

《舞台生活四十年》（一二三合集）梅兰芳，中国戏剧出版社，1987年版。

《怀念父亲梅兰芳》梅葆琛，中国社会出版社，1994年版。

《我的父亲梅兰芳》梅绍武，天津百花文艺出版社，1984年版。

《德艺双馨：艺术大师梅兰芳》朱振华、吴迎、梅葆玖，山东大学出版社，1994年版。

《梅兰芳》许姬传、刘松岩、董元申，湖南文艺出版社，1987年版。

《谈梅兰芳》齐崧，宝文堂书店，1988年版。

《齐如山回忆录》齐如山，宝文堂书店，1989年版。

《梅兰芳艺术评论集》中国梅兰芳研究学会，中国戏剧出版社，1990年版。

《梅兰芳与中国文化》周姬昌，武汉大学出版社，1994年版。

《梅兰芳与二十世纪》徐城北，生活·读书·新知三联书店，1990年版。

《忆艺术大师梅兰芳》许姬传、许源来，中国戏剧出版社，1986年版。

《许姬传艺坛漫录》许姬传，中华书局，1994年版。

《京剧见闻录》吴性栽，宝文堂书店，1987年版。

《梨园宗师—梅兰芳》李仲明，兰州大学出版社，1996年版。

《梅兰芳传》刘彦君，河北教育出版社，1996年版。

《京剧谈往录》政协北京文史资料研究会，北京出版社，1985年版。

《中国京剧史》中卷 胡冬生、苏移等，中国戏剧出版社，1990年版。

《梅兰芳与故乡》《江苏文史资料》第76辑1994年版。《泰州文史资料》第7辑。

《一代名伶梅葆玥》纪念册，2000年内部版。

图书在版编目（CIP）数据

曲未终人已远：梅兰芳家族 / 李仲明，谭秀英著 . —北京：新星出版社，2017.1
ISBN 978-7-5133-2417-5

Ⅰ.①曲… Ⅱ.①李… ②谭… Ⅲ.①梅兰芳(1894–1961)–家族–史料 Ⅳ.①K820.9

中国版本图书馆 CIP 数据核字（2016）第 299430 号

传记文库

曲未终人已远：梅兰芳家族

李仲明 谭秀英 著

| 策　　　划：彭明哲
| 责任编辑：杨英瑜
| 责任印制：李珊珊
| 装帧设计：一千遍工作室

出版发行：新星出版社
出 版 人：谢　刚
社　　址：北京市西城区车公庄大街丙3号楼　　100044
网　　址：www.newstarpress.com
电　　话：010-88310888
传　　真：010-65270449
法律顾问：北京市大成律师事务所

读者服务：010-88310811　service@newstarpress.com
邮购地址：北京市西城区车公庄大街丙3号楼　　100044

印　　刷：北京汇瑞嘉合文化发展有限公司
开　　本：660mm×970mm　　1/16
印　　张：21.5
字　　数：250千字
版　　次：2017年2月第一版　2017年2月第一次印刷
书　　号：ISBN 978-7-5133-2417-5
定　　价：45.00元

版权专有，侵权必究；如有质量问题，请与印刷厂联系调换。